심리재활현장에서의
심리진단 및 평가

심리재활현장에서의
심리진단 및 평가

최영주
정혜정
지음

Σ 시그마프레스

심리재활현장에서의 **심리진단 및 평가**

발행일 | 2017년 9월 15일 1쇄 발행
저　자 | 최영주, 정혜정
발행인 | 강학경
발행처 | ㈜**시그마프레스**
디자인 | 김경임
편　집 | 이지선

등록번호 | 제10-2642호
주소 | 서울시 영등포구 양평로 22길 21 선유도코오롱디지털타워 A401~403호
전자우편 | sigma@spress.co.kr
홈페이지 | http://www.sigmapress.co.kr
전화 | (02)323-4845, (02)2062-5184~8
팩스 | (02)323-4197

ISBN | 978-89-6866-989-7

이 도서의 국립중앙도서관 출판예정도서목록(CIP)은 서지정보유통지원시스템 홈페이지
(http://seoji.nl.go.kr)와 국가자료공동목록시스템(http://www.nl.go.kr/kolisnet)에서 이용
하실 수 있습니다.(CIP제어번호: CIP2017022721)

저자 서문

저자들은 대학에서 예비 치료사들을 교육하고 심리재활현장에서 치료사를 지도감독하면서, 심리검사를 통한 치료사들의 내담자 이해 부분을 보완해 줄 수 있으면 좋겠다는 생각을 해 왔다. 저자들이 심리재활치료 현장에서 치료사로서 내담자를 만나 치료를 해 온 경험과 신경심리를 전공하며 겪었던 심리검사 경험, 신경심리검사 개정 작업에 참여했던 경험들은 이러한 생각을 더 확고하게 만들었다.

심리재활현장에서는 심리검사 결과나 해석에서 끝나는 것이 아니라 내담자의 심리적 문제에 적절한 치료가 개입되어 그 문제가 해결되었을 때, 심리검사에 더 큰 의미가 있다고 여겨진다. 심리검사에 대한 이해는 치료사가 내담자의 심리적 특성에 대한 파악과 적절한 치료적인 이행을 할 수 있도록 해 준다. 이 책은 심리치료에서의 시행착오를 줄이고, 내담자에 맞는 치료적 접근이 가능하도록 치료현장에서 실제적으로 잘 활용되길 바라는 마음에서 시작하게 되었다.

제1장에서는 면접, 행동관찰, 심리검사를 통한 심리평가 전반에 대한 소개를, 제2~3장에서는 유·아동 지능검사와 성인 지능검사를 다루었으며, 제4장에서는 다면적 인성검사인 MMPI를 중심으로 성인용과 청소년용을 소개했다. 제5장에서는 성격평가질문지인 PAI를 소개하였다. 제6장에서는 투사검사를 간단하게 다루었는데, 현재 미술재활에 관련된 다양한 책들 중 미술심리진단에 관련된 도서들이 많은 관계로 그림투사검사는 현장에서 많이 사용하는 몇 가지만을, 그리고 정신병원에서 임상심리사들이 주로 사용하는 로샤와 TAT도 간단하게 소개하였다. 제7장에서는 신경심리검사를 위주로 소개하였다. 제8장은 아동·청

소년을 대상으로 한 검사를 다루었으며, 제9장은 심리평가 보고서 작성법을 다루었고, 부록에서는 실제 활용할 수 있는 재활 바우처와 치료지원 서비스를 포함한 다양한 심리검사 보고서를 수록하였다.

저자들이 책을 쓰는 동안 큰 힘이 되어 준 가족들과 옆에서 응원해 주시던 (주)마카다심리연구소 대표이사님을 비롯한 여러분께 사랑과 감사의 마음을 전한다. 특히 심리검사 분야에 관심을 가지고 출판에 애써 주신 (주)시그마프레스의 강학경 사장님과 몇 차례의 원고 수정과 촉박한 일정에도 불구하고 꼼꼼하게 봐 주신 편집부 이지선 선생님께도 진심으로 감사를 전한다.

심리재활현장에서뿐 아니라 상담, 교육 장면 등 다양한 장면에서 치료사와 예비치료사들이 심리검사를 보다 잘 이해하고 활용하는 데 기반이 되는 교재가 되길 바란다.

차 례

심리평가에서의 심리검사

심리평가는 성격, 지능 및 적성을 비롯한 인간의 다양한 심리적 특성을 이해하고자 하는 목적을 갖고 있으며, 이를 위해 다양한 도구를 사용하여 양적·질적으로 측정 및 평가하는 일련의 절차이다(박경, 김혜은, 2017).

심리평가에는 면접과 행동관찰, 심리검사의 세 가지 방법이 주로 이용된다. 이것들 중 하나만으로도 개인의 평가가 가능하지만, 각각 약간의 다른 내용과 의미가 다른 정보를 제공하기도 하며, 장단점을 갖고 있기 때문에 흔히 이 세 가지 방법을 함께 사용하여 심리평가를 진행한다. 뿐만 아니라 이를 통해 수집된 내담자의 정보를 통합하기 위해서는 성격 이론, 정신병리, 이상심리학 등과 같은 전문적인 심리학적 지식이 필요하다. 이러한 심리평가가 이후 심리재활로 연결될 경우, 내담자에 대한 충분한 정보 제공과 함께 내담자 문제의 근거 파악과 효과적인 치료목표 설정에 도움이 된다.

면접

심리평가 과정에서 면접은 개인의 심리사회적 문제나 정신장애를 진단하는 데 있어서 가장 기본이 되는 방법으로 전체 평가과정을 안내하는 전반적인 틀을 제공한다. 이런 점에서 면접은 평가과정에서 대단히 중요하다.

심리평가 과정에서 심리검사는 구체적인 데 비해 면접은 복잡하면서도 명확하지 않기 때문에 면접의 중요성을 간과하고 심리검사에만 의존하기 쉽다. 면접을 통해 얻은 자료는 심리검사 결과의 타당성을 뒷받침하고, 내담자의 행동 특성을 비롯한 다양한 특성, 현재 상황에서 대한 반응의 수준이나 내용을 살펴볼 수 있도록 해 준다. 뿐만 아니라 심리평가 과정에서는 일반적으로 본격적인 심리검사를 시행하기 전에 면접과정을 진행하기 때문에 내담자의 심리검사에 대한 부담이나 긴장감을 줄일 수 있는 역할을 하기도 하며, 동시에 평가자나 치료자와의 라포를 형성하는 데 있어서도 많은 역할을 한다.

면접의 종류

면접은 정해진 틀이나 질문에 따르지 않는 비구조화된 면접과 대부분 표준화되어 있는 질문을 사용하는 구조화된 면접에 대해 박경, 김혜은(2017)의 내용을 간단하게 소개하고자 한다.

비구조화 면접

비구조화된 면접은 미리 정해진 질문이나 순서를 따르지 않고 평가 도중에 나타나는 중요한 문제나 수검자에게 있어서 가장 주목할 만한 사안에 초점을 맞추어 진행된다. 따라서 질문의 내용이나 순서를 유연하게 적용할 수 있다. 그러나 체계적인 방식을 통해 다양한 정보를 평가할 수 있는 구조화된 면접에 비해 다루지 못하는 중요한 영역이 있을 수 있다.

구조화 면접

구조화된 면접은 일관되고 체계적인 정보의 수집에 유리하고 임상적 평가와 진단을 내리는 데 있어서 상당히 신뢰성이 높은 방법이다. 대부분의 구조화된 면접에서 면접자는 표준화되어 있는 질문을 사용하고 미리 정해져 있는 평가 형식에 따라 면접을 진행한다. 따라서 구조화된 면접에서 면접자의 개입은 최소화된다. 또한 구조화된 면접은 비구조화된 면접의 문제점을 보완하기 위해 개발된 방법으로, 동일한 영역에 대한 객관적인 평가를 가능하게 한다.

그러나 일부 제한점도 지니고 있는데, 구성된 질문이 대체로 딱딱하고 형식적인 경우가 많아 내담자로 하여금 면접자가 자신을 이해하지 못하고 그저 검사의 완수를 우선으로 하는 것처럼 느낄 수 있으며, 때로는 조사를 받는 것 같은 느낌으로 불쾌해할 수도 있다.

심리평가 시 면접은 내담자의 정보를 수집하고 이를 통해 내담자를 충분하게 이해하며 의뢰사유에 부합하는 적절한 결과의 제시, 전문가의 소견 및 제언을 위해 진행된다. 주로 반구조화된 면접을 많이 사용하는데, 여기에서 다루는 주요 영역을 살펴보면 다음과 같다.

- 개인 인적사항 : 성명, 연령, 성별, 교육 수준 등
- 주호소 문제와 증상 : 주호소 문제, 현 병력, 기분 상태, 사고 관련 부분
- 아동기 및 청소년기 성장배경 : 초 · 중 · 고등학교 재학시절의 일반적인 적응 수준, 성격발달 과정, 친구관계, 학업 문제, 건강 상태, 훈육과정 등
- 가족력 : 가정 환경, 부모-자녀 관계(부모의 연령, 직업, 내담자와의 관계, 성격 등), 형제 및 자매 관계, 정신과적 장애에 대한 가족력
- 결혼관계 : 결혼연수, 결혼의 상태, 배우자(연령, 직업, 내담자와의 관계, 성격 등), 자녀 등에 대한 내용
- 직업 관련 경험 : 현직업(근무연수, 직업 장면에서의 업무 성취 및 만족도, 직업 장면에서의 적응 수준), 과거 직업 관련 경험
- 대인관계 : 친구관계, 친목모임이나 소속 단체 활동 등
- 남성의 경우 군복무 관련 경험 : 군복무 형태, 군복무 중 적응 수준
- 성격 특성 : 스스로 지각하는 성격 특성, 성격의 장단점, 자신에 대한 타인의 평가
- 현재 및 과거의 일반적인 의학적 상태 : 정신의학적 상태를 제외한 현재 및 과거의 질병, 수술 및 치료 경험 등
- 음주 및 흡연, 기타 물질사용 경험 : 빈도, 양, 기간, 의학 · 직업적 · 재정적 · 법적 결과
- 문제해결 및 대처방식

- 자살사고 및 계획, 시도 계획
- 정신 상태 특성 : 외모(체격, 신체적 특징, 외양으로 추정되는 연령, 위생 상태, 옷차림, 자세 등), 외현적 행동(눈맞춤, 활동 수준/말투, 태도 등), 언어(말의 속도 억양, 언어적 표현과 유창성, 이해 정도), 사고과정(논리성, 적절성), 통찰과 판단(병식, 현실 검증) 등

면접의 특징

면접은 심리평가 방법 중 하나로서 특유의 장점이 있다. 면접자는 피면접자가 정확하고 구체적인 정보를 제공하도록 동기화시킬 수 있으며 애매한 반응을 해석하고 문제를 명료화하며 피면접자의 문제행동의 만성 정도와 맥락을 기록할 수 있다. 또한 사건들의 연대기와 역사를 알아볼 수 있으며 피면접자의 언어적 · 비언어적 행동을 동시에 관찰함으로써 정보의 타당도를 평가하고 아동의 행동과 관련하여 부모나 다른 성인들이 가지는 신념과 가치, 기대에 관해 알 수 있다. 이러한 정보를 얻기 위해서 면접자는 피면접자의 언어적 반응뿐 아니라 비언어적 행동-몸짓, 자세, 표정, 억양 등에도 주의를 기울여야 한다. 때로는 면접이 아동 평가를 위한 유일한 정보원이 될 수도 있는데, 부모와 아동이 문맹이거나 심하게 우울하여 어떠한 다른 평가 수단을 통해서는 정보를 얻을 수 없을 때가 그런 경우이다. 하지만 면접은 피면접자가 정확하지 않은 정보를 제공할 수 있기 때문에 신뢰도와 타당도를 확립하기가 어렵다는 단점을 지닌다.

면접은 보고하는 사람의 기억과 해석을 거쳐 보고될 뿐 아니라 보고과정에서 의도적 또는 비의도적 왜곡, 과장, 축소 또는 생략의 과정이 개입될 수 있기 때문에 경우에 따라 정보의 정확성과 신빙성에 상당한 제한이 있을 수 있다. 면접 자료가 가지고 있는 이러한 특징을 충분히 고려하여 전문적인 진행과 상당한 정도의 추론을 거치지 않으면 이를 내담자 이해에 효과적으로 활용하기 어렵다.

면접의 목적은 내담자의 심리사회적 문제를 평가하고 개선하기 위한 치료적 목표, 전략 및 개입 방법을 제시하고자 하는 것이다. 확실한 목적을 가지고 진행하기 때문에 목표와 관련된 구체적인 주제를 중심으로 진행된다.

면접은 ⑴ 내담자를 돕기 위해, ⑵ 체계적이고 계획적 과정으로, ⑶ 면접자가 면접을 이

끌어 내담자의 자기 탐색을 돕고 내담자는 이러한 과정에 동의하며 참여하는 역할을 한다는 점이 일반적인 대화와는 차이가 있다.

심리재활에의 적용

심리평가 중 면접을 통해 아동과 부모에게 어떠한 도움을 줄 수 있는지와 내담자의 심리재활에 적용할 수 있는 부분에 대해 곽금주(2002)의 일부 내용을 소개하고자 한다.

아동면접

1. 초기 면접과 초기 면접 시 일반적인 고려사항

초기 면접은 (1) 피면접자로부터 정확한 정보를 획득하고, (2) 피면접자에게 평가 절차를 설명하며, (3) 피면접자에 대한 의견을 형성하는 것을 목표로 한다. 아동뿐 아니라 부모, 교사 그리고 친척들까지도 초기 면접의 대상이 될 수 있다. 초기 면접에서는 피면접자의 관계 형성 능력, 일반적 태도(방어적 태도, 강한 경계 반응, 의심이 많거나 적대적인 반응), 질문에 대답하는 태도 등에 대한 인상을 형성하게 된다. 아동과의 초기 면접은 아동의 발달 수준에 따라 달라져야 하며 아동의 언어적·개념적 능력에 따라 면접 전략도 달라져야 한다.

면접자는 문제행동과 그에 관련된 요인(행동의 선행사건과 결과, 행동의 빈도, 크기, 지속, 보편성), 그리고 다른 기여 요인(아동, 부모, 학교, 환경과 관련된 것)을 확인할 필요가 있다. 초기 면접이 끝났을 때는 현재의 문제행동과 그 상태를 야기시키는 선행사건, 결과 문제의 강도, 아동, 부모, 교사의 대처기술에 관한 정보를 얻게 된다.

한편 학교 상황과 비행 청소년 구금 상황일 경우에는 특히 아동이나 부모가 특별한 도움을 요청하지 않는 경우에도 평가자가 주도하여 면접을 진행시킬 수 있다. 의뢰받은 평가가 대행적인 성격을 갖는 경우에는 피면접자에게 면접을 하는 이유를 간단하고 직접적으로 설명해 주어야 한다.

사실상 관찰은 초기 면접에 들어가기 전 면접자가 부모와 아동을 대기실에서 처음 만났을 때부터 시작된다. 이때는 부모와 아동이 어떻게 상호작용하는지에 주목하여 관찰해야 한다. 〈표 1.1〉에 초기 관찰에서 주목해야 할 사항을 제시하였다. 매우 짧은 관찰임에도 불구하고 이 시간의 관찰을 통해 가족의 역동에 관한 유용한 정보를 얻을 수 있다.

초기 면접에서 면접자는 일곱 가지 영역별로 초기 면접을 할 수 있다. 모든 영역을 연령 규준을 사용하여 반드시 발달적인 맥락 안에서 해석되어야 한다.

● 표 1.1 면접 시 다루어지는 영역

외양과 행동	피면접자의 외모, 신체적 특징, 행동적 특징, 면접자와의 관계 등
언어와 대화	피면접자 언어의 일반적 흐름, 언어의 내용과 일반적인 톤, 언어적 · 비언어적 대화 일치, 언어적 · 비언어적 대화
사고의 내용	피면접자의 논의 내용, 문제 있는 분야나 되풀이되는 주제, 정신병리적인 증상 등
감각운동 기능	피면접자의 감각 손상, 총체적/미세 운동 통합, 운동장애의 징조[예 : 과장된 움직임, 반복적인 움직임(틱), 괴상한 자세 등]
인지기능	피면접자의 시공간 지각, 기억, 집중 등의 인지기능, 또래에 적합한 어휘 사용, 직업적이고 교육적인 배경을 반영하는지 여부
정서기능	일반적인 기분, 기분 변동, 면접자에 대한 반응, 자기 보고와 면접 시 행동의 일치 등
통찰과 판단	적절하고 현실적 사고, 자신의 문제 인식 정도, 일상 활동 수행에서의 판단, 일상적인 문제해결 등

부모와의 초기 면접

아동을 대상으로 한 평가에서 면접기법을 사용할 때 아동뿐 아니라 부모를 대상으로 실시하는 것이 요구된다. 부모와의 면접은 아동에 대한 다중 평가 접근의 중요한 한 부분이다. 구성이 잘되어 있는 부모면접은 아동과 가족에 관한 가치 있는 정보원이 될 수 있으며, 아동에 대한 개입 시 부모의 협조를 얻는 기초가 될 수도 있다. 또한 부모와의 라포를 형성하며 문제에 대한 부모의 지각을 높여 주고 진단 결정에 도움이 되는 정보를 얻을 수 있다.

부모와의 면접에서는 다음과 같은 정보를 얻을 수 있다. 아동의 문제와 부모가 그 문제를 다루어 온 방법, 아동의 의학적 · 발달적 · 교육적 · 사회적 역사, 가족력, 처치와 치료에 대한 부모의 기대 등에 대하여 정보를 얻을 수 있다. 면접자는 문제를 기술하고, 이전에 치료받은 경험이 있는지, 누가 치료를 했는지, 치료의 결과를 포함하여 문제의 세부적인 역사에 대하여 부모에게 물어야 한다.

면접이 끝난 다음에 문제에 대한 부모의 지각을 평가하는 것도 중요하다. 부모가 문제를 지각하는 것을 아동이나 교사가 문제를 지각하는 것과 비교해 보고, 부모가 아동의 문제보다는 자신들의 문제, 실패, 어려움에 더 많이 압도되어 있는지 여부를 평가해야 한다. 또한 부모가 면접으로부터 원하는 것이 무엇인지 등을 평가해야 한다.

1. 부모의 잠재적인 감정

아동이 평가에 의뢰되었을 때 그 부모는 이미 많은 절망과 불안을 경험했다는 것을 평가자는 인식하고 있어야 한다. 부모는 이전에 의학적 전문가들을 만나면서 생긴 어떤 억눌린 적대감을 면접자에게 표현할 수도 있다. 어떤 부모는 문제가 있다는 사실을 부인할 수도 있으며, 잊고 싶거나 묻어두고 싶은 문제들을 들춰내는 것에 대하여 화를 낼 수도 있다.

부모가 가지는 부정적인 감정들은 초기 면접에서 다루어져야 한다. 그렇지 않은 경우에는 그런 감정들이 이후의 의사소통 과정을 와해시킬 수도 있다. 자신들의 감정에 대해 이야기할 기회를 주어 부모가 진정한 협력자가 되도록 해야 한다.

2. 부모면접에서 사용되는 일반적인 지침

부모와의 초기 면접은 긍정적인 작업관계를 형성하는 데 매우 중요하다. 그것은 이후 개입의 토대가 될 수 있기 때문이다. 부모가 지금까지 사용해 온 양육기술 중에서 파괴적이고 위해한 접근보다는 건설적이고 유익한 것을 강조해야 한다. 진단과 치료 프로그램에 대해 부모의 협조를 요청하고 가능하면 부모 모두를 만나서 도움을 요청하도록 한다. 부모 모두를 만나면 정보의 정확성이 높아질 뿐 아니라 치료 프로그램 개입 시 더 많은 정보를 얻을 수 있다. 부모를 함께 면접하는 것이 좋지만, 부모가 서로 적대적인 경우에는 각각 따로 면접하는 것도 한 방법이 될 수 있다.

3. 부모면접 형식

부모로부터 정보를 얻기 위한 몇 가지 유용한 형식이 있다. 첫째, 부모에게 중요한 것이 무엇인지, 평가의 결과로서 무엇을 얻기를 원하는지, 문제를 어떻게 바라보는지, 아동을 돕기 위해 어떤 역할을 할 수 있다고 생각하는지 등을 평가하는 개방형 면접이 있다. 둘째, 형식적인 면접을 하기 전에 부모에게 배경 질문지를 완성하도록 하는 것이다. 이 질문지는 가족에 관한 정보뿐 아니라 아동의 발달적·사회적·의학적·교육적 역사에 관한 세부적인 질문을 하도록 계획되어 있다. 배경 질문지에는 다양한 정보가 포함되어 있으므로 초기 면접의 기초 자료가 될 수 있다. 셋째, 행동 평정과 관련된 면접을 하는 것이다. 각 부모에게 사회적 행동, 학교, 생활, 적응적 행동 영역에 대해 아동 행동을 평가하도록 평정척도를 제시한다.

4. 발달적 사례사 얻기

질문지를 통해 부모로부터 정보를 얻지 못했을 경우에는 사례사를 얻을 수 있다. 아동의 역사를 얻을 때는 아동의 현재 상황에 대한 관점뿐만 아니라 그동안 실패해 온 중재(치료)들과 이후에 유용할 것이라고 생각하는 중재가 무엇인지에 대해서도 물어보아야 한다. 발달적인 사례사로부터 다음의 정보를 얻을 수 있다.

어린 아동의 사례사는 보통 부모로부터 얻을 수 있으며 사춘기 아동의 경우에는 본인에게서 직접 얻기도 한다. 이런 경우 아동에게서 얻은 정보와 부모, 교사에게서 얻은 정보를 비교하면 흥미 있는 결과를 얻을 수도 있다.

5. 평가 절차에 관한 논의

실시될 검사의 일반적인 성격과 평가 절차, 검사들로부터 얻는 정보의 유형에 관해 부모에게 알려 주고, 검사자가 누구인지, 그리고 그 결과가 어떻게 사용되는지를 부모에게 설명해 주어야 한다. 아동이 허락하지 않으면 검사 결과를 다른 목적을 위해서 사용할 수 없다는 것도 부모에게 알려 준다.

6. 부모와의 초기 면접의 목표

부모와의 초기 임상적 평가 면접의 목표는 다음과 같이 요약될 수 있다. 첫 번째, 부모의 관심과 목표에 관한 정보를 취합하는 것이다. 두 번째, 아동의 문제와 그 강도에 대한 부모의 지각을 평가하는 데 그 목적이 있다. 세 번째, 아동의 사례력을 얻고 문제 영역과 관련된 선후행 사건을 파악하는 데 그 목적이 있다. 네 번째, 아동과 부모를 강화하는 사건을 확인하고, 다섯 번째, 아동 변화를 위해 부모가 어느 정도 동기화되었는지의 여부를 평가하는 것이다. 마지막으로 부모와의 초기 면접을 통해 아동 면접에 대한 부모의 동의를 얻고 평가 절차와 추후 만남에 대해 논의하는 데 그 목적이 있다.

7. 부모와의 초기 면접 절차

부모와의 초기면접의 주된 요소는 다음과 같다.

① 부모와 인사 나누기
② 자신의 이름과 자신이 심리 전문가임을 알려 주기
③ 도입하는 말로 면접 시작하기
④ 배경질문지의 문항에 관해 부모에게 요청하기

배경질문지가 완성되었다면 심층적인 질문이 필요한 문항이 어떤 문항들인지를 검토하고, 배경 질문지가 완성되지 않았다면 부모에게 (1) 아동의 발달적·의학적·교육적·사회적 역사, (2) 가족의 의학적·정신병적 역사, (3) 이전에 실시한 처지 개입, (4) 아동의 강점과 단점, (5) 아동의 흥미와 놀이행동, (6) 관련 정보 등을 요청해야 한다.

⑤ 문제 검토 : 영역들을 검토하고 부모들이 더 언급하고 싶은 영역이 있는지 물어본다.
⑥ 평가 절차의 기술 : 아동에게 실시될 검사들에 관해 부모에게 설명해 준다.
⑦ 평가 후 면접 배치 : 전문가에 의해 몇 가지 평가가 실시된 경우 그 결과를 설명해 준다.
⑧ 면접 종결하기

면접의 결과를 심리재활이나 심리평가에 활용하는 방법은 제7부 심리재활현장에서의 심리평가 부분에서 자세히 다룬다.

행동관찰

행동은 부적응 문제 중의 중요한 부분을 차지할 뿐 아니라 거의 모든 부적응적 문제는 행동을 통해 드러나든지 영향을 준다. 이런 점에서 행동관찰은 가장 중요하고 직접적인 평가과정이다. 심리검사 과정에서 보이는 행동은 평가하고자 하는 대상의 실제 속성에 가장 근접하고도 직접적인 자료라는 점에서 평가 자료로서의 가치가 매우 크다.

평가의 대상이 되는 문제가 직접 관찰 가능한 행동적인 문제가 아닌 경우에도 행동관찰은 가치 있는 정보를 제공한다. 일반적으로 면접과 심리검사 상황에서 보이는 수검자의 행동은 일상적인 생활 상황에서의 행동을 잘 대표한다. 따라서 면접과 검사 장면에서 보이는 수검자의 특징적인 행동은 일상생활 속에서의 대인관계 상황, 압력과 긴장 상황 그리고 문제해결 과제 상황에서의 행동을 추측해 볼 수 있는 중요한 자료가 된다. 다만 검사 시의 행동관찰은 검사가 진행되는 동안의 행동에 국한되기 때문에 전체 행동 영역에 대한 대표성이 충분하다고 보기는 어렵다. 특히 관찰자가 존재한다는 사실 때문에 행동의 성질이나 발생빈도가 실제 상황에서의 그것과 현격하게 차이가 있을 수 있다.

관찰은 (1) 관찰행동이 매우 빈번하게 일어날 때, (2) 공격성, 사회적 내향성, 사회성, 주의력과 같은 전반적인 행동을 평가할 때, (3) 관찰 기간 동안 아동의 발전을 평가할 때 주로 사용될 수 있다.

행동관찰의 종류

자연 관찰

자연 관찰은 아동이 생활하고, 성장하고, 배우는 실제 환경에서 자연스러운 관찰이 행해지는 경우이다. 훈련된 관찰자가 관찰해야 하며, 관찰자는 주관적인 추정이 아니라 객관적인 자료에 근거하여 자료를 수집해야 한다. 자연스러운 환경 및 생활 환경에서 보이는 아동의 행동을 관찰하는 자연 관찰은 그 아동의 본래 행동을 관찰할 수 있다는 장점이 있다. 그러나 필요한 시점에 관찰 대상이 되는 행동이 꼭 나타나는 것은 아니므로 시간과 비용 측면에서는 효과적이지 못하다. 그럼에도 불구하고 자연 관찰은 생태학적으로 가장 완벽하며, 사회-정서 및 적응 행동에 대한 많은 정보를 제공해 줄 수 있다.

유사 관찰

유사 관찰은 미리 계획되고 조성된 상황의 전후 관계에서 특정한 환경 또는 행동 조건을 부각시키기 위해 실시되는 관찰법이다. 이 상황은 구체적인 기능 분석 위해 외부의 영향을 배제한 특정한 상황에서의 행동을 끌어내기 위한 것이다. 연령이 많은 아동에게는 마치 실제 상황인 것처럼 역할놀이나 역할행동을 시키기도 한다.

시간 효율성과 관찰하려는 행동이 실제 행동과 유사성이 높다는 면이 이 관찰법의 장점이다. 그러나 자연스러운 상황이라고 보기에는 적당하지 않은 환경의 인위성과 상상 재현에 너무 많은 시간이 필요한 경우도 있다는 부정적인 측면도 있다. 이러한 단점은 문제 식별과 해석 절차에 아동이 보일 수 있는 전체적인 행동에 대한 구체적인 계획을 포함시켜 적용함으로써 극복할 수 있다. 예를 들면, 모순, 근심, 좌절, 즐거움을 유발하는 사건을 만들고 이 사건에 대한 아동의 공격성, 의존성 등을 관찰, 해석하는 경우가 있다.

자기 관찰

자기 관찰은 관찰자가 자신의 행동을 스스로 관찰하고 기록하는 방법이다. 즉 이미 계획된 시간표에 따라 관찰행동의 발생이나 기타 여러 특징에 대해서 자기가 기록하는 방법을 말한다. 이 방법은 광범위한 행동 문제에 적용될 수 있고 비용과 시간적인 면에서 경제적이어서 다른 관찰법보다 그 유용성을 인정받고 있다.

그러나 이러한 장점에도 불구하고 보고자가 관찰 상황을 의식하여 평소와 다른 행동을 할 수 있다는 것이 이 방법이 가진 한계이다.

참여 관찰

참여 관찰은 관찰하고자 하는 대상의 자연스러운 환경에 같이 생활하고 있는 사람으로 하여금 관찰을 하여 보고하도록 하는 방법이다. 관찰자들은 일정한 시간에 나타나는 평가 대상자의 행동을 관찰하고 기록하도록 요구받게 된다. 참여 관찰자는 주로 부모나 교사가 된다.

참여 관찰은 비용이 적게 들고 광범위한 문제행동, 환경적 사건에 적용될 수 있고 자연적 상황에서의 자료 수집이 가능하다는 장점을 가지고 있다.

행동관찰의 특징

관찰법을 사용하여 행동 평가를 할 때 기본적으로 관찰해야 할 중요 요소들이 있다. 〈표 1.2〉를 참고하면 행동 관찰을 통해 얻은 자료의 관련성을 평가하여 진단을 내리고, 행동 변화를 위한 제언을 제공하며, 다양한 효과적인 치료 전략을 찾아내는 데 도움을 얻을 수 있다.

● 표 1.2 관찰에 의한 행동평가 시 기본적인 고려사항

1. 외양(신체 조건, 위생 상태, 의복에 관한 사항 포함)
2. 검사 상황에 대한 적응도
3. 협조, 열의, 주의 집중의 정도
4. 검사 및 검사자에 대한 태도(검사자의 권위에 대한 복종 및 반응)와 아동 자신의 능력
5. 언어 구사력(어휘 수준, 유창한 표현, 명료한 발음 및 다양한 어휘 사용)
6. 사고 패턴
7. 자발성 및 적극성
8. 감정 경향과 사교성
9. 응답(반응) 유형
10. 실패와 성공 시의 반응
11. 불안 수준
12. 활력 수준
13. 다른 작업으로의 전환 시 유연성
14. 문제해결에 대한 접근 방식
15. 충동에 대한 통제력
16. 소근육 운동과 대근육 운동 시 활동 수준
17. 산만성

심리재활에의 적용

행동수정의 기초가 되는 것 중 하나는 표적행동을 측정하는 것이다. 행동수정에 있어서 표적행동의 측정을 행동평가라 하며, 이것은 여러 가지 측면에서 매우 중요하다. 첫째, 처치 이전의 행동측정은 처치가 필요한지를 결정하는 데 정보를 제공한다. 둘째, 행동평가는 최선의 처치를 선택하는 데 정보를 제공할 수 있다. 셋째, 처치 전후에 표적행동을 측정함으로써 처치가 주어진 이후에 행동이 변화되었는지를 알 수 있다.

표적행동

행동 기록을 계획하는 데 있어서 첫 번째 절차는 표적행동을 정의하는 것이다. 어떤 사람의 표적행동을 정의하기 위해서는 그 사람이 하는 말이나 행동(과다 혹은 과소의 형태로 나타나는)을 정확하게 규정해야 한다. 행동의 정의는 사람이 나타내는 특정한 행동을 설명하는 동작성 동사로 객관적이고 명확하게 해야 한다. 표적행동을 정의한 예로는 야구에서 스포

츠맨답지 않은 행동이나, 외설적인 말로 소리 지르기, 야구 방망이나 헬멧 던지기, 삼진아 웃 후에 발길질을 하며 들어가기 등이 될 수 있다.

관찰자는 표적행동을 관찰하기 위해 행동을 나타내는 대상 가까이에서 표적행동을 볼 수 (혹은 들을 수) 있어야 한다. 더욱이 관찰자는 표적행동의 발생을 다른 행동의 발생과 변 별할 수 있도록 표적행동에 대한 명확한 정의를 가지고 있어야 한다. 표적행동을 기록하기 위해 관찰자는 표적행동이 관찰되었을 때 그것을 표시해야만 한다.

● 표 1.3 행동정의의 예

명칭	행동정의
소리 지르기	욕구가 충족될 때까지 시간과는 상관없이 "야!", "악!"과 같은 소리를 크게 지르며 주변에 불편감을 주는 행동
물건 던지기	눈앞에 보이는 물건을 팔을 크게 휘저어 창밖이나 바닥에 큰 소리가 나도록 던지는 행동

출처 : 이하얀(2015). ADHD 아동의 문제행동 개선을 위한 자기교시 활용 미술치료 사례 연구. 대구대학교 석사학위논문.

기초선

기초선(baseline)이란 처치가 주어지기 전에 표적행동이 기록된 기간을 의미한다. 기초선은 사전-사후 검사를 할 수 없는 행동관찰에서 아동의 문제행동의 수준을 파악하고, 치료과 정에서나 치료 후에 문제행동의 변화를 알아볼 수 있는 기준이 되기도 한다.

● 표 1.4 기초선 적용 사례

아동의 특성

1. 대상 아동의 특성 : ADHD 진단을 받은 만 6세의 남자 아동
아동 출생 1개월 후 모의 가출과 무직의 부, 조부의 수감 등 가정 형편상 형(8세)과 함께 24시간 어린이집에 5 년간 위탁양육을 하였다. 조부의 출소로 다시 집에서 생활하였으나, 어린이집과 M지역아동센터를 번갈아 다 녔다. 가끔 폭력성을 보이는 조부와 부를 무서워하며, 그들 앞에서는 문제행동을 보이지 않고 조용하게 착석 해 있는 모습을 보인다.

2. 문제행동 특성

대상 아동은 놀이 상황에 있어 자기중심적인 행동을 하거나 또래 아동들이 싫어하는 행동을 자주 한다. 정서적으로 부정적인 감정을 느꼈을 때 행동으로 표출하여 또래 아동들과의 다툼이 잦은데, 이때 거친 욕설과 크게 소리를 지르는 등의 모습을 보인다. 또한 학교 및 지역아동센터의 비품을 발로 차거나 집어던지고 부수는 등의 모습을 보인다. 수업시간에 자주 자리를 이탈하는 모습을 보이고 수업에 대한 집중도 또한 낮아 학교 학습을 잘 따라가지 못하는 모습을 보인다. 이에 학교와 지역아동센터 교사 및 또래 아동들에게 부정적인 피드백을 자주 받는다.

아동은 특히 자신의 욕구가 충족되지 않으면 문제행동이 두드러지게 나타나는데, 가정에서는 나타나지 않으며 M지역아동센터나 학교에서 그러하다. 아동은 욕구가 충족이 될 때까지 시간과는 상관없이 "야!", "악!"과 같은 소리를 크게 지르며 주변에 불편감을 주며 분이 풀릴 때까지 문을 거세게 발로 걷어차는 모습도 보인다. 또한 눈앞에 보이는 물건을 창밖이나 바닥에 큰 소리가 나도록 팔을 크게 휘저어 던지는 모습을 보여서 교사 및 또래 아동들에게 위협감을 주고 있다. 이러한 문제행동 외에도 또래 아동들이 사용하지 않는 거친 욕설을 사용하는 모습도 함께 보이고 있다.

중재

1. 문제행동 설정

먼저 본 연구에서 문제행동은 7월 중 인테이크를 통해 알아본 아동의 기본정보를 바탕으로, 지역아동센터 담당교사 2명과 함께 아동의 문제행동을 설정하였다.

- 설정된 문제행동 : 소리 지르기, 물건 던지기

2. 기초선

이후 기초선은 8월 3~4주간 총 10회 실시되었는데, 이는 아동이 관찰자를 의식하는 것을 감안하여 초기의 5회를 제외한 나머지 5회를 기초선으로 잡았다. 관찰시간은 지역아동센터 내 교사의 보고에 따라 아동의 문제행동이 가장 많이 나타난다고 보고된 14~17시에 기초선 측정을 실시하였다. 치료기간 동안 관찰되는 문제행동에 대하여 교사가 그 빈도를 아동 문제행동 빈도 체크표에 기록하였다. 기초선이 안정적인 경향을 보일 때 기초선에서 중재로 넘어갔다.

3. 유지

중재가 종료된 후에도 문제행동에 변화가 지속적으로 유지되고 있는지를 알아보기 위해 중재 종료 일주일 후, 총 5회기 동안 기초선과 동일한 조건에서 유지관찰 및 기록을 하였다.

출처 : 이하얀(2015). ADHD 아동의 문제행동 개선을 위한 자기교시 활용 미술치료 사례 연구. 대구대학교 석사학위논문.

심리검사

심리검사는 성격, 지능, 적성 같은 인간의 다양한 심리적 특성에 대해서 파악하고자 하는 목적을 가지고, 다양한 도구를 이용하여 이런 특성을 양적 · 질적으로 측정하고 평가하는 일련의 절차를 말한다.

심리검사를 통해서 우리는 각 사람마다의 개인차에 대해서 파악할 수 있으며, 또한 심리적인 과정 자체에 대한 이론적인 통찰을 얻을 수 있다. 즉 심리검사는 개인에 대한 진단과 평가의 도구가 되면서 동시에 학문적인 연구의 도구가 된다(최정윤, 2016).

하지만 심리검사를 통해 내리게 되는 결론은 확정적인 것이 아닌 잠정적인 것이다. 왜냐하면 심리검사 자체를 통해서 얻을 수 있는 정보는 완전하지도 충분하지도 않기 때문이다. 심리검사는 전체를 측정하는 것이 아니라 일부 표집된 내용과 행동을 측정하여 전체를 추정하는 방법으로 진행되며, 이는 표집된 내용과 행동의 대표성이 완벽하지 않으므로 전체를 추정하는 과정에 오류가 생길 수도 있게 된다. 특히 심리검사에서 표집된 문항에 대한 반응을 통해 전체 영역을 판단하기 때문에 검사 반응을 통해 개인을 이해하기 위해서는 높은 수준의 신뢰도와 타당도가 확인된 검사를 사용하는 것이 중요하다.

심리검사는 통상 일회적으로 실시되는데, 이 때문에 검사만을 통해 충분하고 정확한 정보를 얻기 어렵다. 심리검사는 기본적으로 표준화된 자극에 대한 현재의 반응을 측정하는 것이며, 검사에서 나타나는 마음과 행동의 상태 및 기능은 현재의 상태와 기능이다. 그러나 평가자가 궁극적으로 알고 싶어 하는 것은 개인의 과거와 현재 그리고 가능하다면 미래까지가 다 포함된 전체의 모습이다. 검사가 직접 전달하는 정보는 기본적으로 현재의 기능과 특징에 관한 것이며, 수검자의 과거와 미래에 대한 판단은 추론적일 수밖에 없다. 따라서 면접과 행동관찰 모두를 활용하여 개인에 대한 판단에 근거해야 할 것이다(김재환 등, 2014).

좋은 검사의 조건은 다음과 같다.

- 검사의 목적이 명료해야 한다.
  검사 실시의 목적과 측정 내용, 세분화된 대상이 명확해야 한다.
- 검사의 전 과정이 표준화된 검사여야 한다.
  검사과정상에서 개인은 같은 조건하에서 검사되어야 한다. 이를 표준화라고 하는데, 같은 문항, 실시 방법, 채점의 규준 등이 동등하게 제시되는 상태를 말한다. 특히 많이 활용되는 규준지향 검사에서 점수의 기준이 되는 채점 규준의 표준화는 무엇보다 중요한 요소이다. 표준 집단에서 얼마나 명확한 검사 기준을 마련했는지에 대한 부분이다.

- 검사의 신뢰도와 타당도가 양호해야 한다.

한 사람이 검사를 다시 실시하더라도, 대략 비슷한 정도의 결과가 나오는 것을 신뢰도라고 하며, 일관적이고 안정적인 결과야말로 검사의 결과를 믿을 수 있기 때문이다. 또한 타당도란 검사 문항에서 측정하고자 하는 것을 재는 것이다. 예를 들어, 키를 측정하는 검사의 실제 문항이 몸무게를 묻는 것이라면 타당도가 낮은 검사라고 할 수 있다.

심리검사의 종류

심리검사의 종류는 구분 기준에 따라 다양하게 나누어지는데, 검사의 목적과 방법, 절차와 내용에 따라 다양하게 분류한다. 여기에서는 임창재(2000)가 구분한 것을 소개한다.

측정내용과 검사 제작 방법에 따른 구분

1. 투사검사

투사검사는 개인의 독특한 특성을 측정하기 위해 비구조적인 검사 과제를 제공하는 것으로 면접이나 행동관찰, 객관적 검사 반응과는 다른 독특한 반응을 제시하며, 이 반응은 개인을 이해하는 데 매우 유용하다. 또한 이 검사는 반응이 다양하게 표현되고 따라서 독특한 심리적 특성을 반영할 수 있으며, 무의식적인 심리적 특성을 잘 반영한다.

2. 객관적 검사

객관적 검사는 검사가 구조화되어 있고, 평가 내용이 검사에 따라 준비되어 있으며, 일정한 형식에 따라 반응한다. 개인의 독특성보다는 개인들이 공통적으로 지니고 있는 특성이나 차원을 기준으로 상대적 비교를 하려는 목적을 지닌다. 이러한 검사는 실시가 간편하고, 신뢰도와 타당도가 높으며, 검사자 변인이나 검사 상황의 변인에 따른 영향을 적게 받아 객관적인 개인 간 비교가 가능하다.

검사 실시에 따른 구분

1. 개별검사와 집단검사

개별검사는 한 번에 한 사람을 대상으로 실시하는 것으로, 시간과 비용이 많이 소요된다. 반면 집단검사는 한꺼번에 많은 사람을 대상으로 실시하기 때문에 시간과 비용이 절감된다.

2. 속도검사와 난이도 검사

속도검사는 제한된 시간 내에만 문제를 해결하도록 하는 것이고, 난이도 검사는 시간을 제한하지 않고 수검자가 검사를 마치고 싶을 때까지 제공한다.

3. 지필검사와 동작검사

지필검사는 과제가 종이에 인쇄되어 있고 답지에 답을 기록하게 하는 것으로, 표준화된 지능·흥미·성격 검사에 적용된다. 한편 동작검사는 행동이나 특성을 지필에 의존하지 않고 평가하는 것으로 주로 개인검사로 실시된다. 무용동작치료에서 사용하는 동작분석이 여기에 해당된다.

특정행동에 따른 구분

1. 정신능력검사

일반적으로 지능검사를 말하는 것으로, 검사 소요시간이 짧고 집단 대상 실시가 가능하다. 능력의 잠재적 측면을 측정한다.

2. 흥미검사

직업상담, 학업상담 및 지도에 유용하다. 특정한 방향으로 향하는 개인의 일반화된 행동 경향을 측정하는 것으로, 흥미를 전혀 갖지 않으면 그 분야에서 성공할 가능성이 제한된다는 것을 시사한다.

3. 적성검사

특수 분야에 적절한 대상을 선발하는 것을 목적으로 실시되며, 특수능력검사라고도 한다. 사무능력, 기계조작 능력, 음악, 미술 등 특수능력을 측정하는 독립된 검사도 있고, 종합 적성검사도 있다.

4. 운동능력검사

근육 협응, 손가락의 정교성, 눈과 손의 협응능력 등 운동기능의 수준을 측정한다.

5. 성격검사

개인의 행동 유형이나 정서 상태와 같은 기질 및 적응성, 개인의 동기, 이상, 욕구, 가치, 도덕성, 품성 등을 측정할 수 있다. 자기보고식 검사, 작업검사, 투사검사 등이 있다.

심리검사의 특징

심리검사의 목적은 개인 내, 개인 간 비교를 통하여 개인의 행동이나 성격을 이해하고 이를 바탕으로 하여 개인의 문제해결에 도움을 주려는 것이다. 이러한 심리검사는 심리적 장애의 해결을 위한 치료 개입과 전략을 계획하고 수행하는 기초 과정이라 볼 수 있다. 심리검사의 목적을 세분화하여 살펴보면 다음과 같다.

- 예측의 기능 : 이때 예측이란 어디까지나 확률적 의미의 예측을 말한다. 다시 말하면 예측이란 잠정적 추정이라고 할 수 있다. 더 확실한 근거가 나올 때까지 현재로서는 이렇게 이야기하는 것이 가장 적절하다는 것을 의미한다.
- 진단의 기능 : 진단을 위해 검사를 이용할 경우에는 여러 가지 검사를 동시에 사용하는 경우가 많다. 진단을 목적으로 심리검사를 사용할 때는 일반적으로 장단점을 파악하는 것 이외에도, 질적인 것을 파악하는 데도 중점을 두고 있기 때문에 엄밀성이 요구된다. 즉 진단적 성향이 강한 검사일수록 검사자의 상당한 전문적 훈련과 자질을 요하게 되는 것이다. 또한 진단 목적의 검사라 하더라도 단지 진단에 도움이 되는 한 방편일 뿐이지 검사 그 자체가 진단해 주는 것은 아니다.
- 조사적 기능 : 사회학적 혹은 사회심리학적 연구목적으로 심리검사를 이용하는 경우로, 이때는 어떤 집단의 일반적 경향을 알아보기 위하여 검사를 사용한다.
- 개성 또는 적성의 발견 : 심리검사를 하는 가장 주된 목적은 개인의 개성이나 적성을 발견해서 거기에 맞는 상담과 지도를 하려는 것이다.

심리재활에의 적용

심리검사를 통해서 검사점수, 반응 내용과 주제, 검사반응에 대한 태도, 검사자와 수검자 간의 대인관계의 정보를 얻을 수 있는데, 이러한 네 가지 출처에서 얻은 다음의 내담자 정보를 통합하여 개인을 이해할 수 있다(최정윤, 2016).

검사점수

주로 양적 측정을 일차적인 목표로 하는 객관적 검사나 자기보고식 질문지 검사를 통해 얻게 된다. 검사점수는 각 검사가 측정하고자 하는 영역에서 수검자가 어느 위치를 차지하고 있는가에 대한 구체적이며 상대적인 정보를 줄 수 있다.

반응의 내용과 주제

주로 투사검사에서 얻는 정보이며, 투사검사의 특징상 반응은 양적 측면이 아닌 질적 측면에 관심을 두는 것이므로, 수검자가 "실제로 보인 반응이 무엇인가?"가 중요하다. 이를 통해 양적 접근에서 간과될 수 있는 개인 고유의 특성에 대해서 해석적 정보를 얻을 수 있다.

검사반응에 대한 태도

점수와 내용 외에 수검자의 태도와 감정도 중요하다. 검사 중 수검자가 하는 사담, 덧붙이는 말, 몸짓, 자세 등이 해석의 중요한 단서를 제공하는 경우가 많다. 수검자의 모든 반응을 고려하는 것이 검사 자료를 해석하는 데 보다 풍부한 정보를 제공해 준다.

검사자와 수검자 간의 대인관계

검사자와 수검자 간의 대인관계는 또 다른 정보의 출처가 될 수 있다. 이것은 검사자의 특성이 수검자의 반응을 끌어내는 데 많은 영향을 줄 수 있음을 시사한다. 어떠한 관계를 맺는가에 따라 검사자가 얻는 수검자에 대한 관찰적 정보와 결론이 달라질 수 있어 검사자가 수검자와 좋은 관계를 맺을 수 있도록 하는 것이 필요하다.

풀배터리

심층적인 임상면접 및 체계적인 행동관찰과 더불어 특정한 영역을 효과적으로 평가하는 심리검사를 조합하여 가장 풍부하고 포괄적인 정보를 얻을 수 있는 심리평가를 흔히 풀배터리(full battery)라고 부른다. 내담자의 인지기능, 정서 상태, 성격 특징, 대인관계, 핵심갈등 영역, 심리적 자원 등 심리적 기능 전반을 종합적으로 탐색하고 평가하는 것이다.

● 표 1.5 풀배터리 심리검사 예시

검사 목록	특징
지능검사	자신의 영역별 발달 정도를 살펴보는 검사
성격검사	자신의 성격을 객관화된 검사를 통해 알아보는 검사
투사검사	사고, 정서, 현실지각, 대인관계 방식 등 다양한 측면의 인격특성을 평가하는 투사적 검사
그림검사	직접 그리는 집, 나무, 사람 그림을 통해 내면의 정서 상태를 평가하는 투사적 그림검사
신경심리검사	신경심리학적 문제를 간편하게 선별하는 심리검사

풀배터리의 가장 큰 장점은 내담자의 정신세계를 객관적이고 풍부하게 들여다볼 수 있으며 그로 인한 상담 또는 치료적 접근을 다면적인 차원에서 할 수 있다는 것이다. 심리 상황을 정확하게 인식하는 것은 상담적 접근을 명료하게 할 수 있다는 점에서 매우 중요한 요소이며 외부적 의사결정(예 : 학교 변경, 군 면제, 스트레스 상황의 조정 등)을 할 때도 중요한 정보로 활용된다.

국내에서 실시되는 성인용 풀배터리 검사에는 지능검사, 성격검사, 투사검사, 그림검사, 신경심리검사 등 다섯 가지 이상이 포함된다. 심리검사는 종류가 아주 많지만, 배터리에 포함된 검사들은 모두 어떤 한 인간에 대해서 여러 가지 개별적 측면의 정보를 제공하는 점에서 대표성을 띠고 있는 검사이다. 때문에 한 검사에서 나온 결과와 다른 검사에서 나온 결과가 상반될 수도 있고, 그에 따라 또 다른 추론이 가능해질 수 있다. 심리적 문제의 경우 겉으로 눈에 띄게 드러나는 경우가 드물고 타인이 관찰한다고 쉽게 발견되는 것이 아니기 때문에 문제가 어디 있는지를 확인하기 위해서는 더 많은 정보가 필요하다.

채점 활용과 평가자의 역할

심리평가는 다양한 평가 결과를 종합하여 최종적으로 해석을 내리는, 보다 복잡하고 전문적인 과정이라고 볼 수 있다. 심리평가 과정은 일차적으로 자문이 의뢰된 문제를 분석하고 난 다음 적절한 평가 절차와 심리검사를 결정하고 검사를 시행, 채점하며, 심리검사 결과를 해석하고 그 외 다른 자료와 종합하며 심리평가를 자문한 의뢰처나 인접 전문가 또는 피검사자에게 이러한 결과를 효율적으로 전달해 주는 일련의 절차를 거치게 된다.

채점 활용

다변화되는 사회에서는 인간의 행동을 객관적으로 측정할 수 있는 심리검사의 필요성은 더욱 증가될 것이다. 특히 학교, 군대, 직장의 선발 과정에서, 상담과 심리치료의 필수적인 도구로, 전문인 면허나 자격을 인정받는 과정의 일환으로, 경험적 자료를 수집하기 위한 연구 절차의 하나로 심리검사의 필요성은 증대될 것이다.

심리검사는 인간의 특성을 측정함에 있어서 수치화되고 표면화될 수 있는 객관적인 부분을 중심으로 측정하게 된다. 따라서 특정 검사결과는 그 측정 내용과 근접할 뿐이지 모든 것을 설명하지는 못한다. 또한 개인의 심리적 특성은 고정된 것이 아니라 경험이나 학습, 성숙에 의해서 변화되고 향상될 수 있다. 일부는 타고난 유전적 요인에 기인하지만, 많은 부분은 성장하는 동안의 환경적 요인이 영향을 준다. 따라서 심리검사 결과를 직접적이고 고정적인 잠재력으로만 해석하는 것에는 무리가 있다.

심리검사를 남용하거나 검사의 결과를 맹목적으로 과신하거나 회의적인 태도로 불신하는 것은 인간의 행동을 이해하거나 인간을 둘러싼 문제를 해결하는 데 아무런 도움을 주지 않는다. 따라서 보다 양호한 심리검사를 선정하여 검사가 지닌 가능성과 제한점을 인식하면서 필요에 따라 검사를 활용하는 것이 보다 바람직한 태도라 하겠다.

심리검사 결과는 다양한 측면에서 활용될 수 있다.

1. 영·유아기
발달 단계에 맞는 발달 과업을 잘 수행하고 있는지를 확인하여 발달상의 문제를 조기에 발견하고 영·유아의 균형적인 발달을 도모할 수 있다. 학령기 이전에 학습 및 적응에 대한 준비 정도를 점검할 수 있다.

2. 아동

생활 문제, 왕따 등 생활 적응상의 문제 등을 진단하여 학교 및 친구 관계 개선에 도움을 받을 수 있다. 학습 문제 및 자기만의 학습 방식을 발견하여 시험불안, 학습 방법 문제 등의 개선에 도움을 받을 수 있다. 적성 및 진로 문제 능력과 적성에 대한 개개인의 장단점을 파악하여 문/이과 및 학과 결정, 학습 보완 문제 등의 진로 결정에 참고할 수 있다.

3. 학부모

효율적인 학습 환경 조성이나 바람직한 양육 태도에 대해 점검해 볼 수 있다.

평가자의 역할

어느 연령을 대상으로 한 평가이든 평가자 역할은 매우 중요하다. 평가과정이란 가설을 세워 그에 관한 자료를 수집하고 여러 설명을 배제하여 가장 가능한 원인을 찾아가는 과정인 만큼, 과학자와 같은 평가자의 자질이 요구된다. 또한 논리적으로 분석하여 임상실제에 적용하는 데 있어서 평가라는 개념의 가장 큰 난점은 인간이 논리적이고 일관적으로 행동하지 않는다는 것이다. 동일한 문제 상황도 아주 상이한 가설들, 때로는 상호 모순된 가설들에 의해 설명되기도 한다.

　따라서 평가자는 다양한 경험을 통하여 현 문제에 관한 통찰과 해석을 내릴 수 있어야 하며, 이 책에서 설명하고 있는 심리재활현장에 심리평가를 적용하기 위해 다양한 평가 및 치료 경험을 바탕으로 능력을 향상시켜야 할 것이다.

● 표 1.6 심리검사도구의 종류와 구입처

순서	종류	검사명	구입처
1	지능검사	K-ABC-II	인싸이트, 한국심리주식회사
2		K-WIPPSI-IV	인싸이트, 한국심리주식회사
3		K-WISC-IV	인싸이트, 한국심리주식회사
4		K-WAIS-IV	인싸이트, 한국심리주식회사
5	성격검사	MMPI-2	(주)마음사랑
6		MMPI-A	(주)마음사랑
7		PAI-2	인싸이트
8		PAI-A	인싸이트
9	신경심리검사	BGT-II	인싸이트
10		SNSB	휴브알앤씨
11		Rey-Kim 기억검사	도서출판 신경심리
12		Kims 전두엽-관리기능 신경심리검사	
13		노인인지검사	
14	유·아동발달	K-BSID-II	도서출판 키즈팝
15	시지각	VMI	도서출판 특수교육
16	언어	SELSI	도서출판 특수교육
17	사회성	사회성숙도검사 SMS	중앙적성출판사
18	행동	행동평가척도(K-CBCL)	중앙적성출판사
19	성격	KPRC	한국심리주식회사
20	투사	SCT	인싸이트

MMPI-2/A 구입 및 실시 자격

MMPI-2/A 의 구입 및 실시 자격은 심리평가와 MMPI에 대한 전문적인 이해를 갖춘 전문가에게만 주어진다. MMPI는 실시와 채점이 다른 검사들에 비해 상대적으로 쉬운 편이지만, 그 결과를 올바로 해석하고 전달하는 데는 정신병리와 심리평가에 대한 상당한 수준의 지식이 요구된다. 또한 검사 사용에 대한 윤리적 책임도 질 수 있어야 한다.

미국에서는 MMPI-2/A를 구입할 수 있는 qualification level을 가장 높은 수준인 'A'등급으로 지정하고 있다. 그만큼 MMPI를 활용하는 전문가 집단의 자격 요건이 엄격하다고 볼 수 있다.

(주)마음사랑에서는 MMPI-2/A 의 구입자격을 다음과 같이 규정하고 있다.

1. 한국심리학회 공인 심리사 및 심리전문가, 정신보건임상심리사 1급/2급
2. 심리학 관련학과 석사학위 소지자면서 심리평가(심리검사)와 정신병리(이상심리) 과목을 이수한 자
3. 관련 분야에서 1번항과 2번항의 조항에 준하는 경력 및 자격을 갖춘 자는 별도의 협의를 통해 검사를 구입할 수 있음

아동용 지능검사

지능검사는 심리재활현장에서 가장 많이 활용되는 주요 심리검사 중 하나이다. 특히 아동의 경우 지적장애와 발달장애 등을 판단하는 기준이 되는 검사 중 하나이기 때문에 필수적으로 사용하는 경우가 많다. 따라서 심리재활현장에 있는 치료사들은 지능검사에 대한 이해가 반드시 필요하며, 지능검사에 대한 이해와 지식, 검사 결과 활용능력을 갖추어야 내담자를 돕는 데 적절하게 활용할 수 있다. 이 장에서는 심리재활현장에서 활용도가 높은 몇몇 지능검사에 대해 다룰 것이다.

● 표 2.1 보편적으로 사용하는 지능의 서술적 분류

점수	서술적 분류	점수	서술적 분류
130점 이상	매우 우수(very superior)	80~89점	평균하(low average)
120~129점	우수(superior)	70~79점	경계선(borderline)
110~119점	평균상(high average)	69점 이하	매우 낮음(mentally deficient)
90~109점	평균(average)		

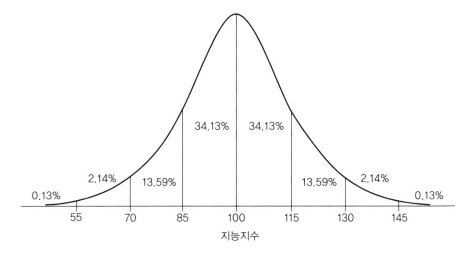

카우프만 지능검사

K-ABC

검사의 특징

카우프만 지능검사(Kaufman Assessment Battery for Children, K-ABC)는 미국의 Kaufman 부부가 1980년도에 제작한 검사로 만 2세 6개월부터 만 12세 6개월까지의 아동을 위해 고안되었으며, 정신과정과 성취 하위 점수의 세트를 포함한다. K-ABC는 인지심리학과 신경심리학의 지능 이론에 근거하여 문항을 개발하였고 비언어적 과제에 비중을 크게 두어 의사소통에 문제가 있는 특수 아동이나 타문화권 아동에게도 실시할 수 있도록 제작되었다.

우리나라에서는 문수백과 변창진(1997a, 1997b)이 아동의 지능과 후천적으로 습득한 사실적 지식 수준을 특정하기 위해 K-ABC를 한국판으로 1997년에 표준화하였다. K-ABC와 마찬가지로 한국판 또한 2세 6개월에서 12세 5개월까지의 아동을 대상으로 하며, 대략 45~75분 정도가 소요된다. 한국판 WICS-R, 고대–비네 검사의 IQ점수와 K-ABC 종합척도의 표준점수 득점과의 상관을 통해 공인타당도를 확보하고 있다.

K-ABC는 다음과 같은 특성을 가진다. 첫째, K-ABC는 인지처리 과정 이론에 따라 지능을 인지처리 과정으로 보고 이를 문제나 과제의 해결이 순차처리적인지, 동시처리적인지에 따라 분리 측정한다. 또한 비언어성척도를 마련하여 언어장애 아동의 지능을 효과적으로 평가할 수 있다. 또한 학교나 가정, 기타 후천적으로 습득한 지식을 인지처리과정척도와 분리하여 평가함으로써 아동의 문제해결력과 이를 사용해 얻은 습득된 능력을 비교할 수 있게 해준다. 둘째, K-ABC는 처리과정 중심의 결과로 검사결과에 근거한 교육적 처치가 가능하다. 기존 대다수의 내용중심 검사와 달리 처리과정 중심의 검사로서 검사의 결과에 근거하여 아동이 왜 그러한 정도의 수행을 했는지에 대해 설명해 줄 수 있기 때문에 지능검사 결과에 근거한 정치 및 교육적 처치를 마련할 수 있다. 셋째, 인지발달 이론에 근거하여 연령별로 실시하는 하위검사를 차별화하였다. 16개 하위검사 중 아동의 연령 및 인지발달 수준에 따라 7~13개를 실시하게 되어 있다. 넷째, 좌뇌와 우뇌의 기능을 고루 측정할 수 있는 하위검사들로 구성되어 있다. 전통적 지능검사들은 주로 좌뇌 기능을 측정하는 좌뇌 지향 검사들로, 검사결과가 우뇌가 발달한 아동이나 우뇌 지향적 문화권에서 양육된 아동들에게 불리한 점을 감안하여 좌뇌와 우뇌 기능을 고루 측정할 수 있는 하위검사로 구성하였다.

검사의 구성

K-ABC는 총 16개의 하위검사로 구성되어 있고, 이 검사들은 아동의 인지처리능력과 습득도를 측정하고 있다. 인지처리능력은 순차처리능력과 동시처리능력으로 나뉘고, 순차처리 측정의 하위검사는 손동작, 수회상, 단어배열이 있고, 동시처리측정의 하위검사는 마법의 창, 얼굴기억, 그림통합, 삼각형, 시각유추, 위치기억, 사진순서 등이 있다. 습득도를 측정하는 소검사는 표현어휘, 문자해독, 문장이해가 있다.

아동의 생활연령에 근거하여 소검사를 실시하는데, 한 아동에게 이 16가지 소검사를 모두 실시하는 것이 아니라 생활연령 및 인지발달 수준에 따라 7~13개의 하위 소검사를 실시하도록 한다.

● 표 2.2 K-ABC 척도 구성

척도	내용
인지처리과정척도	문제해결 및 정보처리 과정
동시처리척도	부분적으로 주어진 과제를 통합하는 척도
순차처리척도	과제의 순서적 · 계열적 처리능력
비언어성척도	언어요인이 배제된 상태에서의 지능 수준
습득도척도	후천적으로 습득한 사실적 지식 수준

● 표 2.3 K-ABC 하위검사 구성

하위척도	적용연령 (세/개월)	내용	인지처리		
			순차	동시	비언어
인지처리					
1. 마법의 창	2/6~4/11	좁은 틈의 회전판을 통해 연속적으로 사물을 제시한 다음, 그 사물의 이름을 말하는 과제(집중력, 주의지속력 측정)		○	
2. 얼굴기억	2/6~4/11	짧은 시간 동안 1~2명의 사진을 제시하고 다른 포즈로 찍힌 사람을 맞추는 과제(시각적 세부자극에 대한 주의집중력 측정)		○	○
3. 손동작	전체연령	검사자가 보여주는 일련의 손동작을 보고 순서대로 재연하는 과제(지각적 조직화, 모방능력 측정)	○		○
4. 그림통합	전체연령	모호한 잉크반점의 그림을 보고 무엇인지 말하도록 하는 과제(부분과 전체 관계 파악, 지각적 조직화, 공간능력 측정)		○	
5. 수회생	전체연령	일련의 숫자를 불러 주면 순서대로 말하도록 하는 과제(청각적 주의집중력, 단기기억, 순차처리능력 측정)	○		
6. 삼각형	4/0 이상	노란색과 파란색이 앞뒤로 붙은 삼각형을 검사틀에 제시된 그림으로 완성하는 과제(통합력, 추리력, 공간능력, 시각-운동협응능력 측정)		○	○
7. 단어배열	4/0 이상	검사자가 불러 주는 단어를 듣고, 실루엣이 그려진 선택지 중 해당그림을 차례로 선택하는 과제(순차처리능력, 청각적 단기기억, 청각정 정보처리능력, 운동-비운동적 반응과 연계하는 두 가지 인지처리가 복합적으로 요구됨)	○		
8. 시각유추	5/0 이상	제시된 그림 중 관계 있는 것이나 완성할 수 있는 도형의 모양을 선택하는 과제(분석력, 시각적 예민성, 지각적 조직화, 추리능력, 공간능력, 추상자극에 대한 시지각능력)		○	○
9. 위치기억	5/0 이상	무선배치된 그림의 위치를 재생하는 과제(시각자극에 대한 단기기억력, 공간능력, 지각적 조직화 등 측정)		○	○
10. 사진순서	5/0 이상	무선 배열된 사진들을 순서에 맞게 배열하는 과제(순차 · 계열적 조작, 부분과 전체 관계파악, 지각적 조직화 측정)		○	○

● 표 2.3 K-ABC 하위검사 구성(계속)

하위척도	적용연령 (세/개월)	내용	인지처리
습득도 : 환경적 영향이 많이 관여함			
11. 표현어휘	2/6~4/11	사물과 동물의 그림을 보여주고 이름을 이야기하도록하는 과제(언어발달, 지식축적, 단어지식 측정)	아동의 초기 환경, 지식 추구, 가정 내 문화적 기회, 취미, 환경에 대한 관심, 독서기회 등 반영
12. 인물 · 장소	전체 연령	이야기 속 인물, 잘 알려진 명소 등의 그림을 보고 이름을 말하는 과제(장기기억, 언어적 표현, 일반상식 등 측정)	
13. 산수	3/0 이상	숫자를 읽거나 계산하는 과제(언어적 이해력, 수리력, 응용력 및 시지각능력 측정)	
14. 수수께끼	3/0 이상	사물이나 사람, 장소에 대한 언어적 단서를 통해 이름을 유추하도록 하는 과제(본질과 비본질 구별, 초기언어발달, 지식의 축적, 장기기억, 부분과 전체관계파악, 추리력, 언어이해 등)	
15. 문자해독	5/0 이상	제시된 음절이나 낱말 단위의 글자를 읽게 하는 과제(학습의 기초, 초기언어발달, 읽기능력, 언어표현력)	
16. 문장이해	7/0 이상	문장으로 주어진 지시를 읽고, 동작으로 표현하는 과제(학습의 기초, 읽기능력, 언어개념형성 등 측정)	

검사에 대한 분석

검사점수 해석에는 몇 가지 사항이 반드시 포함된다. 첫째, 산출된 지능지수를 질적으로 해석해야 하며 지능점수의 분류는 〈표 2.4〉와 같다. 둘째, 순차처리척도와 동시처리척도를 비교하여 그 차이를 해석해야 한다. 두 척도 간 점수차가 없을 경우에는 아동이 정보를 처리할 때 개인적으로 특별히 선호하는 정보처리 양식이 없으며 문제해결능력이 균형 있게 발달되어 있다는 것을 알 수 있다. 셋째, 인지처리과정 하위검사에 대한 강약점을 판단해야 한다. 강약점은 하위검사에서 받은 점수가 자신의 평균 능력에 비해 상대적으로 강함 또는 약함을 의미하는 개인 내 차의 반영이며 절대적 기준이나 규준이 아니라는 사실에 유의하여 해석한다. 넷째, 각 하위검사들이 시사하는 임상적 의미를 해석해야 한다. 예를 들어 수회생 소검사를 통해 주의산만 · 불안 정도를 파악할 수 있으며, 손동작 소검사에서는 고집스러운 반응 경향성이나 신경 근육 협응운동장애를 알아볼 수 있다. 시각유추, 사진순서 소검사를 통해서는 아동의 충동적인 경향을 관찰할 수 있으며, 단어배열 소검사에서는 욕구불만에 대한 아동의 인내력과 경직성을 확인할 수 있다. 그리고 얼굴기억, 위치 기억 소검사에서는 아동의 집중력에 대한 정보를 얻을 수 있다.

● 표 2.4 K-ABC의 지능분류

점수	서술적 분류
130점 이상	매우 높음
120~129점	상당히 높음
110~119점	약간 높음
90~109점	보통
80~89점	입학 가능, 학업성취 문제, 특별한 관심 요망
70~79점	다소 낮은 지능에 약간 문제, 구체적 임상검사 실시 요망
69점 이하	아주 낮은 지능에 약간 문제, 구체적 임상검사 실시 요망

K-ABC-II

검사의 특징

K-ABC-II(Kaufman Assessmaent Battery for Children II)는 만 3~18세에 이르는 아동과 청소년의 정보처리와 인지 능력을 측정하기 위해 개발된 개인 지능검사(individual intelligence test)로서, 미취학 아동부터 고등학생들의 심리, 임상, 심리교육, 그리고 신경심리적 평가를 위한 목적으로 개발되었다. 최근 K-ABC-II를 문수백(2016)이 표준화하기 전에는 1997년 표준화한 K-ABC를 오랫동안 사용하고 있었다. 원래 K-ABC의 16개 하위검사 중 8개 하위검사를 유지하면서 10개의 새로운 하위검사가 추가되었다. 유지된 하위검사는 대부분 연령대를 확장시키거나 모든 연령대로 검사의 범위를 확장시키기 위해 수정되었다.

K-ABC-II는 사고력과 전반적 인지능력을 모두 측정할 수 있는 측정도구로서 학생들의 치료 계획, 배치 계획을 세우는 데 도움을 줄 수 있다. 인지능력과 사고력에 있어서 개개인의 강점과 약점을 파악할 수 있도록 되어 있으며 학습장애의 핵심적인 양상인 기본적인 사고처리과정의 장애를 파악하는 데 유용하다.

1. 광범위한 인지능력 측정

교육적 또는 심리적으로 문제가 있는 아동들을 이해하기 위해 필요한 순차처리, 동시처리, 학습력, 추리력 그리고 결정성 지적능력을 포함하는 광범위한 인지능력을 측정한다.

2. 이원적 이론구조로 해석

인간의 사고능력을 광범한 능력들과 한정적 능력들로 이루어진 위계적 관계구조로 설명하고 있는 CHC의 심리측정 모델과 신경심리학적 인지처리 이론인 Luria 모델에 근거하여 개발되었다. 한 검사를 통해 피검자의 지적능력을 평가하는 데 보완적으로 두 가지의 이론적 관점에서 진단하고 해석할 수 있다.

3. 언어적 제한의 최소화

비언어성척도를 포함하고 있다. 비언어성척도의 하위검사에서 검사자가 몸짓으로 문항을 제시하고 피검사자는 언어가 아닌 동작으로 반응할 수 있도록 함으로써 청각이 손실되었거나 또는 언어장애로 인해 제한된 언어능력을 가진 다문화 가정의 아동을 보다 타당하게 평가할 수 있다.

4. 핵심하위검사와 보충하위검사

검사 실시시간을 효율적으로 사용할 수 있도록 두 시스템으로 이루어져 있으며, 핵심하위검사의 실시를 통해 전체척도 지수와 각 하위척도의 지수를 산출한다. 보충하위검사는 핵심하위검사를 통해 측정된 능력과 처리과정을 보다 심도 있게 탐색하고자 할 때 보충으로 실시된다.

5. 질적 지표의 표기

기록지에 각 하위검사마다 질적 지표를 두어 검사 중 관찰된 피검사자의 특별한 행동들을 기록할 수 있도록 하여 검사결과 해석에 참고할 수 있도록 하였다. 전체 모집단의 규준에 따라 레벨에 구애를 받지 않는다.

검사의 구성

K-ABC-II의 검사 구성은 〈표 2.5〉와 같다.

● 표 2.5 K-ABC-II의 검사 구성

척도/하위검사	실시대상 연령(세)			설명
	핵심	보충	비언어성	
순서처리/Gsm				
5. 수회생	4~18	3		검사자가 2~9개 사이의 일련의 숫자들을 말하고 나서 아동이 그것을 똑같은 순서로 반복한다.
14. 단어배열	3~18			검사자가 말한 물체의 이름 순서대로 아동이 그 물체에 해당하는 형태를 손으로 지적한다. 색깔 말하기 같은 방해 과제를 자극과 반응 사이에 넣으면 과제가 더 어려워진다.
16. 손동작		4~18	3~18	검사자가 여러 가지 손동작을 책상 위에서 만들어 보여 주면 아동은 감사자가 만들어 보여 준 동작들을 순서대로 그대로 따라 한다.
동시처리/Gv				
13. 블록세기	13~18	5~12	7~18	아동이 블록이 쌓여 있는 사진을 보고 그 개수를 정확히 파악한다. 블록은 하나 이상의 블록이 숨겨져 보이지 않거나 일부분이 숨겨져 보이지 않는 상태로 되어 있다.
2. 관계유추	3~6		3~6	아동이 4~5개 정도의 사진을 보고 나머지 사진과 어울리지 않는 하나의 사진을 찾아낸다. 어떤 사진은 의미적인 자극이고 어떤 것은 추상적인 자극이다.
3. 얼굴기억	3~4	5	3~5	아동에게 1~2개의 얼굴 사진을 자세히 보게 한다. 그 사진 속의 사람이 다른 포즈로 여러 사람과 함께 찍은 사진을 보여 주고 거기에서 그 사람을 찾도록 한다.
15. 형태추리	5~6			계획력/Gf 척도 설명 참조
7. 빠른길찾기	6~18			아동이 장난감 개를 격자 모양의 장기판 위에 있는 뼈에 옮기도록 한다. 장기판 위는 바위나 잡초 등의 장애물이 있으며, 아동은 가장 적게 움직여서 뼈까지 갈 수 있는 길을 찾아야 한다.
4. 이야기완성		6		계획력/Gf 척도 설명 참조
12. 삼각형	3~12	13~18	3~18	아동은 추상적인 디자인이 있는 사진을 보고 그 디자인과 같은 모양이 되도록 여러 개의 동일한 모양의 삼각형 조각(한쪽은 파란색, 다른 한쪽은 노란색)을 조립한다. 검사자가 만들었거나 검사 틀에 있는 모형을 아동이 보고 여러 색깔로 된 플라스틱 모양 판을 이용하여 그 모형과 같은 모양을 만들게 한다.
6. 그림통합		3~18		아동은 일부분만 완성된 잉크로 그려진 그림을 보고 상상으로 비어 있는 부분을 채워 그림에서 묘사된 물체나 동작의 이름을 만들거나 묘사하게 된다.

● 표 2.5 K-ABC-II의 검사 구성(계속)

척도/하위검사	실시대상 연령(세)			설명
	핵심	보충	비언어성	
계획력/Glr(7~18세)				
15. 형태추리	7~18		5~18	아동에게 논리적으로 연결된 패턴을 보여 준다. 이 패턴 중 하나가 빠져 있는데, 아동은 여기에 해당하는 것을 찾아야 한다. 아동은 검사 틀의 하단부에 제시된 4~6개 정도의 예를 보고 그중에서 해당되는 모양을 찾아야 한다. 이 예들의 대부분은 추상적이고 기하학적인 형태지만 의미를 보여 주는 사진같이 알기 쉬운 것도 있다.
4. 이야기완성	7~18		6~18	아동에게 어떤 이야기를 말하는 일련의 사진을 보여 준다. 사진들 중 몇 장은 빠져 있다. 사진을 다 보여 준 후, 아동에게 또 다른 몇 장의 사진을 보게 한다. 아동은 이 사진들 중에서 이야기를 이어 가는 데 필요한 사진들을 선택하여 그 사진들을 이야기 전개상 필요한 위치에 둔다.
학습력/Glr				
1. 이름기억	3~18			검사자는 어류, 식물, 조개류 등의 사진을 보여 주고 상상으로 만든 이름을 아동에게 가르쳐 준다. 아동은 검사자가 그 사진들에 있는 물체의 이름을 부를 때 그 물체를 손으로 가리켜 배운 것을 안다는 것을 보여 준다.
11. 암호해독	4~18			검사자는 각각의 수수께끼 그림에 연관된 단어나 개념을 아동에게 설명해 준다. 그리고 아동이 이 수수께끼 그림으로 이루어진 문구나 문장을 크게 읽도록 한다.
8. 이름기억-지연		5~18		검사자가 어류, 식물 또는 조개 등을 호명하면 아동은 15~20분 정도 전에 [1. 이름기억]에서 배운 사물의 이름을 생각해 내어 해당되는 물체를 손으로 가리킴으로써 기억이 지속됨을 보여 준다.
17. 암호해독-지연		5~18		아동이 15~20분 정도 전에 [11. 암호해독]에서 배운 조합된 연상들을 이용하여 같은 암호 그림들로 이루어진 문구나 문장을 읽음으로써 기억이 지속됨을 보여 준다.
지식/Gc(CHC 모델에만 해당)				
9. 표현어휘	3~6	7~18		아동이 사진에 있는 물체의 이름을 말하게 한다.
18. 수수께끼	3~18			검사자가 물질적인 특징이나 추상적인 특징을 말하면 아동이 해당되는 것을 손으로 가리키게 하거나(앞번호 문항), 이름을 말하도록 한다(뒷번호 문항).
10. 언어지식	7~18	3~6		아동은 6개의 사진에서 특정 어휘의 의미를 나타내는 사진을 선택하거나, 일반적인 정보를 제시하는 신호에 대한 대답을 의미하는 사진을 선택한다.

K-ABC과의 차이점

적용 대상을 기존 2~12세(K-ABC)에서 3~18세로 확대되었으며, 결과 해석 시 CHC와 Luria 모델 이원적 이론구조로 적용하여 다양한 관점에서 진단 가능하다. 비언어성척도를 포함하여 제한된 언어능력을 갖춘 아동에게도 활용 가능하며, 새로운 하위검사 10개를 추가하여, 또래 지능의 평균 범위를 벗어나는(낮거나 높거나) 아동에게 실시가 가능하게 되었다. K-ABC에서 변화된 하위검사 목록은 〈표 2.6〉에 정리되어 있다.

● 표 2.6 K-ABC에서 변화된 하위검사

K-ABC-II에서 제외된 K-ABC의 하위검사		K-ABC-II에서 유지되는 K-ABC의 하위검사			새로운 K-ABC-II의 하위검사
K-ABC	하위검사	K-ABC	하위검사	K-ABC-II	1. 이름기억
1	마법의창	7	단어배열	14	2. 관계유추
9	위치기억	5	수회생	5	4. 이야기완성
8	도형유추	3	손동작	16	7. 빠른길찾기
10	사진순서	6	삼각형	12	8. 이름기억-지연
12	인물과 장소	2	얼굴기억	3	10. 언어지식
13	산수	4	그림통합	6	11. 암호해독
15	문자해독	14	수수께끼	18	13. 블록세기
16	문장이해	11	표현어휘	9	15. 형태추리
					17. 암호해독-지연

[12. 삼각형] 검사는 다양한 크기와 색깔을 가진 플라스틱 형태를 첨가하여 유아들에게 더 적합하도록 하였다. [3. 얼굴기억] 검사의 많은 문항들이 교체되었다. 단서를 줄 수 있거나, 주의를 분산시킬 수 있는 요소들은 문항에서 제외시켜 얼굴인식이라는 원래의 과제에 집중할 수 있도록 하였다. [14. 단어배열] 검사에서는 중간에 삽입되는 색깔 과제에 대한 설명이 더 향상되었고, 추가적인 예제 문항을 첨가하여 그 개념을 빨리 이해하지 못하여 불리해지는 아동이 없도록 하였다. [18. 수수께끼] 검사에는 유아들에게 적합하도록 새로운 그림자극들이 첨가되었다.

이와 함께 유지된 하위검사 문항의 대부분은 새롭고 더 어려운 문항들을 포함시켜 더 높은 인지기능을 가진 청소년들에게도 적절한 난이도의 문항을 제시할 수 있도록 하였다.

한국 웩슬러 유아 지능검사(K-WPPSI-IV)

검사의 특징

한국 웩슬러 유아 지능검사 4판(Korean Wechsler Preschool & Primary Scale of Intelligence-IV, K-WPPSI-IV)은 2세 6개월에서 만 7세 7개월(2:6세~7:7세)까지 유아의 인지능력을 임상적으로 평가하기 위한 개인 지능검사이다(박혜원 등, 2016). 이는 1996년 출간된 한국 유아 지능검사(K-WPPSI)의 개정판이며, 미국에서 2012년 출간된 WPPSI-IV(Wechsler, 2012)를 한국판으로 표준화하여 개발한 것이다. 전반적인 지적 능력을 나타내는 전체 IQ뿐만 아니라 특정 인지능력을 나타내는 소검사와 지표점수를 제공한다.

K-WPPSI-IV는 지적 특성, 인지발달, 신경발달, 인지뇌과학에 대한 새로운 연구를 기반으로 문항과 소검사가 개발되었다는 것이 WPPSI-III와 비교하여 새로운 점이다.

검사의 구성

K-WPPSI-IV는 이전 판의 소검사 10개(토막짜기, 상식, 행렬추리, 공통성, 공통그림찾기, 모양맞추기, 어휘, 이해, 수용어휘, 그림명명)에 소검사 5개(동형찾기, 그림기억, 선택하기, 위치찾기, 동물짝짓기)가 추가되어 총 15개의 소검사로 구성되어 있다. 소검사 3개는 핵심 소검사, 보충 소검사, 선택 소검사로 구분된다. 먼저 핵심 소검사는 지표점수와 규준산출에 사용되며, 보충 소검사는 핵심 소검사가 유효하지 않거나 생략된 경우 사용되고, 지적 기능에 대한 정보와 임상적인 의사결정에 필요한 추가정보를 제공한다. 선택 소검사는 보충 소검사처럼 지적 기능에 대한 더 많은 정보를 제공하지만 지표점수 산출에는 사용되지 않는다. 이러한 소검사의 구성은 유아의 월령이나 지표점수에 따라 달라진다.

K-WPPSI-IV의 소검사 구성 및 약어는 〈표 2.7〉과 같다.

● 표 2.7 K-WPPSI-IV의 소검사 구성 및 약어

소검사	약어	내용
상식 (Information)	IN	그림 문항 : 일반적 상식에 관한 주제를 다루는 질문에 대한 반응으로 가장 적절한 보기를 선택한다. 언어 문항 : 일반적 상식에 광범위한 주제를 다루는 질문에 대답을 한다.
공통성 (Similarity)	SI	그림 문항 : 제시된 2개의 사물과 같은 범주의 사물을 보기 중에 선택한다. 언어 문항 : 공통적인 사물이나 개념을 나타내는 2개의 단어를 듣고 공통점을 말한다.
어휘 (Vocabulary)	VC	그림 문항 : 소책자에 있는 그림들의 이름을 말한다. 언어 문항 : 검사자가 읽어 주는 단어의 정의를 말한다.
이해 (Comprehension)	CO	그림 문항 : 일반적 원칙이나 사회적 상황을 가장 잘 나타낸 보기를 선택한다. 언어 문항 : 일반적인 원칙과 사회적 상황에 대한 이해를 기초로 질문에 답한다.
토막짜기 (Block Design)	BD	제한시간 내에 흰색과 빨간색으로 이루어진 토막을 사용하여 제시된 모형이나 그림과 똑같은 모양을 만든다.
모양맞추기 (Object Assembly)	OA	제한시간 내에 사물의 표상을 만들기 위해 퍼즐조각을 맞춘다.
행렬추리 (Matrix Reasoning)	MR	완성되지 않은 행렬을 보고 행렬을 완성시키는 보기를 선택한다.
공통그림찾기 (Picture Concepts)	PC	두 줄 또는 세 줄로 이루어진 그림을 보고, 공통된 특성으로 묶일 수 있는 그림을 각 줄에서 한 가지씩 선택한다.
그림기억 (Picture Memory)	PM	일정 시간 동안 하나 이상의 그림이 있는 자극페이지를 보고난 후, 보기페이지의 보기들 중 그 그림을 찾아낸다
위치찾기 (Zoo Location)	ZL	일정 시간 동안 울타리 안에 있는 하나 이상의 동물카드를 보고난 후, 각 카드에서 보았던 위치에 동물카드를 배치한다.
동형찾기 (Bug Search)	BS	제한시간 내에 제시된 벌레 그림과 같은 벌레 그림을 보기 중에 찾아 표시한다.
선택 (Cancellation)	CA	제한시간 내에 정렬 또는 비정렬된 그림들을 보고 목표그림을 선택한다.
동물짝짓기 (Animal Coding)	AC	제한시간 내에 동물과 모양의 대응표를 보고, 동물그림에 해당하는 모양에 표시한다.
수용어휘 (Receptive Vocabulary)	RV	검사자가 읽어 주는 단어를 가장 잘 표현하는 보기를 선택한다.
그림명명 (Picture Naming)	PN	그림으로 제시된 사물의 이름을 말한다.

K-WPPSI-IV의 지표는 기본지표척도 5개(VCI, VSI, FRI, WMI, PSI)와 추가지표척도

4개(VAI, NVI, GAI, CPI)로 구분되며, 총 9개의 지표점수를 제공한다. K-WPPSI-IV의 지표 약어와 평가 영역은 〈표 2.8〉에 정리되어 있다.

● 표 2.8 K-WPPSI-IV의 지표 약어와 평가 영역

지표	약어	평가 영역
전체IQ(Full Scale IQ)	FSIQ	
핵심 소검사 6개(상식, 공통성, 토막짜기, 행렬추리, 그림기억, 동형찾기) 보충 소검사 7개(어휘, 이해, 모양맞추기, 공통그림찾기, 위치찾기, 선택하기, 동물짝짓기)		
기본 지표척도와 소검사		
언어이해지표(Verbal Comprehension Index)	VCI	아동의 가장 일반적인 인지 능력 설명 및 평가
시공간지표(Visual Spatial Index)	VSI	
유동추론지표(Fluid Reasoning Index)	FRI	
작업기억지표(Working Memory Index)	WMI	
처리속도지표(Processing Speed Index)	PSI	
추가 지표척도와 소검사		
어휘습득지표(Vocabulary Acquisition Index)	VAI	일반적으로 관련 임상 상황에 대한 평가(예 : 심각한 언어지연이나 어려움을 겪고 있는 경우 등)
비언어지표(Nonverbal Index)	NVI	
일반능력지표(General Ability Index)	GAI	
인지효율성지표(Cognitive Proficiency Index)	CPI	

검사의 체계

K-WPPSI-IV은 2세 6개월~7세 7개월용 유아 지능검사이지만 2세 6개월~3세 11개월용 검사와 4세 0개월~7세 7개월용 검사로 나뉜다. 연령범위에 따라 서로 다른 소검사로 구성되고 도구 및 기록지가 달라진다. 2세 6개월~3세 11개월용 검사의 경우, 소검사 7개와 기본 지표척도 3개, 추가지표척도 3개로 구성된다. 4세 0개월~7세 7개월용 검사의 경우, 소검사 15개와 기본지표척도 5개, 추가지표척도 4개로 구성된다. 2세 6개월~3세 11개월용 검사체계는 〈표 2.9〉와 같고, 한국 웩슬러 유아 지능검사 4판의 4세 0개월~7세 7개월용 검사체계

는 〈표 2.10〉과 같다.

K-WPPSI-IV는 소검사 15개와 지표점수 9개를 중심으로 아동의 전반적인 지적 특성뿐만 아니라 인지 특성을 보다 정확하고 심도 있게 이해할 수 있으며 교육, 임상, 보육 현장에서 매우 유용하게 사용할 수 있다.

● 표 2.9 K-WPPSI-IV의 2세 6개월~3세 11개월용 검사체계

기본지표	전체 소검사	약어	추가지표	
VC 언어이해	상식	IN	VA 어휘습득	GA 일반능력
	수용어휘	RV		
	그림명명	PN		
VS 시공간	토막짜기	BD	NV 비언어	
	모양맞추기	OA		
WM 작업기억	그림기억	PM		
	위치찾기	ZL		

● 표 2.10 K-WPPSI-IV의 4세~7세 7개월용 검사체계

기본지표	소검사	약어	추가지표	
VC 언어이해	상식	IN		GA 일반능력
	공통성	SI		
	어휘	VC		
	이해	CO		
VS 시공간	토막짜기	BD		
	모양맞추기	OA		
FR 유동추론	행렬추리	MR	NV 비언어	
	공통그림찾기	PC		
WM 작업기억	그림기억	PM		
	위치찾기	ZL		
PS 처리속도	동형찾기	BS		CP 인지효율
	선택	CA		
	동물짝짓기	AC		
	수용어휘	RV	VA 어휘습득	
	그림명명	PN		

한국 웩슬러 아동 지능검사(K-WISC-IV)

검사의 특징

한국 웩슬러 아동 지능검사 4판(Korean-Wechsler Intelligence Scale for Children-IV, K-WISC-IV; 곽금주 등, 2011)은 만 6세 0개월에서 만 16세 11개월까지 아동의 인지능력을 임상적으로 평가할 수 있는 개인 지능검사이다. K-WISC-IV는 한국에서 2001년 출간된 한국 웩슬러 아동 지능검사 3판(K-WISC-III)의 개정판이며, 미국에서 2003년 출간된 WISC-IV(Wechsler, 2003)를 한국판으로 표준화하여 개발되었다. K-WISC-IV는 전반적인 지적 능력을 나타내는 전체 IQ뿐만 아니라 특정 인지능력을 나타내는 소검사와 지표점수를 제공한다. 이전 판에 비해 소검사 5개(공통그림찾기, 순차연결, 행렬추리, 선택)가 추가되어 총 15개의 소검사로 구성되어 있다. 한국 웩슬러 아동 지능검사 4판의 소검사 구성 및 약어는 〈표 2.11〉과 다음과 같다.

K-WISC-IV에서는 5개의 지표점수를 구할 수 있다. K-WISC-III판처럼 K-WISC-IV는 아동의 전체적인 인지능력을 나타내는 전체IQ(FSIQ)를 제공한다. 또한 보다 분리된 인지적 기능 영역(언어이해지표, 지각추론지표, 작업기억지표, 처리속도지표)에서 아동의 기능을 나타내기 위해 추가적인 4개의 지표점수를 구할 수 있다. K-WISC-III과 이전의 웩슬러 지능검사 사용자는 지표점수 용어가 변화하였다는 것에 주의해야 한다. 이러한 명칭 수정은 각 지표점수가 평가하는 인지적 능력과 기여하는 소검사의 구성을 더욱 정확히 반영하여 이루어졌다.

검사의 구성

동작성 IQ(PIQ)와 언어성 IQ(VIQ)라는 용어는 각각 지각추론지표(PRI)와 언어이해지표(VCI)라는 용어로 대체되었다. 또한 K-WISC-III의 주의집중지표(FDI)는 작업기억지표(WMI)로 대체되었다.

K-WISC-IV의 소검사는 주요 소검사와 보충 소검사로 구별된다. 주요 소검사 10개(공통성, 어휘, 이해, 토막짜기, 공통그림찾기, 행렬추리, 숫자, 순차연결, 기호쓰기, 동형찾기)는 각각 네 가지 지표를 구성한다. 보충 소검사 5개(상식, 단어추리, 빠진곳찾기, 산수, 선

택)는 인지적 · 지적 기능에 대한 더 광범위한 표본을 제공하며, 주요 소검사를 대체하는 용
도로 사용된다.

언어이해지표는 주요 소검사인 공통성, 어휘, 이해와 보충 소검사인 상식, 단어추리로
측정할 수 있다. 지각추론지표는 주요 소검사인 토막짜기, 공통그림찾기, 행렬추리와 보충
소검사인 빠진곳찾기로 측정할 수 있다. 작업기억지표는 주요 소검사인 숫자, 순차연결과
보충 소검사인 산수로 측정할 수 있다. 처리속도지표는 주요 소검사인 기호쓰기, 동형찾기
와 보충 소검사인 선택으로 측정할 수 있다.

● 표 2.11 K-WISC-IV의 소검사 약어와 설명

전체 검사			소검사	약어	설명
일반능력	언어이해지수 (Verbal comprehension Index, VCI)	주요소검사	공통성 (Similarity)	SI	아동이 공통적인 사물이나 개념을 나타내는 2개의 단어를 듣고, 두 단어가 어떻게 유사한지 말한다.
			어휘 (Vocabulary)	VC	그림 문항에서 아동은 소책자에 있는 그림의 이름을 말한다. 말하기 문항에서 아동은 검사자가 크게 읽어주는 단어의 정의를 말한다.
			이해 (Comprehension)	CO	아동은 일반적인 원칙과 사회적 상황에 대한 이해에 기초하여 질문에 대답한다.
		보충소검사	상식 (Information)	IN	아동이 일반적 지식에 관한 광범위한 주제를 다루는 질문에 대답을 한다.
			단어추리 (Word Reasoning)	WR	아동이 일련의 단서에서 공통된 개념을 찾아내어 단어로 말한다.
	지각추론지수 (Perceptual Reasoning Index, PRI)	주요	토막짜기 (Block Design)	BD	아동이 제한시간 내에 흰색과 빨간색으로 이루어진 토막을 사용하여 제시된 모형이나 그림과 똑같은 모양을 만든다.
			공통그림찾기 (Picture Concepts)	PCn	두 줄 또는 세 줄로 이루어진 그림을 제시하면, 아동은 공통된 특성으로 묶일 수 있는 그림을 각 줄에서 한 가지씩 고른다.
			행렬추리 (Matrix Reasoning)	MR	아동은 불완전한 행렬를 보고, 5개의 반응 선택지에서 제시된 행렬의 빠진 부분을 찾아낸다.
		보충	빠진곳찾기 (Picture Completion)	PCm	아동이 그림을 보고 제한시간 내에 빠져 있는 중요한 부분을 가리키거나 말한다.

전체 검사			소검사	약어	설명
인지 효능	작업기억 지수 (Working Memory Index, WMI)	주요	숫자 (Digit Span)	DS	숫자 바로따라하기에서는 검사자가 큰 소리로 읽어 준 것과 같은 순서로 아동이 따라 한다. 숫자 거꾸로 따라하기에서는 검사자가 읽어 준 것과 반대 방향으로 아동이 따라 한다.
			순차연결(Letter-Number Sequencing)	LN	아동에게 연속되는 숫자와 글자를 읽어 주고, 숫자가 많아지는 순서와 한글의 가나다 순서대로 암기하도록 한다.
		보충	산수 (Arithmetic)	AR	아동이 구두로 주어지는 일련의 산수 문제를 제한시간 내에 암산으로 푼다.
	처리속도 지수 (Processing Speed Index, PSI)	주요	기호쓰기 (Coding)	CD	아동은 간단한 기하학적 모양이나 숫자에 대응하는 기호를 그린다. 기호표를 이용하여, 아동은 해당하는 모양이나 빈칸 안에 각각의 기호를 주어진 시간 안에 그린다.
			동형찾기 (Symbol Search)	SS	아동은 반응 부분을 훑어보고 반응 부분의 모양 중 표적 모양과 일치하는 것이 있는지를 제한시간 내에 표시한다.
		보충	선택 (Cancellation)	CA	아동이 무선으로 배열된 그림과 일렬로 배열된 그림을 훑어본다. 그리고 제한시간 안에 표적 그림들에 표시한다.

K-WISC-IV의 합산점수

K-WISC-IV의 구성은 작업기억과 처리속도에 대한 관심이 높아진 것을 포함하여 인지능력평가에 대한 최근의 이론과 실제를 반영하여 개정하였다. 그 결과, 검사의 구성과 합산점수에 대한 소검사 합산에 몇 가지 중요한 변화를 가져왔다. 검사의 구성과 구조에 대한 설명은 다음과 같다.

K-WISC-IV에서는 다섯 가지 합산점수를 얻을 수 있다. 전체인지능력을 나타내는 전체검사 지능지수를 제공하며, 또한 보다 분리된 인지능력 영역에서의 아동의 나타내기 위해 추가적인 네 가지 합산점수인 언어이해지표(VCI), 지각추론지표(PRI), 작업기억지표(WMI), 처리속도지표(PSI)를 구할 수 있다. 〈표 2.12〉에는 K-WISC-IV의 합산점수의 구성과 내용이 설명되어 있다.

● 표 2.12 K-WISC-IV의 합산점수 구성

구성	약어	내용
언어이해지수	VCI	언어적 개념형성, 언어적 추론과 이해, 획득된 지식, 언어적 자극에 대한 주의력에 대한 측정치이다. 이 소검사는 전통적인 VIQ보다 인지기능의 더 협소한 영역을 측정하며, 다른 인지기능(작업기억)보다 덜 혼입되어 있다. 따라서 VCI는 VIQ보다 언어적 추론에 대한 더 순수한 측정치로 간주된다. 특히 VCI는 저조한 기억기능 또는 VIQ에 기여하는 소검사들 간에 편차가 큰 상황에서 언어적 추론능력에 대한 더 적절한 지표이다.
지각추론지수	PRI	유동적 추론, 공간처리, 세부에 대한 주의력, 시각–운동 통합에 대한 특정치이다. 이 소검사는 처리속도에 덜 혼입되어 있으며, 저조한 처리속도능력을 가진 개인의 진정한 비언어적 추론능력을 더 잘 반영한다.
작업기억지수	WMI	입력된 정보가 일시적으로 저장되고, 계산과 변환처리가 일어나며, 계산과 변환의 산물/출력이 일어나는 곳에 대한 정신적 용량을 측정한다. 작업기억은 학습의 핵심적인 요소이기 때문에 작업기억에서의 차이는 주의력, 학습용량, 유동적 추론과 관련되는 개인차의 분산을 설명한다.
처리속도지수	PSI	개인이 신속하게 단순하거나 일상적인 정보를 오류 없이 처리할 수 있는지를 보여준다. 인지적 연구는 정보처리속도가 일반요인과 유의미하게 상관되어 있음을 시사한다. 학습은 종종 일상적인 정보처리와 복잡한 정보처리의 조합이기 때문에 처리속도가 약점일 경우 새로운 정보를 이해하는 과제를 하는 데 시간이 더 오래 걸리고, 과제 수행에 어려움을 겪으며, 새로운 자료를 이해해야 하는 복잡한 과제를 수행하기 위한 정신적 에너지가 덜 남게 된다.
전체검사 지능지수	FSIQ	개인의 인지기능의 전반적인 수준을 추정하는 종합적인 합산점수이다. FSIQ는 주요 소검사 10개 점수의 합계이다. FSIQ는 보통 일반요인 또는 전반적인 인지적 기능에 대한 대표치로 간주된다.

처리점수

K-WISC-IV는 3개의 소검사(토막짜기, 숫자, 선택)에서 7개의 처리점수를 제공한다. 이러한 점수들은 아동의 소검사 수행에 기여하는 인지능력에 대한 더 자세한 정보를 제공하도록 고안되었다. 이러한 점수들을 얻기 위해서 추가적인 실시 절차가 필요하지는 않으며, 해당 소검사에 대한 아동의 수행에 기초하여 점수를 얻을 수 있다. 처리점수는 다른 소검사 점수로 대체할 수 없으며, 합산점수에도 포함되지 않는다는 것을 주의해야 한다. 〈표 2.13〉에 처리점수를 제시하였으며 지침서와 기록용지에 사용되는 약어를 함께 표시했다.

처리점수	약어	내용
시간보너스가 없는 토막짜기	BDN	토막짜기 : 문항을 빨리 완성하는 것에 대한 추가적인 시간 보너스 점수가 없는 토막짜기에서 보이는 아동의 수행에 기반을 둔다. 이 검사점수에서 나타나듯이 수행속도에 대한 강조를 줄인 것은 아동의 신체적 한계, 문제해결 전략, 개인적 특성이 시간을 요하는 과제의 수행에 영향을 미친다고 판단될 때 특히 유용할 것이다.
숫자 바로 따라하기	DSF	숫자 : DSF와 DSB의 처리점수는 두 가지의 숫자과제에서 보이는 아동의 수행을 반영한다. DSF와 DSB 또한 환산점수이며, 해당되는 숫자과제의 총점으로부터 도출된다. 두 가지 과제 모두 즉각적인 청각적 회상을 통해 정보를 저장하고 인출하는 능력을 요구하지만, 숫자 거꾸로 따라하기 과제는 아동의 주의력 및 작업기억 능력을 추가적으로 요구한다. DSF와 DSB 간의 차이는 비교적 쉬운 과제와 좀 더 어려운 기억과제에서의 차별적 수행능력을 나타낸다. LDSF와 LDSB 처리점수는 각각 숫자 바로 따라하기와 숫자 거꾸로 따라하기에서 마지막으로 정확히 수행한 시행에서 회상한 숫자의 개수를 나타낸다.
숫자 거꾸로 따라하기	DSB	
가장 긴 숫자 바로 따라하기	LDSF	
가장 긴 숫자 거꾸로 따라하기	LDSB	
선택(무선배열)	CAR	선택 : CAR와 CAS 처리점수는 선택 소검사에서 두 가지 방식으로 제시된 시각적 자극에 대한 선택적인 시각적 주의와 처리 속도를 특정한다. 선택과제는 신경심리학적 장면에서 시각적 무시, 반응 억제, 운동 보속증을 측정하기 위해 널리 사용되어 왔다. CAR와 CAS는 각각 선택문항 1과 문항 2에서의 원점수로부터 도출된 환산점수이다. 이 두 점수를 비교하는 것은 무선적으로 배열된 시각자극과 비슷한 과제이지만 조직적으로 배열되어 있는 시각자극을 살펴볼 때 요구되는 차별적인 수행능력에 대한 정보를 제공해 준다.
선택(일렬배열)	CAS	

검사에 대한 분석

K-WISC-IV 분석기초

지능검사는 심리검사의 중요 기능 중 하나인 인지능력을 평가하는 검사이며, 가장 대표적인 검사로 웩슬러 지능검사를 들 수 있다. 아동과 청소년을 위한 지능검사로 가장 많이 쓰이는 K-WISC-IV의 목적과 기능은 다음과 같다.

- 일반적인 지적 능력 평가 : 지능 수준이 어느 정도인지, 인지적 문제해결 능력은 어느 정도인지의 전반적인 지적 능력을 평가한다. 내담자의 문제를 어떻게 해석하는지, 그리고 인지적인 적응능력은 어느 정도인지를 평가하고자 할 때 지능검사가 사용된다.
- 특수한 영역에서의 인지능력 평가 : 언어이해능력이나 지각추론능력, 작업기억이나 처리속도능력이 어느 정도인지 평가하고 목적에 맞게 살펴볼 수 있다.

- 인지능력의 결함 및 손상 평가 : 인지능력의 특수한 영역뿐만 아니라 어느 특정 영역의 결함과 손상을 보이는지를 평가한다.
- 심리진단 및 치료 계획을 세우는 데 중요한 도구로 활용 : 내담자의 인지능력은 어느 정도인지, 여러 인지능력 중에서 강점 영역과 약점 영역을 파악하여 내담자에 대한 구체적인 치료 계획을 세울 수 있다.

K-WISC-IV의 원점수를 환산점수로 변환시키며 지능검사 점수들을 다른 연관된 검사 측정치들과 비교할 수 있다. 또한 연령교정 표정점수들은 검사자들이 각 아동의 인지능력을 다른 비슷한 연령의 아동들과 비교할 수 있게 해 준다.

K-WISC-IV 해석의 8단계

K-WISC-IV를 실시해서 얻은 아동의 전체지능지수, 지표지수, 개별 소검사의 환산점수를 포함한 값들을 검토하고 해석하는 것은 매우 체계적인 단계들을 필요로 한다. 일련의 각 단계는 실무가가 의미 있는 방법으로 K-WISC-IV 자료를 조직화하고 현대 이론과 연구의 맥락 안에서 수행을 해석하도록 안내해 줄 것이다. 해석 방법은 규준적 분석과 개별적 분석을 연결시킨다. 이 방법은 (1) 해석에서 개인의 소검사를 배제하고, (2) 군집과 지표점수 변이에 대한 임상적 의미성을 평가하기 위해 기저율 자료를 사용하며, (3) 인지적 능력과 처리 과정에 대한 CHC 이론을 기반으로 하고, (4) 유의한 소검사 변이나 극단에 있는 점수들에 대한 가설들을 검증하기 위해 보충 소검사 사용에 대한 지침을 제공한다. 또한 K-WISC-IV 자료의 양적인 분석에 더하여, 다양한 질적인 요인은 아동의 검사 수행을 설명하도록 도움을 줄 것이다. 〈그림 2.2〉에 K-WISC-IV 해석의 8단계가 정리되어 있다.

● 그림 2.2 K-WISC-Ⅳ 해석의 8단계

1단계. 전체IQ 및 지표점수 확인

- 전체IQ, 언어이해, 지각추론, 작업기억, 처리속도 지표점수와 신뢰구간, 백분위 확인
- 소검사의 연령 환산 점수와 백분위 점수 기술

2단계. 전체 IQ가 전반적인 지적 능력을 잘 반영하는지 확인

- 지표점수 중 가장 높은 점수와 가장 낮은 점수의 차이가 1.5표준편차(23점)일 경우, 전체IQ는 아동의 전반적인 지적 능력을 반영하지 못하므로 GAI 확인
- VCI와 PRI 간의 차이가 1.5표준편차(23점)보다 작을 경우 : GAI가 아동의 전반적인 지적 능력 측정치로 사용
- VCI와 PRI 간의 차이가 1.5표준편차(23점)보다 클 경우 : GAI 해석 불가능

3단계. 4개의 지표점수가 단일측정치로서 해석 가능한지 확인

- 지표를 구성하는 점수 간에 유의한 차이(5점 이상)가 발견될 때 지표는 단일 능력을 나타내는 것으로 해석할 수 없음

4단계. 지표점수의 규준적 강점과 약점 확인

- 단일 능력에 대한 측정치로 해석 가능한 지표 사용
- 지표점수가 115점 이상 : 인지적 강점
- 지표점수가 85점 이하 : 인지적 약점
- 지표점수가 85점과 115점 사이 : 정상범위 안(within normal limits)

5단계. 지표 프로파일에서 개인적 강점과 약점 확인

- 네 가지 지표점수의 평균을 산출하여 평균값과 각 지표점수 간의 차이 확인
- 해당지표점수가 산출된 평균보다 높을 경우 : 상대적 강점
- 해당지표점수가 산출된 평균보다 낮을 경우 : 상대적 약점
- 기저율 주거 10% 미만 경우 : 강점과 약점은 비일반적 차이로 평가
- 115점 이상 : 비일반적 강점이라면 핵심강점
- 85점 이하 : 비일반적 약점이라면 핵심약점

6단계. 지표점수의 분산분석

- 진단적 결정과 교육적 결정을 내리는 데 신뢰성 있고 유용한 정보
- 핵심 강점을 포함한 인지적 강점 해석 후, 핵심약점을 비롯한 인지적 약점 해석
- 그다음 강점도 약점도 아닌 지표를 해석
- 마지막으로 해석 가능하지 않은 지표의 결과를 설명

7단계. 임상적 비교 시행

- 이 단계에서 비교들은 임상적 군집들의 쌍 사이에서 이루어짐. 각 임상적 군집에는 2개나 3개의 소검사가 포함됨. 검사자들은 이러한 비교들 중 하나 이상의 시행을 위해 하나의 우선순위를 결정할 수도 있음. 대안적으로 주요 검사로 아동의 수행을 평가한 후에 이러한 비교들 중 하나 이상을 시행하도록 결정할 수도 있음

8단계. 아동의 GAI와 CPI 간 차이 확인

- VCI와 PRI 간의 차이가 23점 이상일 경우 : GAI는 단일 능력측정치로 해석 불가능
- WMI와 PSI 간의 차이가 23점 이상일 경우 : CPI는 단일 능력측정치로 해석 불가능
- GAI와 CPI 모두 단일 능력측정치로 해석 가능할 경우 : 표준점수를 산출 후 차이 비교
- GAI와 CPI 차이가 21점 이상인 경우 : 비일반적인 차이로 평가하고 이에 대한 설명

K-WISC-Ⅳ의 임상적 활용

K-WISC-Ⅳ는 임상적으로 다음과 같이 활용된다.

- 평가 : 정해진 표준 등과 비교하여 피검사자의 현재 위치를 평가하기 위해 이용된다.
- 배치 : 피검사자에게 최적의 학습 내용, 과정, 환경을 배치하거나 추천하는 데 이용된다.
- 선발 : 많은 응시자 중에서 특정 사람을 선발하고자 할 때 이용된다. 선발 후의 성공 가능성이 높은 사람들을 구분하고 식별하기 위한 도구로 사용된다.
- 역량 확인 : 피검사자의 특정 업무 성취 수준이 정해진 기준에 합당한지를 탐색하고자 할 때 사용된다.
- 심리 진단 : 피검사자의 특성은 모든 면에 걸쳐서 구체적으로 파악하여 향후의 세부 작업에 활용하는 데 사용된다.

성인용 지능검사

한국 웩슬러 성인용 지능검사(K-WAIS-IV)

검사의 특징

한국 웩슬러 성인용 지능검사 4판(Korean Wechsler Adult Intelligence Scale-Fourth Edition-IV, K-WAIS-IV; 황순택 등, 2012)은 미국 원판인 WAIS-IV(Wechsler Adult Intelligence Scale-IV)를 한국판으로 번안하여 표준화한 개인용 지능검사이다. 16세 0개월부터 69세 11개월까지의 청소년과 성인의 인지능력을 개인적으로 평가할 수 있도록 만들어진 임상도구이다. 산출되는 지능지수의 범위를 IQ 40~160으로 확장하여 능력이 매우 뛰어나거나 매우 제한된 사람들의 지능지수 산출을 가능하게 하였다. K-WAIS-IV는 15개의 소검사(10개의 핵심 소검사와 5개의 보충 소검사)로 구성되어 있다. 그중 12개의 소검사는 WAIS-III에 포함된 것이며, 토막짜기, 공통성, 숫자, 행렬추론, 어휘, 산수, 동형찾기, 상식, 기호쓰기, 순서화이해, 빠진곳찾기이다. 새로운 3개의 소검사는 퍼즐, 무게비교, 지우기로 이는 WISC-IV(Wechsler Intelligence Scale for Children-Fourth Edition)에서 차용해 온 것이다.

K-WAIS-IV의 구성

소검사 구성

K-WAIS-IV는 15개의 소검사로 구성되어 있고 핵심 소검사와 보충 소검사로 이루어져 있다. 조합점수가 필요할 때 핵심 소검사를 실시하며, 보충 소검사는 수집할 인지기능의 범위를 확장해 주고 추가적인 임상정보를 제공하며, 임상가로 하여금 소검사 간의 불일치에 대한 추가분석을 가능하게 한다. 필요에 따라 조합점수를 산출할 때 핵심 소검사에 대체하여 보충 소검사를 실시할 수도 있다. 〈표 3.1〉에 K-WAIS-IV의 소검사 약어와 설명이 제시되어 있다.

● 표 3.1 K-WAIS-IV의 소검사 약어와 설명

전체 검사		소검사	약어	설명
일반능력	언어이해 지수 (Verbal comprehension Index, VCI)	핵심	공통성 (Similarity)	SI	공통 사물이나 개념을 나타내는 두 단어가 제시되면, 수검자는 이들이 어떻게 비슷한지 기술해야 한다.
			어휘 (Vocabulary)	VC	그림 문항에서는 수검자는 시각적으로 제시되는 사물의 이름을 말해야 한다. 언어 문항에서는 시각적 및 구두로 제시되는 단어의 뜻을 말해야 한다.
			상식 (Information)	IN	수검자는 광범위한 일반지식을 묻는 질문에 대답해야 한다.
		보충	이해 (Comprehension)	CO	수검자는 일반적 원칙과 사회적 상황에 대한 자신의 이해를 바탕으로 주어진 질문에 대답해야 한다.
	지각추론 지수 (Perceptual Reasoning Index, PRI)	핵심	토막짜기 (Block Design)	BD	제한시간 내에 과제를 완수해야 하며, 제시된 모형과 그림 혹은 그림만 보고 빨간색과 흰색으로 이루어진 토막을 이용하여 똑같은 디자인을 만들어 내야 한다.
			행렬추리 (Matrix Reasoning)	MR	일부가 빠진 행렬 매트릭스를 보고, 행렬 혹은 그 연속들을 완성하는 반응선택지를 골라야 한다.
			퍼즐 (Visual Puzzle)	VP	제한시간 내에 완성된 퍼즐을 보고 제시된 보기 중 그 퍼즐과 같은 모양으로 될 수 있는 3개의 선택지를 골라야 한다.

	전체 검사		소검사	약어	설명
일반능력	지각추론 지수 (Perceptual Reasoning Index, PRI)	보충	무게비교 (Figure Weight)	FW	제한시간 내에 무게 균형이 맞지 않는 저울을 보고 균형을 잡기 위해 반응 선택지를 골라야 한다.
			빠진곳찾기 (Picture Completion)	PCm	제한시간 내에 그림에서 빠진 부분이 무엇인지 찾아야 한다.
인지효능	작업기억 지수 (Working Memory Index, WMI)	핵심	숫자 (Digit Span)	DS	바로 따라하기에서 수검자는 일련의 숫자를 듣고 같은 순서로 숫자들을 회상해야 한다. 거꾸로 따라하기에서 수검자는 일련의 숫자를 듣고 반대 순서로 숫자들을 회상해야 한다. 순서대로 따라하기에서 수검자는 일련의 숫자를 듣고 순서대로 숫자를 회상해야 한다.
			산수 (Arithmetic)	AR	제한시간 내에 과제를 완수해야 하며, 일련의 산수 문제를 암산으로 풀어야 한다.
		보충	순서화(Letter- Number Sequencing)	LN	수검자는 일련의 숫자와 글자를 듣고 각각을 순서대로 정렬하여 회상해야 한다.
	처리속도 지수 (Processing Speed Index, PSI)	핵심	기호쓰기 (Coding)	CD	제한시간 내에 숫자와 짝지어진 기호를 옮겨 써야 한다.
			동형찾기 (Symbol Search)	SS	제한시간 내에 수검자는 탐색집단에서 표적기호와 동일한 것을 찾아야 한다.
		보충	지우기 (Cancellation)	CA	제한시간 내에 조직적으로 배열된 도형 모양들 속에서 표적 모양을 찾아 표시해야 한다.

조합점수

K-WAIS-IV의 검사 구조는 원판인 WAIS-IV와 마찬가지로 4개의 지수척도로 구성되어 있다. 언어이해, 지각추론, 작업기억, 처리속도 지수척도에 속하는 소검사들로 해당 지수 점수를 산출한다. 지수점수와 전체지능 FSIQ는 몇 개의 소검사 점수를 합하여 산출한다는 의미에서 조합점수(composite scores)라고도 한다. 각 지수척도로 전체지능지수를 산출하게 된다. 〈표 3.2〉에 K-WAIS-IV의 조합점수 구성이 설명되어 있다.

● 표 3.2 K-WAIS-IV의 조합점수 구성

구성	약어	내용
언어이해지수	VCI	언어적 개념형성, 언어적 추론과 이해, 획득된 지식, 언어적 자극에 대한 주의력에 대한 측정치이다. 이 소검사는 전통적인 VIQ보다 인지기능의 더 협소한 영역을 측정하며, 다른 인지기능(작업기억)보다 덜 혼입되어 있다. 따라서 VCI는 VIQ보다 언어적 추론에 대한 더 순수한 측정치로 간주된다. 특히 VCI는 저조한 기억기능 또는 VIQ에 기여하는 소검사들 간에 편차가 큰 상황에서 언어적 추론능력에 대한 더 적절한 지표이다.
지각추론지수	PRI	유동적 추론, 공간처리, 세부에 대한 주의력, 시각-운동 통합에 대한 특정치이다. 이 소검사는 처리속도에 덜 혼입되어 있으며, 저조한 처리속도능력을 가진 개인의 진정한 비언어적 추론능력을 더 잘 반영한다.
작업기억지수	WMI	입력된 정보가 일시적으로 저장되고, 계산과 변환처리가 일어나며, 계산과 변환의 산물/출력이 일어나는 곳에 대한 정신적 용량을 측정한다. 작업기억은 학습의 핵심적인 요소이기 때문에 작업기억에서의 차이는 주의력, 학습용량, 유동적 추론과 관련되는 개인차의 분산을 설명한다.
처리속도지수	PSI	개인이 신속하게 단순하거나 일상적인 정보를 오류 없이 처리할 수 있는지를 보여 준다. 인지적 연구는 정보처리속도가 일반요인과 유의미하게 상관되어 있음을 시사한다. 학습은 종종 일상적인 정보처리와 복잡한 정보처리의 조합이기 때문에 처리속도가 약점일 경우 새로운 정보를 이해하는 과제를 하는 데 시간이 더 오래 걸리고, 과제 수행에 어려움을 겪으며, 새로운 자료를 이해해야 하는 복잡한 과제를 수행하기 위한 정신적 에너지가 덜 남게 된다.
전체검사 지능지수	FSIQ	개인의 인지기능의 전반적인 수준을 추정하는 종합적인 합산점수이다. FSIQ는 주요 소검사 10개 점수의 합계이다. FSIQ는 보통 일반요인 또는 전반적인 인지적 기능에 대한 대표치로 간주된다.

과정점수

K-WAIS-IV와 그 원판인 WAIS-IV에서는 토막짜기에서 1개의 과정점수, 숫자에서 6개의 과정점수, 그리고 순서화에서 1개의 과정점수가 제시된다. 과정점수(process scores)는 수검자가 소검사를 수행할 때 사용하는 인지능력에 대하여 좀 더 세부적인 정보를 제공하게 된다. 즉 이 점수들은 추가적인 실시 절차 없이 각 소검사에서 수검자의 수행에 기초하여 추가적인 점수를 끌어내게 된다. 과정점수는 어떤 소검사 점수로도 대체할 수 없고, 조합점수를 계산하는 데 사용해서는 안 된다. 〈표 3.3〉은 과정점수와 요강 및 기록용지에 사용되는 약어이다.

● 표 3.3 K-WAIS-IV의 과정점수

과정점수	약어	내용
시간보너스가 없는 토막짜기 (Block Design No Time Bonus)	BDN	토막짜기 : 문항을 완성하는 속도에 대한 보너스 점수가 더해지지 않은 토막짜기 수행을 기준으로 한 것. 수행속도를 강조하지 않은 점수는 수검자의 신체적 한계, 문제해결 전략, 성격 특성 등이 시간관련 과제의 수행에 영향을 미친다고 판단될 때 특히 유용할 것이다.
숫자 바로 따라하기 (Digit Span Forward)	DSF	숫자 : DSF와 DSB, DSS의 과정점수는 환산점수이며, 각각 숫자과제의 상응하는 원점수 총점에서 유도된다. 모든 이런 과제들은 정보의 저장과 즉각적인 청각적 회상을 통한 인출을 요구하지만, DSB 과제는 DSS와 유사한 과제에서처럼 수검자의 작업기억 능력과 주의력을 추가적으로 요구한다. LDSF와 LDSB LDSS 3개의 추가적인 과정점수는 3개의 숫자과제 수행에 대한 보다 심도 있는 평가를 포함한다. 이 원점수들은 숫자과제에서 마지막으로 정확히 수행한(1점 획득한) 시행에서 회상한 숫자의 개수를 반영한다.
숫자 거꾸로 따라하기 (Digit Span Backward)	DSB	
숫자 순서대로 따라하기 (Digit Span Sequence)	DSS	
최장 숫자 바로 따라하기 (Longest Digit Span Forward)	LDSF	
최장 숫자 거꾸로 따라하기 (Longest Digit Span Backward)	LDSB	
최장 숫자 순서대로 따라하기 (Longest Digit Span Sequence)	LDSS	
최장 순서화(Longest Letter- Number Sequence)	LLNS	숫자 소검사와 유사하게 순서화 소검사의 시행과 문항들에 걸친 다양한 수행을 보인 수검자는 전형적인 반응 패턴을 보인 수검자와 마찬가지의 환산점수를 획득할 수 있다. 문항들에 걸쳐 다양한 수행을 보인 수검자에 대해서는 LLNS점수가 수검사의 순서화 수행에 대한 추가적인 정보를 제공할 수 있을 것이다. LLNS점수는 마지막으로 정확하게 수행한(1점 획득한) 회상한 숫자와 글자의 개수를 반영한다.

검사에 대한 분석

표준점수

K-WAIS-IV는 원점수, 환산점수, IQ/지수점수의 세 가지 유형의 점수를 제공한다. 원점수는 각 소검사 문항에서 획득한 점수의 단순한 합이다. 원점수만으로는 무의미한데, 이는 규준을 참조한 점수가 아니기 때문이다. 수검자의 수행을 해석하기 위해서는 원점수를 표준점수(환산점수, IQ/지수점수)로 환산해야 한다. 소검사의 환산점수는 평균이 10, 표준편차 3(범위 : 1~19)인 분포에서의 개인의 점수이다. IQ와 지수점수는 평균이 100, 표준편차 15(범위 : FSIQ 40~160, 지수점수 50~150)인 분포에서의 개인의 점수이다.

대부분의 수검자는 K-WAIS-IV에서 평균에서 1표준편차 이내의 점수를 획득한다. IQ/지수점수의 경우 수검자의 3분의 2 정도는 85~115 사이의 점수를 얻는다. 규준집단 수검자의 약 95%는 평균에서 2표준편차(70~130) 이내의 점수를 얻는다. 극소수의 수검자만이 130 이상(약 2.2%)이나 70 이하(약 2.2%)의 점수를 얻는다. 환산점수에서 약 66%는 7~13, 95%는 4~16, 각각 2.2%는 1~3(가장 낮은 기능 수준)과 17~19(가장 높은 기능점수)를 보인다.

또한 K-WAIS-IV에서는 각 표준점수의 신뢰구간과 백분위점수를 제공한다. 신뢰구간은 모든 심리검사에 필연적으로 수반되는 측정의 비신뢰성을 감안하여 점수를 해석하기 위해 산출된 점수에 어느 정도 오차가 포함되어 있는지를 말해 주는 것이다. K-WAIS-IV에서는 90%와 95% 신뢰구간을 제공한다. 백분위점수는 표준점수의 의미를 잘 알지 못하는 일반인들이 쉽게 이해할 수 있도록 얻은 점수가 동일 연령범주의 인구 100명 중 몇 등에 해당되는지를 말해 주는 점수이다.

각 소검사의 환산점수는 수검자가 속해 있는 연령 범주 표준화 집단에서의 상대적인 위치를 말해 준다. 그 밖에도 준거집단 소검사 환산점수가 제공되는데, 이는 준거집단에서의 상대적인 위치에 관한 정보이다. K-WAIS-IV에서 준거집단은 표준화 표집 중 연령이 20세 0개월~34세 11개월인 집단이다. 이 환산점수는 각 소검사에서의 수행능력을 연령이 다른 개인들 간에 비교할 때 또는 연령변화에 따른 소검사 수행의 개인 내적 변화를 비교할 대 특히 유용하다.

조합점수의 기술적 분류

수검자의 수행 수준은 전체지능지수, 언어이해지수, 지각추론지수, 작업기억지수, 처리속도지수와 같은 조합점수의 경우 평균 100, 표준편차 15인 분포상의 구체적인 검사로 흔히 제시되지만, 때로는 범주적 용어로 기술된다. 기술적 분류는 수점사와 동일한 연령대와 비교한 상대적인 조합점수 수준을 특징짓는 범주적 용어를 제공한다. 조합점수에 대한 이러한 범주적 기술을 점수의 비신뢰성, 점수의 정밀성에 대한 일반인들의 오해 가능성 등을 감안하여 사용하는 것이다.

분석의 절차

수검자의 수행은 조합점수와 핵심 및 보충 소검사의 점수 패턴의 측면에서 평가할 수 있다. 조합점수 또는 소검사 간의 점수 패턴을 적절한 규준 준거집단에 비교함으로써 개인 내와 개인 간 관점에서 분석할 수 있다. 이러한 비교는 검사자가 잠재적으로 의미 있는 강점 및 약점 패턴을 확인하는 데 도움이 된다.

프로파일 분석의 첫 번째 절차는 전체 지능지수(FSIQ)에 대한 검토이다. FSIQ는 개인의 지적 수준과 기능에 대한 가장 안정적이고 타당한 측정치이다. 그러나 항상 그런 것은 아니다. FSIQ를 구성하는데 4개의 지수점수 중 가장 높은 지수와 가장 낮은 지수 간의 차이가 1.5표준편차(23점)보다 작을 경우에만 FSIQ가 신뢰성이 있고 타당한 측정치로서의 의미를 가진다. 만약 FSIQ를 구성하는 네 지수 간 지수점수 차이가 23점 이상이라면 단일 점수로서의 의미가 없다. 왜냐하면 이 경우 FSIQ를 산출하기는 하되 해석에는 사용하지 않고, FSIQ 대신 4개의 지수에 대해 따로 해석해야 한다.

다음으로 VCI, PRI, WMI, PSI 순서로 지수점수를 검토한다. 여기서도 각 세부 지수에 포함되는 소검사들 간의 차이가 1.5표준편차(5점)보다 낮을 때만 단일한 지수로서 의미가 있으며, 만약 5점 이상일 경우에는 단일한 지수로 해석하기는 적절하지 않다. 각 지수의 해석이 가능한 것으로 판단될 경우 검사자는 해당 지수의 수준을 통해 현재 수검자가 보이는 능력이 어느 정도인지를 기술하게 된다. 각 지수에 대한 결과를 보고할 때 백분위와 신뢰도를 함께 보고해야 한다.

뒤이어 지수점수들 간 차이 값의 비교, 강점과 약점의 평가, 소검사 점수들 간 차이 값의 비교, 소검사 내의 점수 패턴 평가(선택적), 과정분석(선택적)의 단계를 거쳐 분석이 이루어진다. 분석의 상세한 절차와 논리는 앞서 제2장에서 소개되어 있으니 해당 내용을 참조하기 바란다.

다른 모든 심리검사와 마찬가지로 K-WAIS-IV의 분석결과는 개인의 의학적 · 사회적 및 교육적 발달력, 가족 및 문화적 배경, 이전의 평가결과, 현재의 적응 및 부적응의 양상 등 배경정보들을 참조하여 통합적으로 이루어져야 한다. 또한 다른 심리평가 경과와 직접적인 행동관찰 자료도 함께 검토되어야 한다.

MMPI

MMPI-2

검사 소개

미네소타 다면적 인성검사(Minnesota Multiphastic Personality Inventory, MMPI)는 세계적으로 가장 널리 쓰이고 가장 많이 연구되어 있는 객관적 성격검사이다. 1942년 미국 미네소타대학교의 Hathaway와 Mckinley가 처음 발표하였다. MMPI는 실제 환자들의 반응을 토대로 경험적 제작 방법에 의해 만들어졌다. 550개의 문항을 포함하고 있으며 이 중 16개의 문항이 중복되어 총 566개의 문항으로 구성되어 있다. 중복된 16개의 문항은 수검자의 반응 일관성을 확인하기 위한 지표로 사용된다. 1989년에 MMPI의 개정판인 MMPI-2가 출판되었다.

MMPI-2의 모든 문항 내용을 이해하고 적절하게 응답하기 위해서는 적어도 초등학교 6학년 이상의 독해 수준이 필요하다. MMPI-2는 18세 이상의 성인을 평가하기 위해 개발된 검사이다.

MMPI-2는 개인적 혹은 집단적으로 실시될 수 있다. 보통 이상의 지능을 보유하고 있는 사람들은 일반적으로 1시간에서 1시간 30분 사이에 검사를 마칠 수 있다. 지능이 낮거나 복합적인 문제를 지니고 있는 사람들의 검사시간은 2시간을 초과할 수도 있다. 검사지를 집에 가지고 가서 실시하는 것은 바람직하지 않다. 검사는 적절한 감독이 이루어질 수 있는 전문적인 장소에서 실시되어야 한다.

실시할 때는 검사결과를 누가 알게 될 것인지, 수검자 협조가 왜 중요한지를 설명해 주어야 한다. 검사자나 감독자는 검사의 실시과정을 관찰하면서 혹시라도 있을 수 있는 수검자의 질문에 응답할 수 있어야 한다.

척도의 구성

타당도 척도

MMPI의 타당도 척도는 수검자의 수검 태도에 관한 중요한 정보를 제공할 뿐만 아니라 검사 외적인 행동(예 : 증상, 성격 특징)과도 관련된다. 문항 내용과 무관한 응답은 수검자가 아무렇게나 무선적으로 응답한 경우나 어떤 체계적인 방식을 따르기는 했지만 그것이 문항의 내용과는 관련이 없는 경우를 의미하며, 이런 경향을 탐지하기 위해서 검사자는 무응답(?) 척도, 무선반응 비일관성(VRIN) 척도, 고정반응 비일관성(TRIN) 척도를 검토한다. 이런 타당도 척도 중에서 어느 것 하나라도 수검자의 응답이 타당하지 않음을 시사한다.

수검자의 응답이 타당하지 않아서 검사결과를 무효로 간주해야 할 때, 문항 내용과 무관한 응답 때문인지 아니면 문항 내용과 관련된 왜곡응답 때문인지 구분하는 것이 중요하다.

타당도 척도의 문항 내용과 관련된 반응과 왜곡응답은 다음과 같다.

- 무선반응(Random response) : 불성실한 반응, 비일관적 반응

- 고정반응(Biased response) : 치우친 반응, 편향된 반응(그렇다/아니다)
- 부정왜곡(Faking Bad) : 의도적으로 과장된 반응, 분명한 이득이 존재함. 나쁘게 보이는 방향
- 긍정왜곡(Faking Good) : 의도적으로 축소된 반응, 분명한 이득이 존재함

〈표 4.1〉에는 타당도 척도의 내용 및 해석이 제시되어 있다.

● 표 4.1 타당도 척도 내용 및 해석

척도명			내용	해석
성실성	?	무응답 척도 (Cannot Say)	'그렇다', '아니다' 모두에 응답한 문항 수 30개 혹은 그 이상인 경우 무효로 간주	거짓으로 응답하기보다는 회피하려는 경향 우유부단한 사람들이 많은 수의 문항에 응답하지 않고 그냥 남겨 둠
	VRIN	무선반응 비일관성 척도 (Variable Response INconsistency)	아무렇게나 응답하거나 무작정 모두 '그렇다', 혹은 '아니다'라고 응답하는 척도	아무렇게나 응답하는 경향 탐지 내용을 제대로 읽지 않고 응답하거나 문항에 완전히 또는 대부분 무선적으로 응답했기 때문에 문항에 비일관적으로 응답하는 경향
	TRIN	고정반응 비일관성 척도 (True Response INconsistency)		무작정 모두 '그렇다' 혹은 '아니다'라고 응답하는 경향을 탐지 비일관적인 반응을 보인 사람들을 탐지
비전형성	F	비전형 척도 (inFrequency)	현실 검증력의 지표	문항 내용을 제대로 읽지 않고 응답하거나 무선적으로 응답하는 것과 같은 이상반응 경향 또는 비전형적인 반응 경향 보다 더 부적응적인 모습으로 드러내려고 시도하는 사람들
	Fb	비전형-후반부 척도 (Back inFrquency)		검사지의 후반부에 제시된 문항들에는 타당하지 않은 방식으로 응답했을 가능성
	Fp	비전형-정신병리 척도 (inFrequency Psychopathology)		무선반응 혹은 부정왜곡 때문이 아니라 수검자가 실제로 심각한 정신병리를 지니고 있을 수도 있음 부정왜곡을 보이는 사람들과 정신과 입원환자를 더 잘 판별
	FBS	부정왜곡 척도 (Faking Bad Scale)	개인적 상해소송 장면, 신체 장애 판정 장면에서 자신의 신체증상을 허위로 만들어 내는 경향을 탐지하기 위한 척도	꾀병을 탐지

척도명			내용	해석
방어성	L	부인 척도 (Lie)	자신을 바람직한 쪽으로 보이려는 의도	약점을 부정하고 사회적으로 바람직하게 보이려는 경향
	K	교정 척도 (correction)	정상 프로파일을 보이는 환자집단을 구별	자신의 정신병리나 심리적인 문제에 대해 방어적인 태도를 측정
	S	과장된 자기제시 척도 (Superlative self-presentation)	도덕적 결함을 부인하고 과장된 방식으로 자기를 표현	인간의 선함에 대한 믿음 평온함 삶에 대한 만족 참을성/성마름의 부인 도덕적 결함의 부인

　　무효 프로파일은 타당도 척도들의 점수가 65T 이상인 프로파일이나 '?' 반응이 30개 이상인 프로파일은 타당하지 않은 것으로 간주한다. 타당도 척도의 프로파일 타당성은 〈표 4.2〉를 참고하라.

● 표 4.2 타당도 척도 프로파일 타당성

척도	원점수	프로파일 타당성	점수 상승의 가능한 이유
?(무응답)	30 이상	전체 결과가 무효일 수 있음	독해 능력 부족, 심각한 정신병리, 비협조적 태도, 강박적 태도
L(부인)	70 이상	무효일 것임	긍정왜곡, 주로 '아니다'로 응답하는 경향
K(교정)	75 이상	무효일 수 있음	긍정왜곡, 주로 '아니다'로 응답하는 경향
F(비전형)	80 이상	무효일 수 있음	무선반응/고정반응, 심각한 정신병리
	65~79	과장된 것일 수 있음. 그러나 유효할 것임 (해석 요함)	문제를 과장하여 표현함

표준 임상척도와 소척도

각각의 임상척도에 대해 기술된 설명문을 해석의 출발점으로 간주해야 하며, 이런 설명문 중에서 과연 어떤 내용이 임상척도에서 높은 점수를 얻은 특정한 사람에 대해 가장 정확하게 기술하고 있는 것인지를 결정하기 위해서는 다른 정보들을 고려해야 한다.

　　임상척도는 T점수가 65 이상일 때 의미 있는 상승으로 해석 가능하며 Mf와 Si를 제외한

8개 척도의 보통 수준 및 낮은 수준의 점수는 해석하지 않기를 권고한다.

1. 임상척도 내용과 임상소척도 내용

Harris-Lingoes 소척도의 해석에서 소척도 점수들은 임상척도에서 특정 점수를 얻은 경우, 채점 방향으로 체크된 문항들이 어떤 종류인지에 관한 정보를 제공한다. 일부 소척도들은 모척도와 독립적으로 해석해서는 안 되는데, 그 이유는 문항 수가 극히 적고 비교적 신뢰도가 낮으므로 다른 변인과의 상관에 대해서는 지극히 제한된 연구만이 있기 때문이다. 소척도는 일반적으로 모척도가 T > 65로 유의미하게 상승할 경우에만 해석되어야 하며, 해석은 모척도 점수가 왜 그렇게 상승했는지 이해하기 위한 것에만 국한되어야 한다. 모척도의 T점수가 65 이상이고, 소척도의 T점수 역시 65 이상일 때만 해석한다. 임상척도 및 임상소척도 내용은 〈표 4.3〉에 설명되어 있다.

● 표 4.3 임상척도 및 임상소척도 내용

	임상척도	내용		소척도	소척도 내용
HS 척도 1	건강염려증 (Hypochondriasis)	신체 전반에 걸친 기능 이상 및 염려/ 건강에 대한 과도한 관심과 집착			
D 척도 2	우울증 (Depression)	우울증의 다양한 증상/검사 당시의 비관 및 슬픔, 불편감, 불만족감 정도	D1	주관적 우울감 (Subjective Depression)	무언가 하는 데 있어서 즐거움을 못 느낌, 비관주의, 의욕저하
			D2	정신운동 지체 (Psychomotor Retardation)	사회관계에 참여하려 하지 않음, 움직이려 하지 않음
			D3	신체적 기능장애 (Malfunctioning)	신체적 기능장애 호소, 자기 자신에 집착(식욕저하, 체중변화, 허약함)
			D4	둔감성 (Dullness)	반응성이 떨어짐, 자신의 심리적 기능을 불신
			D5	깊은 근심 (Brooding)	반추, 화를 잘 냄
Hy 척도 3	히스테리 (Hysteria)	신체적인 불평 및 기능 저하/심리적 문제 및 사회적 불편감 부인	Hy1	사회적 불안의 부인 (Denial of Social Anxiety)	외향성, 사회적 불안이나 당황하게 되는 상황에 대한 두려움을 부인
			Hy2	애정 욕구 (Need for Affection)	타인에 대한 적대적 태도의 부인

	임상척도	내용		소척도	소척도 내용
Hy 척도 3	히스테리 (Hysteria)	신체적인 불평 및 기능저하/심리적 문제 및 사회적 불편감 부인	Hy3	권태-무기력 (Lassitude-Malaise)	저조한 신체적·정신적 기능 호소
			Hy4	신체증상 호소 (Somatic Complaints)	정서의 억압과 전환을 시사하는 신체증상
			Hy5	공격성의 억제 (Inhibition of Aggression)	다른 사람에게 동조하고 폭력성을 부인
Pd 척도 4	반사회적 성격 (Psychpathic Deviate)	불만족감, 가족 문제, 일탈행동, 권위와의 갈등 등 다양한 내용 측정	Pd1	가정불화 (Familial Discord)	가족의 통제에 저항하고자 함
			Pd2	권위불화 (Authority Problems)	부모 및 사회의 요구, 관습과 도덕규범에 분개함
			Pd3	사회적 침착성 (Social Imperturbability)	사회적 불안, 부인, 담담함, 의존 욕구 부인
			Pd4	사회적 소외 (Social Alienation)	다른 사람들로부터 고립감, 소속감의 결여
			Pd5	내적 소외 (Self-Alienation)	자기 통합의 결여, 죄책감, 의기소침
Mf 척도 5	남성성-여성성 (Masculity-Feminity)	전형적인 남성적/여성적 성역할 및 흥미에 대한 관심 정도			
Pa 척도 6	편집증 (Paranoia)	피해의식 및 예민성, 신경증적 성격/도적적 경직성 및 순진성	Pa1	피해의식 (Persecutory Ideas)	문제, 좌절, 실패 등의 책임을 외현화함
			Pa2	예민성 (Poignancy)	자신을 특별하고 남과는 다르다고 생각함
			Pa3	도덕적 미덕 (Naivete)	도덕적 미덕을 강조하고 타인의 동기에 관대하며 윤리 문제에 엄격함
Pt 척도 7	강박증 (Psychasthenia)	두려움, 불안, 강박적 생각 등 측정/심리적 혼란과 불편감의 지표			
Sc 척도 8	조현병 (Schizophrenia)	환각, 망상 등의 정신병적 증상/사회적 소외감, 충동 통제 곤란 등 측정	Sc1	사회적 소외 (Socia Alienation)	다른 사람과 라포가 결여된 느낌
			Sc2	정서적 소외 (Emotional Alienation)	자신과의 라포가 결여된 느낌
			Sc3	자아통합결여-인지적 (Lack of Ego Mastery-Cognitive)	낯설고 당혹스러운 생각, 교란된 사고과정으로 인한 기억과 집중력의 문제
			Sc4	자아통합결여-동기적 (Lack of Ego Mastery-Cognitive)	심리적 허약함의 느낌, 의욕상실, 무력감

	임상척도	내용		소척도	소척도 내용
Sc 척도 8	조현병 (Schizophrenia)	환각, 망상 등의 정신병적 증상/사회적 소외감, 충동 통제 곤란 등 측정	Sc5	자아통합결여-억제부전 (Lack of Ego Mastery-Defective ingibition)	충동의 억제가 불가능하다고 느끼며, 이를 낯설고 소원한 느낌으로 체험
			Sc6	감각운동 해리 (Bizarre Sensory Experinces)	자신과 신체상에 대한 지각에서 변화된 느낌
Ma 척도 9	경조증 (Hypomania)	높은 활동 수준, 감정적 흥분, 쉽게 화를 내는 등의 경조증 증상 측정	Ma1	비도덕성 (Amorality)	자신이나 다른 사람들의 동기나 목표에 대한 무감각
			Ma2	심신운동항진 (Psychomotor Acceleration)	과잉행동, 불안정성
			Ma3	냉정함 (Imperturbability)	사회적 상황에서의 자신감에 대한 확언, 민감성 부인
			Ma4	자아팽창 (Igo Inflation)	비현실적인 과대성에 이르는 거만한 느낌
Si 척도 0	사회적 내향성 (Social introversion)	사회적 불편감 예민성, 수줍음/전반적인 부적응 및 자기비하 양상	Si1	수줍음/자의식 (Shyness/Self-Consciousness)	수줍음, 사회적으로 미숙하고 어색한 느낌
			Si2	사회적 회피 (Social Avoidance)	내향성의 객관적인 측면을 반영
			Si3	내적/외적 소외 (Alienation-Self and Others)	냉소적 태도, 과민성, 다른 사람과 겉도는 느낌

2. 임상척도 해석

임상척도의 해석은 〈표 4.4〉와 같다.

● 표 4.4 임상척도 해석

	임상척도	해석
Hs 척도 1	건강염려증	신체기능에 대한 관심이 현저하고, 지나치게 많은 신체적 불평을 호소한다. 신체화 방어의 존재와 아울러 이러한 방어가 효과적으로 작용으로 있지 않음을 시사한다. 성마르고 까다롭고 불만스러운 태도를 보이며, 간접적으로 표출되는 상당한 적대감과 냉소주의가 바탕에 있을 가능성이 높다. 어려움의 본질이나 원인에 대한 통찰이 부족하고, 자신의 문제에 대한 심리적인 해석을 받아들이려 하지 않는다.

	임상척도	해석
D 척도 2	우울증	우울하고 걱정이 많고 비관적이라고 기술되며, 약간의 철수적인 경향과 아울러 우유부단하고 회의적인 모습을 잘 보인다. 우울은 무망감과 무가치감으로 표현될 수 있으며 자살에 대한 생각이 수반되기도 한다. 열등감과 부적절감이 현저하다. 우울은 주관적인 체험에 국한되지 않고 흥미와 주도성, 참여의 상실을 수반하는 정신운동성 지체로 확장된다.
Hy 척도 3	히스테리	일반적으로 연극적인 성격 특성이 있다. 미성숙하고 자기중심적이며 요구적인 사람들로 억압, 부인의 방어기제를 주로 사용한다. 허영심이 강하고 감정반응이 변화무쌍하며 통찰력이 없고 사회관계에서 의존적으로 요구하는 경향이 있다. 자신들이 바라는 필요한 만큼의 주의와 애정을 받지 못하면 적대감과 원망하는 마음이 생긴다.
Pd 척도 4	반사회적 성격	널리 인정되고 있는 관습이나 규범에 대해 분노에 찬 동일시의 거부로 특징지어진다. 행동의 결과에 대해 무모하게 무시하지는 않는다 하더라도, 향후의 계획을 세울 수 있는 능력이 명백히 결여되어 있으며 충동통제 문제가 흔하다. 부드러운 감정을 표현하지 못할뿐더러 정감 있는 관계를 유지하지 못한다.
Mf 척도 5	남성성-여성성	동성애적인 경향을 측정하기 위하여 추가된 척도이나 이 척도 자체만으로는 실제로 동성애를 하고 있거나 잠재적인 동성애 경향이 있는 사람을 가려내는 데 부적절하다는 것이 밝혀졌다. 남성 : 다소 수동적이고 의존적이면서 야심이 있고 민감하며 문화적·심미적 추구에 흥미를 느끼는 경향이 있다. 전형적으로 남성적인 흥미를 추구하는 데는 관심이 적고, 자신의 성적 정체성과 관련하여 근본적이고 혼란스러운 의문을 경험하고 있을 수 있다. 여성 : 전통적인 여성적 역할의 여러 측면을 거부하는 진취적인 취향과 관련이 있어 보인다. 적극적이고 공격적이며 자기주장이 강하고 경쟁적이며 거침이 없고 지배적인 여성으로 기술된다.
Pa 척도 6	편집증	편집증적 성격의 사람들이다. 이러한 사람들은 비난에 대해 예민하고 타인의 동기에 대한 기본적 불신이 있다. 차별대우를 받고 있다는 느낌을 가지며 마음에 악의를 품고 있으면서 감추는 경향이 있다. 자신의 어려움 때문에 상당한 분노와 적대감을 나타내는데, 주요 방어기제로 투사나 주지화를 사용한다.
Pt 척도 7	강박증	융통성이 없고 작은 일에 지나치게 신경을 쓰며 양심적이고 자신이 현재 처한 상황에 대해 만족하지 못하고 있는 것으로 기술된다. 이들은 정서적인 문제의 해결을 모색하는 데 있어 지나치게 관념적이고 분석적인 경향이 있다. 이러한 생각들을 건설적인 행동으로 옮기는 데 어려움이 있다. 주의집중과 사고, 자신의 불안을 합리적으로 감소시킬 수 있는 환경적 단서들을 인지하는 데 어려움을 보인다.
Sc 척도 8	조현병	외롭고 소외되고 고립되어 있으며 주위로부터 이해받지 못하고 있고, 자신이 일반적인 사회환경의 일부가 아니라고 느끼는 경향이 있다. 자신의 정체감이나 가치에 대하여 근본적이면서 당혹스러운 의문을 가지고 있고 일상의 스트레스에 어떻게 대처해야 할지 다소 혼란스러워하는 모습을 보인다.

	임상척도	해석
Ma 척도 9	경조증	80T가 넘으면 조증장애를 의심해 볼 수 있다. 조증장애는 팽창성, 주의산만, 과다 활동, 사고의 비약, 현실 검증의 손상을 가져오는 과대망상 등으로 특징지어진다. 높은 점수를 받은 사람들은 에너지가 넘치고 열광적이며, 참을성이 없고 가만히 있지를 못한다. 또한 남들과 잘 어울리며 자신의 가치나 중요성에 대해 과장된 느낌을 가지고 있다.
Si 척도 0	사회적 내향성	내향적이고 부끄러워하며 사회적으로 미숙하고 사람들이나 경쟁적인 상황에서 철수하는 경향이 있다. 자신감이 부족하고 다른 사람과 친밀해지는 것을 위협적으로 여기며 이성에게 불편함을 느끼고 다른 사람들이 자신을 어떻게 생각하는가에 대해 지나치게 민감하다. 그들은 다소 조심스럽고 관습적이며 독창적이지 않은 방식으로 문제를 해결하려는 경향이 있다.

3. 상승척도 쌍

상승척도 쌍에 대한 해석은 〈표 4.5〉와 같다.

● 표 4.5 상승척도 쌍 해석

상승쌍	해석
12/21	신체적 불편감, 건강과 신체 기능에 집착하며, 사소한 신체적 이상에도 지나치게 민감하게 반응하는 경향이 있다. 우울감, 불행감, 불쾌감, 언짢은 기분, 의욕상실 등을 보고한다.
13/31	남성보다는 여성에게서 더 흔하고 정신과 환자들은 흔히 신체형 장애나 통증장애 진단을 받는다. 사교적이고 외향적임에도 불구하고 애인관계에서 깊이가 부족하고 피상적인 경향이 있으며 사람들과의 정서적 교류가 결여되어 있다. 거식증, 구역질, 구토감, 비만 등의 섭식 문제를 보이는 경우가 흔하다. 쇠약감, 현기증, 수면곤란 등의 신체적 불편감 호소한다.
14/41	임상 장면에서 자주 관찰되지 않으며, 여성보다는 남성에게서 더 흔하다. 우유부단하고 불안해 보이기도 한다. 학교나 직장에서 동기가 부족하고 뚜렷한 목표가 없다.
18/81	흔히 적대감과 공격적인 감정을 품고 있으나 이런 감정을 조절하고 적응적인 방식으로 표현할 수 있는 능력이 없다. 정신과 환자들은 흔히 조현병 진단을 받으며, 때로는 불안장애나 조현성 성격장애 진단을 받기도 한다.
19/91	극심한 고통과 동요를 경험하고 있을 가능성이 높다. 매우 불안하고 긴장되어 있으며 안절부절못한다. 소화기계통의 문제, 두통, 소진감 등의 신체적 불편감을 호소하는 일이 흔하며, 증상에 대한 심리적인 설명을 받아들이려고 하지 않는다.
23/32	아무 일도 못할 정도의 심한 불안을 경험하지는 않지만 신경이 날카로우며 초조, 긴장, 걱정되는 느낌을 보고하고, 흔히 수면곤란을 겪는다. 슬픔, 불행, 우울, 자살 사고를 지니고 있을 수 있다. 수동적이고 고분고분하며 의존적이고 감정을 지나치게 통제하며 여성에게 더 흔하게 관찰된다.

상승쌍	해석
24/42	대개 가족과의 문제나 법적인 문제로 인해 곤란을 겪은 후에야 전문가를 찾아온다. 분노, 적대감, 원한을 품고 있으며, 사회적인 기준을 경시한다. 일탈행동에는 알코올 남용이나 약물 남용의 문제가 포함될 수 있다.
26/62	의심, 불신, 분노, 적대감, 공격성 등을 특징으로 하는 성격적인 문제를 지닌 사람들로 묘사되고 있다. 취약하고 일부는 자살을 시도하기도 한다.
27/72	불안하고 초조하며 긴장된 모습을 드러낸다. 걱정을 지나치게 많이 하며 실제 및 가상의 위협에 약하다. 사소한 스트레스에 과도하게 반응하는 편이다. 흔히 강박사고와 강박행동을 보이고, 우유부단하며 마음속에 부적절감, 불안정감, 열등감을 품고 있다.
28/82	불안하고 초조하며 긴장되어 있고 안달하는 느낌을 보고한다. 수면곤란, 주의집중 곤란, 혼란된 사고, 망각 등이 특징이며 자신이 맡은 일을 효율적으로 완수하지 못하고 문제해결의 양상이 독창적이지 못하다. 의존적이고 비효율적이며 쉽게 화를 내고 대부분의 시간을 분노를 품고 지내며 통제를 상실할까 봐 두려워한다.
29/92	자기중심적이고 자기도취적인 경향이 있다. 높은 성취를 추구하지만 좌초하는 것처럼 보이기도 한다. 긴장감과 불안감을 보고하고, 위장 상부 근처에 집중된 신체적 불편감을 호소하는 일이 흔하다.
34/43	만성적이고 강렬한 분노를 보인다. 적대적이고 공격적인 충동을 품고 있으나 이런 부정적인 감정을 적절한 방식으로 표현하지 못한다. 타인으로부터 인정받기를 원하면서도 남들에게 냉소적이고 남들을 의심하는 편이다. 겉으로는 순응적으로 보이나 반항적이다.
36/63	상당한 수준의 긴장감과 불안감을 보고하며, 두통이나 소화기계통의 신체적 불편감을 호소할 수 있다. 매우 자기중심적이며 자기도취적이다. 세상에 대해서 지나치게 낙관적이고 순진한 태도를 드러낸다.
46/64	미성숙하고 자기도취적이고 제멋대로 행동하는 모습을 보인다. 다른 사람들에게는 관심과 동정을 지나치게 요구하면서도 남들이 자신에게 사소한 것이라도 요구할 때는 몹시 싫어하는 수동-의존적인 사람들이다.
47/74	자신의 행동이 초래할 결과에 무관심하고 신경을 쓰지 않는 기간과 그 행동이 남들에게 미칠 영향을 지나치게 걱정하는 기간을 번갈아 보일 수 있다. 방종과 죄책감 비난이 왔다 갔다 한다. 종종 수동공격성 성격장애 진단이 내려진다.
48/84	주어진 환경에 잘 적응하지 못하는 것처럼 보인다. 권위자에게 동조하지 않고 적개심을 보이지 않으며, 종교적으로 정치적으로 급진적인 견해를 지니기도 한다. 쉽게 화를 내고, 분노를 표현하며, 비사회적 혹은 반사회적 방식으로 행동한다. 매춘, 성적인 방종, 성적인 일탈행동을 보이는 경우도 꽤 흔하다.
49/94	사회적인 기준이나 가치를 매우 엄하게 무시하고 자기도취적이며 이기적이고 제멋대로 방종한 행동을 보이며 충동적이고 충동의 만족을 지연시키지 못한다. 중독, 폭행, 편집성이나 양극성 진단이 내려질 가능성이 높다.
68/86	강한 열등감과 불안정감을 품고 있다. 자신감과 자존감이 부족하며, 실패라고 생각되는 것에 대해서 죄책감에 대해서 느낀다.
69/96	다소 의존적이며 사랑을 받으려는 욕구가 강하다. 눈물을 자주 흘리며 떨고 있는 모습을 보이기도 한다. 감정을 적응적이고 조절된 방식으로 표현하지 못하며, 감정을 지나치게 통제하는 모습과 감정을 직접적이고 통제되지 않은 방식으로 폭발시키는 모습을 번갈아 보이기도 한다.

● 표 4.5 상승척도 쌍 해석(계속)

상승쌍	해석
78/87	전형적으로 상당히 혼란스러운 정서적 동요 상태에 처해 있다. 자신에게 심리적인 문제가 있다는 점을 쉽게 인정하며 편안한 상태를 유지하는 데 필요한 적절한 방어를 구사하지 못하는 것처럼 보인다. 우울하고 비관적인 느낌을 보고하며, 자살사고를 경험하기도 한다.
89/98	다소 자기중심적이고 유아적인 기대를 한다. 자신에게 많은 관심을 보여 줄 것을 요구하며, 이런 요구가 충족되지 않으면 화를 내면서 적대적으로 행동한다. 과잉 활동적이고 정서적으로 불안정하다. 성취욕구가 강하고 성취에 대한 압박감을 느끼지만 실제 수행은 평범한 수준이다.

4. 3개의 척도의 상승척도 쌍

3개의 상승척도 쌍의 해석은 〈표 4.6〉과 같다.

● 표 4.6 3개의 상승척도 쌍의 해석

상승쌍	해석
123/213/ 231	일반적으로 신체형장애, 불안장애, 우울증 진단을 받는다. 흔히 우울증상을 드러내며, 수면곤란, 당혹감, 낙심, 무망감, 비관주의 등의 징후를 보인다.
132/312	척도1과 3의 점수가 척도 2보다 유의미하게 높은데 고전적인 전환증상을 드러낼 수 있으며, 흔히 전환장애, 신체형장애, 통증장애의 진단을 받는다. 다소 사교적이기는 하지만 수동-의존적인 편이다.
138	흔히 편집형 조현병이나 편집성 성격장애 진단을 받는다. 우울 삽화, 자살사고, 성적 혹은 종교적인 생각에 집착하는 모습을 보이기도 한다. 흥분을 잘하며 시끄럽고 화를 잘 낸다. 대부분의 시간을 안절부절못하고 지겨워하면서 보낸다.
139	기질성 뇌 증후군을 의심해 볼 수 있다.
247/274/ 472	흔히 수동-공격성 성격장애 진단을 받는다. 알코올이나 약물을 남용하는 환자들에게서 제일 흔하게 관찰되는 것이다. 가족 문제나 부부 문제를 겪는 사람들이 많다. 우울하고 비관적인 기분을 느끼며, 자살사고, 강박사고 강박행동을 경험하기도 한다. 스트레스에 과도하게 반응하며, 충동을 통제하지 못한다.
278/728	심각한 정서적 혼란을 경험하고 있으며 다소 분열적인 생활방식을 지니고 있다. 긴장되어 있고 초조해하며 두려워하고 주의집중에 곤란을 보인다. 슬프고 우울한 기분을 느끼며, 미래에 대해서 낙담하고 비관적이고 희망이 없게 여기고, 흔히 자살에 대한 생각을 곰곰이 반추한다.
687/867	가장 흔하게 내려지는 진단은 편집형 조현병이다. 일반적으로 환각, 망상, 극도의 의심성을 드러낸다. 수줍음이 많고 내향적이며 사회적으로 위축된 사람들이지만 술을 마시면 매우 공격적인 모습을 보이기도 한다.
468	급성의 심리적인 불안, 정신과 입원을 했을 가능성이 높다.

재구성 임상척도

Tellegen 등(2003)의 논문에서 재구성 임상척도를 개발하고 척도를 구성하는 과정에서 전반적으로 어떤 접근을 취했는가를 설명하고 있다.

재구성 임상척도 구성의 첫 번째 단계로, 의기소침척도(demoralization, RCd)라고 명명된 일반척도를 개발하였다. 재구성 임상척도 구성의 두 번째 단계로, 임상척도들에 반영된 일반적인 의기소침 요인을 제거하는 방법으로 기존 임상척도들 각각의 핵심적 구성 요소를 확인하였다. 각각의 임상척도마다 그 임상척도에 포함된 문항과 잠정적 의기소침척도(RCd)에 포함된 문항들을 모두 합친 뒤에 요인분석을 실시하였다. 재구성 임상척도 구성의 세 번째 단계로, 각각의 재구성 임상척도(RC)의 토대가 될 각각의 씨앗척도(seed scale)를 제작했는데, 이 척도는 각 임상척도의 핵심적 특성을 반영하는 요인과의 요인 부하가 높은 문항들로 구성되었다. 재구성 임상척도 구성의 마지막 단계로, 4개의 임상표본을 활용하여 12개의 씨앗척도(RCd 및 10개의 기존 임상척도에서 얻은 씨앗척도들, 척도 5의 경우 심미적/문학적 흥미를 반영하는 척도와 기계적/신체적 흥미를 반영하는 척도의 두 가지로 구성되므로, 모두 12개임)와 MMPI-2의 모든 문항 간의 상관을 구하였다.

RC척도는 임상척도의 중요한 특징을 유지하면서도, 각 척도의 수렴 타당도와 변별 타당도를 향상시키기 위해 제작되었다. 우선 모든 임상 척도에 어느 정도는 공통으로 반영되어 있는, 감정적 색채가 강한 차원을 측정하는 척도를 개발하고 이를 의기소침척도(RCd)로 명명하였다. 이 척도가 측정하는 속성은 임상 척도들에 대한 요인 분석 연구에서 반복적으로 추출되었던 소위 '첫째 요인' 또는 Welsh의 A척도(불안 척도)와 개념적으로 유사하다. 다른 척도와 공유하지 않는 각 임상척도의 차별성 있는 핵심 문항을 추출하였다.

최종적으로 만들어진 재구성 임상척도는 척도 5와 척도 0을 제외한 임상 척도에 대한 재구성 임상척도 8개와 의기소침 척도(RCd)를 포함하여 총 9개이다. 〈표 4.7〉에는 재구성 임상척도의 지표 및 해석이 제시되어 있다.

● 표 4.7 재구성 임상척도 지표 및 해석

척도		지표	해석
RCd (dem)	의기소침 (Demoralization)	불쾌감, 불안, 무능력, 자기의심, 우유부단함과 스트레스 상황에서 쉽게 포기하는 경향	높은 점수 : 낙심한, 의기소침한, 불안정한, 비관적인, 자존감이 낮은 사람
RC1 (som)	신체증상 호소 (Somatic Complaints)	머리, 목, 가슴의 통증 및 감각 문제를 강조하는 폭넓은 신체적 호소를 반영	높은 점수 : 상대적으로 많은 수의 신체적 호소를 보고
RC2 (lpe)	낮은 긍정 정서 (Low Positive Emotions)	우울한 기분보다는 자기 효능감과 즐거움의 부족, 무기력, 동떨어진 느낌, 자신감의 부족, 비판주의	높은 점수 : 우울증을 경험할 위험성이 높고 삶의 요구들에 효율적으로 대응하는 데 필요한 에너지가 없다고 느끼며, 결정을 내리고 일을 마무리하는 데 어려움을 느낌
RC3 (cyn)	냉소적 태도 (Cynicism)	타인에 대한 불신, 친밀한 관계가 흔히 불신으로 특정지어진다는 관점	높은 점수 : 진실하지 않으며 남을 배려하지 않고 자신만 생각하며 타인을 이용한다고 생각함 낮은 점수 : 순진하고 쉽게 속으며 과도하게 타인을 믿는 사람일 수 있음
RC4 (asb)	반사회적 행동 (Antisocial Behavior)	물질 사용/남용과 그로 인한 부작용이 있고 범죄행위는 아니더라도 비행을 저지르며 학교 규칙을 따르지 않고 무단결석하거나 가족과 갈등이나 불화가 있음	높은 점수 : 다양한 반사회적 행동에 관여하며, 공격적으로 행동하는 경향이 있고, 다른 사람에게 적대적으로 비치며, 화를 잘 내고 논쟁적임
RC6 (per)	피해의식 (Ideas of Persecution)	조증 망상과 피해의식, 분개와 관계관념을 반영	분명하게 피해 사고와 연관이 있음. 상승하지 않았을 때 임상척도 6의 상승된 점수는 피해 사고의 반영이 아닐 가능성이 있음
RC7 (dne)	역기능적 부정 정서 (Dysfunctional Negative Emotions)	불안, 걱정, 만성적 근심, 공포감과 아울러 과민성, 성마름, 조급함과 쉽게 화를 내는 성향	불안, 짜증 그리고 다른 혐오적인 반응들과 같은 부정적인 정서 경험의 경향성을 반영 높은 점수 : 쉽게 불안을 경험하고 불안장애로 발전할 위험이 큼
RC8 (abx)	기태적 경험 (Aberrant Experiences)	비정상적인 감각 경험이나 특이하다고 기술되는 경험, 비현실감	임상척도 8에 비해서 RCd척도의 영향이 적으며, 따라서 기태적인 경험들에 대해 보다 초점이 맞추어진 측정치 높은 점수 : 명백한 시각적 혹은 후각적 환각, 기괴한 지각적 경험, 사고 전파와 같은 망상적 신념들을 포함하는 정신증적 증상들을 보고
RC9 (hpm)	경조증적 상태 (Hypomanic Activation)	빠른 분노 폭발, 지각된 도발에 대한 보복행동, 다행감, 비약적 사고, 자극 추구	높은 점수 : 과장된 자기상, 전반적인 흥분감, 감각 추구 경향, 위험 감수, 빈약한 충동 통제, 고양감, 수면 욕구 감소, 지나치게 빠른 사고, 공격성을 포함하는 다양한 경조증 증상들을 보고

내용척도 및 내용소척도

내용에 기초하여 구성된 척도들은 다른 방법에 의해서 개발된 척도들만큼이나 성격 변인들을 기술하고 예측하는 데 타당하고 유용함을 보여 주었다.

내용척도는 내적 일관성이 높고 척도 간 중복 문항을 최소화하여 상대적으로 독립적이며, 해당 내용 차원의 특징을 임상적으로 잘 반영하고 있어 비교적 합리적이고 직관적이면서도 임상척도의 의미를 쉽고 상세하게 해석할 수 있게 해준다는 점에서 유용하다.

Wiggins(1969)는 문항의 내용을 검토하는 것은 피검자의 왜곡에 의해 영향을 받을 수 있기 때문에 문제가 있는 방법이라는 기존의 통념을 반박하면서 13개의 내용척도를 개발하였다. 그 이후 Wiggins와 유사한 방법과 경험적 방법을 결합하여 Butcher, Graham, Williams와 Ben-Porath(1990)는 MMPI-2의 15개 내용척도를 개발하였다.

1. 내용척도 내용과 내용소척도 내용

MMPI-2의 내용척도는 개정과정에서 추가된 문항들 덕분에 원판 MMPI의 내용척도가 측정하던 내용 영역을 보다 폭넓게 평가할 수 있게 되었을 뿐 아니라 이전 내용척도에는 없는 새로운 내용 영역까지 평가할 수 있게 되었다.

Ben-Porath & Sherwood(1993)는 문항 내용에 기반을 둔 해석을 보다 효과적으로 할 수 있도록 15개의 내용척도 중 12개에 대하여 소척도를 개발하였다.

내용소척도의 높은 점수는 적어도 모척도의 점수가 60 이상이면서, 내용소척도의 점수가 65 이상일 경우에만 해석해야 한다. 내용척도 및 내용소척도의 내용은 〈표 4.8〉과 같다.

● **표 4.8 내용척도 및 내용소척도의 내용**

내용척도		내용	내용소척도		내용
ANX	불안 (Anxiety)	과도한 걱정, 긴장, 수면곤란과 주의집중의 문제를 포함한 일반화된 불안			
FRS	공포 (Fears)	일반적인 두려움과 특정 공포	FRS1	일반화된 공포 (Generalized Fearfulness)	공포불안, 일부는 정신증과 연관
			FRS2	특정 공포 (Multiple Fears)	흔한 특정 공포, 동물 및 자연적 현상
OBS	강박성 (Obsessiveness)	지나치게 분주해 보이지만 상당히 비효율적인 인지적 활동, 우유부단함, 침습적 사고			

● 표 4.8 내용척도 및 내용소척도의 내용(계속)

내용척도		내용	내용소척도		내용
DEP	우울 (Depression)	깊은 근심, 불쾌감, 침울함, 피로, 흥미 상실, 자기 비난, 성마름	DEP1	동기 결여 (Lack of Drive)	절망감, 동기 상실, 무감동, 무쾌감증
			DEP2	기분부전 (Dysphoria)	불쾌하고 우울한 기분의 주관적인 불행감
			DEP3	자기비하 (Self-Depreciation)	자기 불만족, 죄책감, 도덕적 실패감, 부정적 자기개념
			DEP4	자살 사고 (Suicidal Ideation)	죽고 싶어 하며, 자살사고를 지지하는 상당한 염세주의
HEA	건강염려 (Health Mentation)	건강에 대한 염려나 몰두, 스트레스에 대한 반응으로 인한 신체화 경향	HEA1	소화기 증상 (Gastrointestinal Symptoms)	메스꺼움, 구토, 변비 및 소화기 계통의 불편감
			HEA2	신경학적 증상 (Neurological Symptoms)	감각과 운동 문제, 의식상실, 다른 두부 문제 호소
			HEA3	일반적인 건강염려 (General Health Concerns)	좋지 못한 건강 상태와 건강에 대한 걱정과 몰두
BIZ	기태적 정신 상태 (Bizarre Mentation)	망상적 사고가 아니라고 해도 독특하고 이상한 생각을 반영	BIZ1	정신증적 증상 (Psychotic Symptomatology)	환청, 환시, 피해 및 조증 망상과 같은 정신증적 상태에 특징적인 양성증상
			BIZ2	조현형 성격 특성 (Schizotypal Characteristics)	기이하고 특이하며 비현실감, 침습적 사고, 기이한 감각 경험
ANG	분노 (Anger)	분노 충동 및 분노 삽화를 보고	ANG1	폭발적 행동 (Explosice Behavior)	사람에게 상해를 입히고 기물을 파손하는 폭발적이고 격렬한 행동을 보이는 삽화
			ANG2	성마름 (Irritability)	분노와 성마름의 정도가 높지만 자신의 감정에 대해 고통과 당혹감을 보고
CYN	냉소적 태도 (Cynicism)	사람들은 파렴치하고 부도덕하며 이기적이고 불성실하고 비겁한 동기를 실행한다는 근거 없는 염세적 신념	CYN1	염세적 신념 (Misanthropic Beliefs)	사람들은 기만적이고 이기적이며 동정심이 없고 믿을 수 없다는 관점
			CYN2	대인적 의심 (Interpersonal Suspiciousness)	냉소적·적대적·착취적인 행동의 표적이 되어 다른 사람을 의심하고 경계할 때 느끼는 주제를 반영
ASP	반사회적 특성 (Antisocial Practices)	타인의 동기와 감정에 대한 냉소주의와 둔감함을 반영	ASP1	반사회적 태도 (Antisocial Attitudes)	비도덕성, 공감의 결함, 타인에 대한 일반화된 분노가 암묵적인 주제

내용척도		내용	내용소척도		내용
ASP	반사회적 특성 (Antisocial Practices)	타인의 동기와 감정에 대한 냉소주의와 둔감함을 반영	ASP2	반사회적 행동 (Antisocial Behavior)	절도, 무단결석, 정학, 학교 및 법적 당국과의 갈등을 포함하는 비행의 과거력
TPA	A 유형 행동 (Type)	A 유형 성격의 세 요소(빠른 속도와 성급함, 직무 관여도, 지나친 경쟁심) 중 두 요소를 포함	TPA1	조급함 (Impatience)	기다리는 것을 참지 못하고 시간에 촉박함을 반영
			TPA2	경쟁 욕구 (Competitive Drive)	경쟁심보다는 분노, 복수심, 가학성에 대해 기술
LSE	낮은 자존감 (Low Self-Esteema)	개인적으로 대인관계에서 결함, 자신감 저하, 쉽게 자신을 비난함, 어려움에 직면하여 쉽게 포기하는 경향	LSE1	자기 회의 (Self-Doubt)	자신이 열등하고 부적절하다는 확신과 평가 절하된 정체성
			LSE2	순종성 (Submissiveness)	수동성, 타인에게 비굴함, 복종, 암묵적인 책임감의 회피
SOD	사회적 불편감 (Social Discomfort)	수줍음과 자의식, 당혹감, 어색함, 어리석은 행동을 할 것에 대한 두려움	SOD1	내향성 (Introversion)	무쾌감증, 집단 및 사회적 상황의 회피, 대인관계에 대한 혐오
			SOD2	수줍음 (Shyness)	자의식, 사회적 억제, 수줍음, 쉽게 당황함, 사회관계에서의 불편감을 반영
FAM	가정 문제 (Family Problemsa)	가족 간의 부조화와 불화를 나타내고 서로에게 적대적으로 반응	FAM1	가정불화 (Family Discord)	가정 내 갈등과 원한을 강조, 서로 비난하고 싸우기를 좋아하며 짜증스러움
			FAM2	가족 내 소외 (Family Alienation)	가족들로부터의 정서적 이탈을 반영함. 상실, 분노, 체념, 무관심이 수반됨
WRK	직업적 곤란 (Work Interferencea)	일의 맥락에서 형성되어 온 고통과 무능력을 나타냄. 결함이 있고 무능하다고 느낌			
TRT	부정적 치료지표 (Negative Treatment Indicators)	계획을 세우고 결정, 목표를 달성하는 것에 대한 무망감, 타인들이 돌봐 주거나 이해하지 못한다는 느낌, 타인을 신뢰하지 못하는 태도	TRT1	낮은 동기 (Low Motivation)	무감동, 외적 통제 소재, 개인적 자원 고갈
			TRT2	낮은 자기 개방 (Inability To Disclose)	자발적으로 개인정보를 말하려고 하지 않으며, 개인 정보를 개방하도록 요청받을 때 상당한 불편감을 겪는 것을 반영

2. 내용척도 해석

내용척도의 해석은 〈표 4.9〉와 같다.

● 표 4.9 내용척도 해석

내용척도		해석
ANX	불안	과도한 걱정, 긴장, 수면곤란과 주의집중의 문제를 포함한 일반화된 불안을 나타낸다. 공황 상태에 가까운 정신적 붕괴에 대한 두려움과 실망, 재정적 어려움, 실행하지 못하는 결정 등으로 인해 극도로 쉽게 동요되고 압박감을 받는 느낌을 포함한다.
FRS	공포	일반적인 두려움과 특정 공포를 나타낸다. (1) 고전적 공포 유형의 특정 공포, (2) 쥐, 뱀, 거미와 같은 동물들, (3) 지진, 번개, 폭풍, 불, 물과 같은 자연적 현상, (4) 세균, 세포 조직의 손상을 통한 신체적 상실, (5) 일반적인 신경증적 두려움을 인정하는 문항들로 되어 있다.
OBS	강박성	지나치게 분주해 보이지만 상당히 비효율적인 인지적 활동을 주로 표현한다. 우유부단함, 침습적 사고, 세부사항에의 몰두, 자기회의 등 의사결정에 압력을 가하는 끝없는 고려사항들에 전념하거나 행동을 취하는 것에 대한 두려움을 반영한다. 낮은 점수의 경우 자기확신을 가지고 신속한 의사결정을 보인다.
DEP	우울	깊은 근심, 불쾌감, 침울함, 피로, 흥미상실, 자기비난, 성마름 등을 반영한다. 낮은 점수는 고양되거나 팽창된 기분을 나타내기보다는 우울함의 부재(또는 부정)를 시사한다.
HEA	건강염려	높은 점수는 건강에 대한 염려나 몰두, 스트레스에 대한 반응으로 인한 신체화 경향을 반영한다. 환자들은 대체로 피로, 불면, 신경과민 등을 나타내며, 염세주의, 분노 표현 문제와 같은 성격적 특성 또한 드러낼 수 있다.
BIZ	기태적 정신 상태	망상적 사고가 아니라고 해도 독특하고 이상한 생각을 반영한다. 높은 점수를 보이는 사람들은 타인의 악의에서 비롯되었다고 여기는 침입적이고 파괴적인 생각과 경험으로 괴롭힘을 당하고 있다고 보고한다.
ANG	분노	분노 충동 및 분노 삽화를 보고한다. 높은 점수를 받은 사람들은 성마르고 감정을 잘 조절하지 못하며 좌절을 견디지 못하고 자주 화를 표현한다. 이로 인해 재산 파괴, 타인에 대한 상해를 야기할 수 있다.
CYN	냉소적 태도	사람들이 파렴치하고 부도덕하며 이기적이고 불성실하고 비겁한 동기를 실행한다는 근거 없는 염세적 신념을 반영한다. 높은 점수의 경우 삶을 정글로 보며, 사람들 모두 이기적이고 비도덕적이라고 합리화하여 자신의 위선, 속임수 등을 정당화한다.
ASP	반사회적 특성	타인의 동기와 감정에 대한 냉소주의와 둔감함을 반영한다. 규칙이나 관습을 어기는 일에 동정적이며 과거 규칙을 어기고 권위적 대상과 갈등을 겪었음을 인정한다. 반사회적 행동보다 태도에 더 초점이 맞춰져 있다.
TPA	A 유형 행동	A 유형 성격의 세 요소(빠른 속도와 성급함, 직무 관여도, 지나친 경쟁심) 중 두 요소를 포함한다. 높은 점수의 경우 쉽게 적대감이나 복수심을 느끼며, 자기중심적이고 분개하고 의심이 많고 공감이 부족하다.

내용척도		해석
LSE	낮은 자존감	개인적으로 대인관계에서 결함이 있다고 느끼고 자신감이 저하되어 있으며 쉽게 자신을 비난하고 어려움에 직면하면 쉽게 포기하는 경향을 반영한다.
SOD	사회적 불편감	높은 점수는 내향성을 낮은 점수는 외향성을 나타낸다. 수줍음과 자의식, 당혹감 및 어색함, 어리석은 행동을 할 것에 대한 두려움, 과묵함, 드러내고 싶지 않은 욕구, 모임이나 낯선 사람에 대한 회피, 혼자 있는 것을 선호함을 나타낸다.
FAM	가정 문제	가족 간의 부조화와 불화를 나타낸다. 갈등, 질투, 오해나 소홀함으로 소란스럽다. 관심, 애정, 지지의 부족으로 가족은 정서적 자양분이 될 수 없는 장소로 여겨지며 박탈감을 느끼는 가운데 서로에게 신랄하고 적대적으로 반응한다.
WRK	직업적 곤란	일의 맥락에서 형성되어 온 고통과 무능력을 나타낸다. 직업 수행력과 관련한 긴장, 걱정, 패배주의, 피로, 자신감 부족, 주의산만과 우유부단함, 포기 경향성 등을 포함한다. 높은 점수를 받은 사람들은 결함이 있고 무능하다고 느끼거나 그런 식으로 자신이 보이기를 원하고, 낮은 점수는 자신감, 인내, 적절한 에너지 자원, 협력하는 능력들을 시사한다.
TRT	부정적 치료지표	계획을 세우고 결정, 목표를 달성하는 것에 대한 무망감, 타인들이 돌보아 주거나 이해하지 못한다는 느낌, 치료자를 포함한 타인을 신뢰하지 못하는 태도 등을 반영한다.

보충척도

보충척도(supplementary scales)들은 그 이름대로 타당도 척도와 임상척도의 해석을 보충하여, MMPI-2가 평가할 수 있는 임상적 문제와 장애의 범위를 넓혀 준다. 보충척도에 적용할 수 있는 구분점수(cut off score), 즉 임상적으로 중요한 증상이나 문제를 가르는 단일한 T점수 수준을 정하는 것은 불가능하다. 다만 일반적으로 T점수 65 이상은 높은 것으로, T점수 40 이하는 낮은 것으로 간주할 수 있다. 문항군집을 문항분석, 요인분석, 직관적 절차를 통해 다양하게 재조합하여 새로운 척도를 개발하였다. Dahlstrom, Welsh와 Dahlstrom(1972, 1975)은 450여 개 이상의 보충척도를 제시하였다. 연구 자료를 참조하여 신뢰도와 타당도가 있는 척도들만 포함하였다.

Wiener(1948)는 정서적 장애를 시사한다는 점을 쉽게 알아차릴 수 있는 문항과 알아차리기 어려운 문항을 구분하여, 전자를 명백 문항으로 후자를 모호 문항으로 명명하였다. 보충척도의 내용 및 해석은 〈표 4.10〉과 같다.

● 표 4.10 보충척도 내용 및 해석

	보충척도	문항 내용	높은 점수 해석
A	불안 (Anxiety)	생각 및 사고과정, 부정적인 정서 색조 및 기분부전, 비관주의 및 낮은 활력, 악성 심리 상태 등	사회적으로 바람직하지 않은 문항도 서슴없이 시인하는 수검자의 태도를 반영. 생활리듬이 느리고 비관적이며 주저하고 머뭇거리며 억제됨. 평가 장면에서 좀 더 자신에 대해 회의적임
R	억압 (Repression)	건강 및 신체증상, 정서성과 폭력 및 활동성, 사회적 상황에서의 타인에 대한 반응, 사회적 주도성과 개인이 느끼는 적절감 및 외모, 개인적인 흥미와 직업적 흥미 등	수검자가 여러 가지 정서적인 어려움이 있음을 검사 상에서 인정하지 않으려는 정도 시사. 신중하고 조심스러운 생활양식을 택하는 사람들로 내향적이고 내현화하는 사람
Es	자아 강도 (Ego Stength)	신체기능, 은둔성, 도덕적 태도, 개인이 느끼는 적절감, 대처능력, 공포증, 불안 등	높은 점수 : 낮은 점수보다 치료기간 동안 좀 더 긍정적인 성격 변화를 보이는 경향, 심리적으로 더 잘 적응하려는 경향, 일상생활에서 생기는 어려움 또는 스트레스에 더 잘 대처할 수 있음 낮은 점수 : 점수가 높은 사람들과 여러 가지 면에서 상반됨, 상황적 요인이 좀 더 심각한 문제를 지닌 경향, 스트레스 대처 심리자원을 가지지 않은 듯, 치료적 변화에 대한 예후도 좋지 않음
Do	지배성 (Dominance)	주의집중력, 강박사고 및 행동, 자신감, 사회적 상황에서 불편감, 신체적 용모에 대한 관심, 인내력 및 정치적 견해 등	대면 상황에서 강하고, 쉽게 겁먹지 않고, 안전감과 안정감 및 자신감이 있음. 일상에서의 문제 또는 스트레스에 대처할 수 있는 능력이 있고, 확신하는 사람
Re	사회적 책임감 (Social Responsibility)	사회적·도덕적 논점에 대한 관심으로 구성, 특권 및 청탁에 반대하는 것, 의무 및 극기에 대한 강조, 관습 대 저항, 일반적인 세상에 대한 신뢰 및 자신감, 마음의 평정, 확신 및 개인적 안정감 등	사회적·문화적 가치를 잘 받아들이고 부응하는 방식으로 행동하고, 정직 및 정의에 높은 가치를 두며, 확신에 차 있고 안정적인 사람
Mt	대학생활 부적응 (College Maladjustment)	낮은 자존감 : 자신감이 부족하며 자신을 다른 사람과 부정적인 쪽으로 비교하는 문항 활력 부족 : 피로감을 느끼고 뭔가를 시작하는 데 어려움이 있음을 나타내는 문항 냉소적 태도/안절부절못함 : 타인에 대한 부정적인 표현, 흥분 및 입 밖으로 꺼내기 어려운 나쁜 생각들과 관련된 문항	점수가 높은 대학생들은 일반적인 부적응을 나타냄. 정서적 혼란감에 민감
PK	외상후 스트레스장애 (Post-Traumatic Stress Disorder, PTSD)	상당한 정서적 혼란을 시사, 불안, 걱정 및 수면장애를 다루는 문항, 죄책감과 우울을 시사하는 문항	PTSD에서 전형적으로 보이는 증상 및 행동을 많이 나타내는 경향

보충척도		문항 내용	높은 점수 해석
MDS	결혼생활 부적응 (Marital Distress Scale)	긍정적인 결혼생활 적응이 어렵다고 하는 사람들이 선택하는 방향으로 채점	불안이나 우울과 같은 다른 증상의 기저에 결혼생활 문제가 있는지 주의해서 살펴봐야 함
Ho	적대감 (Hostility)	냉소주의, 적대감, 공격적 반응, 적대적 귀인, 사회적 회피 등	신경증 성향 요소가 크며, 불안 및 우울감이 크고 신체증상을 더 호소하며 자신감도 낮음. 냉소적인 경향이 있고, 분노를 경험하고 외현적으로 적대적 행동을 드러내는 일이 더 많으며, 관상 동맥성 심장질환처럼 심각한 건강상의 문제가 있음
O-H	적대감-과잉통제 (Overcontrolled-Hostility)	극단적 폭력 범죄를 저지른 수감자, 다소 폭력적인 범죄를 저지른 수감자, 폭력 범죄가 아닌 범죄를 저지른 수감자 및 어떤 범죄를 저지르지 않은 일반인을 대상으로 문항 구성	높은 점수 : 교정 장면에서는 공격 및 폭력적 행동과 연관, 다른 장면에서는 사람들이 화가 났을 때 반응하는 전형적인 방식에 대해 어느 정도의 정보 제공 낮은 점수 : 만성적으로 공격적인 사람들이거나 적절하게 공격성을 표현하는 사람일 수 있음
MAC-R	MacAndrew의 알코올 중독 척도 (MacAndrew Alcoholism-Revised)	정신과 환자 중 알코올중독자와 알코올중독이 아닌 환자들을 변별하기 위해 개발	알코올이나 다른 물질남용 문제가 있을 수 있음
AAS	중독 인정 (Addiction Admission Scale)	물질남용과 관련된 명백한 내용을 포함하는 문항을 사용하여 개발	높은 점수 : 과도하게 술을 마실 뿐만 아니라 처방 전 없이 약을 복용함 낮은 점수 : 물질남용 문제를 드러내고 싶지 않은 사람
APS	중독 가능성 (Addiction Potential Scale)	현재 남용 문제의 유무를 떠나서 물질남용의 가능성 혹은 취약성을 측정, 현재 물질남용을 하고 있거나 과거에 그랬던 사람을 가려낼 수 있음	현재 남용 문제의 유무를 떠나서 물질남용의 가능성 혹은 취약성을 측정, 현재 물질남용을 하고 있거나 과거에 그랬던 사람을 가려낼 수 있음
GM	남성적 성역할 (Masculine Gender Role)	두려움, 불안 및 신체증상의 부인을 다루며, 극단적인 감수성을 부인하면서 자신을 독립적이고 단호하며 자신 있는 사람으로 나타내는 면과 연관	자신감, 인내력, 자기 창조감의 부족 및 다른 긍정적 특성들과 정적 상관
GF	여성적 성역할 (Feminine Gender Role)	비사회적이거나 반사회적인 행동의 부인과 연관, 과도한 감수성을 인정하는 문항으로 이뤄짐	히스테릭한 행동, 남성의 경우 분노 조절의 어려움, 그리고 남녀 모두의 경우 알코올 오용 및 처방 전 없는 약물 오남용 등 부정적인 특성과 상관

성격병리 5요인 척도

성격병리 5요인 척도(PSY-5)는 피검자의 주요 성격 특성에 대한 전체적인 윤곽을 제공하기 위하여 고안되었다. Widiger(1997)를 비롯한 일부 연구자들은 정신장애를 범주적으로 분류하는 체계에 문제가 있음을 지적하였다. 그들은 성격장애를 정상적인 성격 기능의 연장선상에서 개념화할 필요가 있다고 보았고 차원적으로 접근할 것을 제안하였다. 성격병리 5요인 척도는 정상적인 기능 및 임상적인 문제 모두와 관련된 성격 특질들을 평가하기 위해 제작된 척도이다.

성격병리 5요인 척도는 공격성, 정신증, 통제결여, 부정적 정서성/신경증, 내향성/낮은 긍정적 정서성의 다섯 가지이다. 성격병리 5요인 척도의 내용 및 해석은 〈표 4.11〉과 같다.

● 표 4.11 성격병리 5요인 척도 내용 및 해석

성격병리 5요인 척도		내용	해석
AGGR	공격성 (Aggressiveness)	모욕적이고 약탈적인 공격성, 다른 사람을 지배, 정복, 파괴하고자 하는 적대적인 욕구	높은 점수 : 다른 사람을 위협하는 것을 즐기고, 목표 달성을 위한 방법으로 공격성을 사용, PSY-5에서 공격성은 방어적이거나 반응적인 공격성에 강조점을 두지 않음
PSYC	정신증 (Psychoticism)	활성화된 정신병적·피해적 내용과 그 외 특이한 경험, 백일몽, 불신과 의심을 반영	높은 점수 : 관계 망상을 가지며, 사고가 와해되었고 기이하고 혼란되어 있으며 우원화되어 있으며 탈선된 사고를 보이는 경향
DISC	통제결여 (Disconstraint)	편의주의적 도덕성, 비행, 감각 추구, 충동성과 성적 탈억제, 대담성을 반영하는 행동 통제력 상실의 폭넓은 차원	높은 점수 : 더 위험 추구적이고 충동적이며 덜 관습적인 경향 낮은 점수 : 통제된 성격 유형을 보이는데, 위험 추구 경향이 적고 충동성이 낮으며 자기 통제와 지루한 것을 참는 힘이 강함
NEGE	부정적 정서성/신경증 (Negative Emotionality/ Neuroticism)	걱정, 초조, 불안, 긴장, 짜증과 분노, 두려움과 죄책감을 초래하는 스트레스에 압도된 느낌을 반영	높은 점수 : 들어오는 정보의 부정적 측면에 초점을 두고 걱정을 많이 하며 자기 비판적이 되고 죄책감을 쉽게 느끼며 최악의 시나리오를 만드는 경향
INTR	내향성/ 낮은 긍정적 정서성 (Introversion/ Low Positive Emotionality)	사회적 이탈 및 정서적 회복력 결여	높은 점수 : 기쁨을 느끼고 즐거운 어울림을 경험하는 능력이 부족한 것을 의미 낮은 점수 : 외향성/높은 긍정적 정서성의 패턴을 보이고 즐거움과 기쁨을 경험할 수 있는 능력이 있음을 의미. 경조증의 특성을 나타낼 수 있음

결정적 문항

결정적 문항은 환자를 선별하는 데 중지문항(stop item)으로 흔히 사용되는 일련의 문항들이다. 선택된 문항은 명백한 정신병적 행동이나 태도를 시사하는 문항들과 아울러 물질 사용이나 반사회적 태도, 가족 간의 갈등, 성적 관심, 신체적 호소를 반영하는 문항이다. MMPI-2에서는 Koss-Butcher와 Lachar-Wrobel의 결정적 문항을 채택하고 있다. 두 척도 모두 우울, 불안 등의 부적 정서, 분노와 폭력, 알코올이나 물질남용과 관련된 문제, 특이한 믿음이나 경험 혹은 정신병적 혼란과 관련된 내용을 포함하고 있다.

MMPI-A

검사 소개

청소년용 다면적 인성검사(MMPI-A; Butcher et al., 1992)는 MMPI의 청소년용으로 국내에서는 김중술 등(2005)이 표준화 연구를 진행하여 출간하였다. 원판 MMPI의 기본 타당도 척도와 임상척도의 틀을 유지하되 MMPI-2와 마찬가지고 새로운 타당도 척도, 내용척도, 보충척도 및 PSY-5 척도가 추가되었다. 성인과 청소년기 발달 단계, 사회-문화적 환경의 차이를 고려해 청소년들에게 적용하기 적절치 않은 문항은 삭제하거나 청소년들에 맞게 수정했고, 청소년기의 독특한 영역을 다루기 위해 새로운 문항들이 추가돼 총 478문항으로 구성되었다.

MMPI-A는 14~18세(한국의 경우 13~18세)의 청소년에게 실시할 수 있다. 청소년과 검사 지시를 같이 살펴보면서 청소년의 읽기 수준을 파악하고 또한 검사 문항에 대해 사전적 설명 이상의 도움을 주지 않도록 한다. 검사 중 청소년을 혼자 내버려 두는 것이나 집에 가서 해 오도록 검사지를 주는 것은 금기사항이다.

척도의 구성

타당도 척도

MMPI-A의 기본적인 타당도 척도(?, VRIN, TRIN, F, L, K)와 10개 임상척도의 구성은

MMPI와 동일하나 각 척도에 포함되는 문항에는 차이가 있다. 또한 타당도 척도 중 F척도는 F1(검사 전반부의 비전형적 양상), F2(검사 후반부의 비전형적 양상)로 구분된다. MMPI-A 에서는 K 교정점수를 사용하지 않는다.

1. 측정 내용

무응답(?)은 청소년의 경우 10개 이하는 보통이고, 11~13개도 예상 외로 많다. 31개 이상 은 타당하지 않은 프로파일로 간주한다. 청소년 규준집단에서 20% 미만의 응답비율을 보 인 문항들로 구성되었으며, 원판 MMPI의 F척도 이외의 문항에서 12문항이 추가되었다. MMPI-A에 고유한 새로운 17문항이 추가되었다. 타당도 척도의 내용은 〈표 4.12〉와 같다.

● **표 4.12 타당도 척도 내용**

척도명		측정 내용
?	무응답 척도 (Cannot Say)	응답하지 않았거나 '예', '아니요' 모두에 응답한 문항의 전체 수
VRIN	무선반응 비일관성 척도 (Variable Response INconsistency)	검사문항에 대해 무분별하게 응답하는 경향을 측정
TRIN	고정반응 비일관성 척도 (True Response INconsistency)	무분별하게 '예' 혹은 '아니요'로 답한 경향을 측정
F1	비전형 1 (InFrequency 1) (전반부의 비전형적 양상)	문항 1~350번 사이인 검사 전반부의 비전형 양상을 측정
F2	비전형 2 (InFrequency 2) (후반부의 비전형적 양상)	문항 242번부터 시작되는 검사 후반부의 비전형 양상을 측정
F	비전형 척도 (inFrequency)	심각한 부적응, 지나치게 솔직한 경향, 부주의 혹은 일관되지 않게 반응하는 경향을 측정
L	부인 척도 (Lie)	비교적 사소한 결점이나 단점들을 부인하는 방식으로 응답하였는지를 측정
K	방어성 척도 (Defensiveness)	방어적인 검사 태도의 가능성을 측정

임상척도

MMPI-A의 10개의 임상척도는 MMPI-2와 같다. MMPI-A에는 10개 임상척도에 기초한 Haria-Ringoes의 임상소척도는 개발되어 있지 않다. 임상척도에서 65 이상의 T점수는 임상적으로 유의미한 것으로 간주될 수 있다. 60~64 사이의 T점수 역시 높은 점수로 해석될 수 있다. 청소년의 경우 임상척도의 낮은 점수가 어떠한 의미인지에 대해서는 거의 알려진 바가 없다. 임상척도의 구성은 〈표 4.13〉과 같다.

● 표 4.13 임상척도 구성

척도 기호	임상척도	척도 구성
Hs	건강염려증 (Hypochondriasis)	건강 질병 및 신체기능에 대한 과도한 집착과 신체 전반에 걸친 모호한 기능 이상 및 염려를 측정
D	우울증 (Depression)	검사 당시의 비관 및 슬픔의 정도와 기분 상태 및 우울증의 다양한 증상 및 행동적인 특징들을 측정
Hy	히스테리 (Hysteria)	심리적 · 신체적 문제에 대한 전반적인 부인과 사회적 상황에 대한 불편감 부인, 다양하고 구체적인 신체적인 불평 및 기능저하의 정도를 측정
Pd	반사회성 (Psychopathic Deviate)	삶에 대한 불만족, 가정이나 권위적 대상에 대한 불만, 가족 문제, 일탈 행동, 성 문제, 사회와의 괴리 등을 주로 측정
Mf	남성성 - 여성성 (Masculinity - Femininity)	남성의 경우 전형적인 여성적 흥미와 관심 패턴을, 여성의 경우는 전형적인 남성의 흥미와 패턴을 측정
Pa	편집증 (Paranoia)	관계사고, 의심, 경계, 피해의식, 대인관계의 위축 및 도덕적인 자기 정당화와 관련된 내용을 측정
Pt	강박증 (Psychasthemia)	불안, 우울 및 다른 정서적 고통과 관련된 것으로 신체적인 호소, 불행감, 주의집중 곤란, 강박적 사고, 불안, 열등감 등의 다양한 증상 영역을 측정
Sc	조현병 (Schizophrenia)	정신적 혼란을 측정하는 척도로서 기태적인 사고과정, 특이한 지각경험, 사회적 고립, 기분과 행동의 장애, 주의집중 및 충동 통제의 어려움 등의 내용을 측정
Ma	경조증 (Hypomania)	열정 및 에너지를 측정하는 척도로서 과장성, 감정적 흥분성, 사고의 비약, 자기중심성, 기분의 고양, 인지적, 행동적 과잉활동 등을 측정
Si	내향성 (Social Introversion)	사회적인 불편감, 예민성, 내향성, 수줍음 등과 같은 사회적 관여의 정도를 측정

내용척도

16개의 잠재적인 MMPI-A의 내용척도가 구성되었다. MMPI-A의 내용척도의 경우 기본적으로 MMPI-2와 유사하지만 공포(FRS), 반사회적 특성(ASP), A 유형의 행동(TRA), 직업적 곤란(WRK) 등은 제외되었으며, 소외(A-ain), 품행 문제(A-con), 낮은 포부(A-las), 학교 문제(A-ach) 등이 추가되었다. 또한 품행 문제 척도(A-con)는 MMPI-2의 반사회적 특성 척도(ASP)를 대체하기 위해서 새롭게 개발되었다. 성인과의 구별을 위해 'A-'를 붙이고 뒤에 척도명에 소문자로 표기하였다.

1. 측정 내용

내용척도 및 내용소척도의 내용은 〈표 4.14〉와 같다.

● 표 4.14 내용척도 및 내용소척도 내용

내용척도		내용	내용소척도		내용
A-anx	불안 (Adolescent-Anxiety)	긴장, 잦은 걱정, 수면장애 등의 불안증상, 혼란, 주의집중의 어려움, 과제 지속의 어려움			
A-obs	강박성 (Adolescent-obsessiveness)	사소한 일에 대한 과도한 걱정, 나쁜 말에 대한 반추적 사고, 결정을 어려워함			
A-dep	우울 (Adolescent-Depression)	우울증상의 측정	A-dep 1	기분부전	피검자가 우울한 기분과 관련되는 많은 증상들을 보고하고 피검자가 쉽게 회복되지 않는 울적한 기분을 반복적으로 경험
			A-dep 2	자기비하	부정적인 자기개념과 관련, 피검자는 자신이 쓸모없고 무기력하다고 느낄 수 있고, 자신의 능력에 대해 부정적으로 지각
			A-dep 3	동기 결여	피검자가 어떤 일을 계속할 수 없고 끝마칠 수 없을 것 같은 느낌을 보고
			A-dep 4	자살 사고	피검자가 현재 자살에 대해 생각하고 있거나 이미 자살을 시도하였음을 시사

내용척도		내용	내용소척도		내용
A-hea	건강염려 (Adolescent- Health Concerns)	신체증상에 대한 호소를 측정	A-hea 1	소화기 증상	피검자의 상당수가 소화기 계통에 불편을 보고, 자신의 소화기 기능 에 집착하고 있을 가능성이 있고 복통증상을 반복적으로 호소
			A-hea 2	신경학적 증상	피검자가 평균보다 많은 신경학적 기능과 관련된 불편을 보고
			A-hea 3	일반적인 건강염려	피검자가 자신의 건강 상태가 나 쁘다고 믿는 건강 염려를 시사. 타 인이 볼 때 건강에 대해 지나치게 걱정하는 것 같음
A-aln*	소외 (Adolescent- Alienation)	타인과의 정서적 거리감 측정	A-aln 1	이해받지 못함	피검자가 부모를 포함한 타인들이 자신을 이해하지 못했다고 느끼고 있음을 시사. 청소년들의 사회적 철수로 연결
			A-aln 2	사회적 소외	피검자가 사회적 상황(특히 또래 와의 관계)에서 소외되고 불편하 게 느끼고 있음을 시사. 사회적 기 술의 결함을 가지고 있을 가능성
			A-aln 3	대인관계 회의	피검자가 타인들이 자신에 대해 지지적이지 않거나 때로는 적대적 이라고 느끼고 있음을 시사
A-biz	기태적 정신 상태 (Adolescent- Bizarre Mentaion)	정상집단은 일반 적인 부적응과 관 련되며, 임상집 단은 기태적인 감 각 경험이나 정신 병과 관련된 다른 증상 및 행동을 측정	A-biz 1	정신증적 증상	피검자가 상당수의 명백한 정신증 적 증상을 보고. 정신증과 관련된 망상이나 환각의 존재를 시사
			A-biz 2	편집증적 사고	피검자가 조현병의 편집형, 망상 장애, 편집증적 사고가 특징적인 성격장애 등과 관련되는 증상들을 보고
A-ang	분노 (Adolescent- Anger)	분노조절과 관련 된 문제를 측정	A-ang 1	폭발적 행동	피검자가 상당한 폭력적·폭발적 경향성(예: 물건을 부수거나 파괴 하는 행동, 주먹 다툼을 하는 행동 등)을 보이고 있음을 시사
			A-ang 2	성마름	피검자가 겉으로는 표현되지 않는 분노와 성마름을 품고 있음을 시사
A-cyn	냉소적 태도 (Adolescent- Cynicis)	염세적인 태도를 측정	A-cyn 1	염세적 신념	피검자가 '사람들은 일반적으로 자기 자신만의 이익에만 관심이 있다'고 믿고 있음을 시사

● 표 4.14 내용척도 및 내용소척도 내용(계속)

내용척도		내용	내용소척도		내용
A-cyn	냉소적 태도 (Adolescent-Cynicis)	염세적인 태도를 측정	A-cyn 2	대인 의심	피검자가 타인들이 자신에게 해를 끼칠 것이라는 의심과 관련된 냉소성이 높음을 시사
A-con*	품행 문제 (Adolescent-Conduct Problems)	절도, 좀도둑질, 거짓말, 기물파손, 무례, 욕설, 반항적 행동과 같은 다양한 행동 문제를 측정	A-con 1	표출 행동	피검자가 과거에 절도나 도둑질과 같은 반사회적 행동을 보였을 가능성이 높음을 의미. 품행장애나 반항장애와 관련된 증상들을 보일 수 있음
			A-con 2	반사회적 태도	피검자가 반사회적인 태도와 믿음을 가지고 있을 가능성을 시사
			A-con 3	또래집단의 부정적 영향	피검자가 어울리는 또래집단이 피검자의 행동 문제에 부정적인 영향을 끼치고 있음을 시사
A-lse	낮은 자존감 (Adolescent-Low Self-Esteem)	자신에 대한 부정적인 견해를 측정	A-lse 1	자기 회의	청소년들은 자기 자신을 낮게 평가하고, 타인이 자신을 호의적으로 보지 않을 것이라고 믿음. 자기 확신이 부족하고, 자기 비난적인 생각을 가질 수 있음
			A-lse 2	순종성	청소년들은 타인의 뜻에 쉽게 따르고, 논쟁에서 자신의 의견을 쉽게 포기하며, 타인의 충고나 리드에 잘 따르고, 주도적인 모습을 보이지 않음
A-las*	낮은 포부 (Adolescent-Low Aspirations)	저조한 학업 수행 및 학교 활동 참가 회피를 측정	A-las 1	낮은 성취성	피검자가 강한 학업적 성취와 관련된 행동이나 태도(예 : 세상에 대해 배우거나 독서에 대한 관심)를 보이지 않음을 의미. 청소년들은 무단결석이나 등교 거부 등의 문제를 자주 보일 수 있음
			A-las 2	주도성 결여	청소년들은 자신의 삶의 방향에 대해 수동적이거나 무관심할 수 있음. 스스로 목표를 성취하거나 문제를 해결하는 능력이 없다고 느낄 수 있음
A-sod	사회적 불편감 (Adolescent-Social Discomfort)	사회적 불편감 및 사회적위축을 측정	A-sod 1	내향성	피검자가 대인관계 접촉을 회피할 만큼 타인과 함께 있는 것을 싫어할 가능성

내용척도		내용	내용소척도		내용
A-sod	사회적 불편감 (Adolescent -Social Discomfort)	사회적 불편감 및 사회적 위축을 측정	A-sod 2	수줍음	피검자가 사회적 상황에서 수줍어하고 불편해하는 경향이 있음을 시사. 특히 낯선 사람이나 자신이 잘 모르는 사람들과 어울리는 것을 어려워함
A-fam	가정 문제 (Adolescent- Family Problems)	부모와의 갈등 및 부모 간 갈등을 측정	A-fam 1	가정불화	청소년들은 상당한 수준의 가족 내 갈등을 경험하고 있을 가능성. 특히 여자 청소년들이 이 척도에서 점수 상승을 보이는 경우, 학대에 대한 평가가 요구될 수 있음
			A-fam 2	가족 내 소외	피검자가 자신의 가족으로부터 소외되어 있다고 느끼고 있음
A-sch*	학교 문제 (Adolescent- School Problems)	학업 문제 및 학교에서의 행동 문제들을 측정, 일반적 부적응의 좋은 지표	A-sch 1	학교품행 문제	피검자가 자신의 가족으로부터 소외되어 있다고 느끼고 있음을 시사
			A-sch 2	부정적 태도	피검자가 학교에 가치를 두지 않고 교사 및 학교와 관계된 일들을 싫어함을 시사
A-trt	부정적 치료지표 (Adolescent -Negative Treatment Indicators)	의사나 정신건강 전문가에 대한 부정적인 태도를 측정	A-trt 1	낮은 동기	피검자가 무관심하고, 동기가 결여되고 있으며, 스스로를 위해 어떤 일을 해야 할지 모르는 상태에 있음을 시사
			A-trt 2	낮은 자기 개방	청소년들은 치료자를 포함한 타인에게 스스로를 개방하지 못함. 피검자들은 수치심이나 죄책감을 가지고 있을 수 있음

* MMPI-2에서 MMPI-A에 추가된 사항

2. 척도 해석

내용척도의 해석은 〈표 4.15〉에 설명되어 있다.

척도명		측정 내용
A-anx	불안	긴장, 잦은 걱정, 수면장애 등의 불안 증상을 보고한다. 또한 혼란, 주의집중의 어려움, 그리고 과제 지속의 어려움을 호소한다. 이 척도는 불안, 우울, 신체 증상 호소와 같이 특정 증상들 뿐만 아니라 전반적인 부적응과도 높은 상관을 보인다.
A-obs	강박성	종종 사소한 일에 대한 과도한 걱정을 보고한다. 이들은 "나쁜 말"에 대한 반추적인 사고를 보이기도 하고, 중요하지 않은 것을 반복적으로 세기도 한다. 걱정 때문에 잠을 이루지 못하기도 한다.
A-dep	우울	우울증의 많은 증상들을 보고하고 자주 울고 쉽게 피곤을 느낀다. 다른 사람들이 자신보다 더 행복하다고 느끼며, 자신의 삶에 만족을 느끼지 못한다. 무망감, 주변 일에 대한 무관심, 일을 어렵게 받아들이는 경향이 있다.
A-hea	건강염려	다양한 신체 증상을 호소하고 이로 인해 방과 후 활동을 즐기지 못하며 학교에 자주 결석하게 된다고 보고한다. 신체 증상 호소는 여러 신체 기능에 걸쳐서 나타난다(소화기 증상, 신경학적 문제, 감각의 문제, 심장혈관계 증상, 피부 문제, 호흡 문제, 그리고 통증).
A-aln*	소외	다른 사람들과 상당한 정서적 거리를 느끼며 지낸다고 보고한다. 이들은 살면서 정당한 대접을 받지 못해 왔다고 믿으며, 또한 부모나 가까운 친구를 포함해서 어느 누구도 자신을 돌보거나 이해하지 못한다고 믿는다. 다른 사람들이 자신을 좋아할 것이라고 믿지 않는다.
A-biz	기태적 정신 상태	환청, 환시, 환후 등을 포함하여 이상한 생각과 경험을 보고한다. 자신의 경험을 이상하거나 흔치 않은 것으로 느끼고, 자신의 정신에 뭔가 문제가 있다고 믿는다. 편집적 사고를 보고한다.
A-ang	분노	분노 조절과 관련된 많은 문제들을 보고한다. 이들은 종종 욕설을 퍼붓거나 물건을 부수거나 주먹다짐을 하고 싶은 충동을 느끼며, 때로는 실제 물건을 부수거나 파손하여 곤경에 처하기도 한다. 화를 잘 내고 참을성이 부족하여 문제를 야기한다.
A-cyn	냉소적 태도	염세적인 태도를 지니고 있다. 다른 사람들이 자신을 이용하려 하며, 이익을 얻기 위하여 공정하지 못한 수단을 사용할 것이라고 믿는다. 다른 사람들이 자신에게 잘 대해 주면 숨은 동기가 없는지를 찾으려고 한다. 다른 사람들이 친절하게 다가온다고 느껴지면 오히려 경계한다.
A-con*	품행 문제	사귀는 또래집단 또한 종종 곤경에 빠지며, 이들에게 해서는 안 되는 일에 동참하도록 권유하는 경향이 있다. 이들은 재미 삼아 다른 사람들이 자신을 두려워하게끔 만들려고 노력한다. 이들은 과거에 어느 누구에게도 말할 수 없는 나쁜 짓을 했다는 것을 인정한다.
A-lse	낮은 자존감	자신은 매력이 없으며, 자신감이 부족하고, 쓸모없는 존재이며, 능력이 없고, 결점이 많으며, 어떤 일도 잘하지 못한다고 생각하는 등, 자신에 대해 부정적인 견해를 보고한다. 다른 사람의 압력에 쉽게 굴복하여, 논쟁에서 밀리거나 자신의 의견을 바꾼다. 자신들이 해결해야 할 문제가 생기면 다른 사람에게 책임을 떠맡기려는 경향을 보인다. 혼자 힘으로는 자신의 미래를 계획할 수 없다고 생각한다.

척도명		측정 내용
A-las*	낮은 포부	성공하는 것에 대해 흥미를 보이지 않는다. 공부를 하거나 책 읽는 것을 좋아하지 않는 다. 심각하거나 진지한 주제에 대한 강의를 싫어하며, 그다지 주의를 기울이지 않아도 되는 일을 더 선호한다. 이들은 성공을 기대하지 않는다. 일을 시작하는 것을 힘들어하고 뭔가 일이 잘못되면 쉽게 포기해 버린다.
A-sod	사회적 불편감	사람들과 함께 있는 것이 힘들다고 보고한다. 수줍음이 많으며, 혼자 있는 것을 더 선호한다. 이들은 주변에 사람들이 있는 것을 싫어하며, 자주 다른 사람들을 피한다. 파티나 사람이 밀집된 장소, 춤이나 다른 사회적인 모임을 좋아하지 않는다. 상대방이 먼저 말을 걸지 않는 한 자신이 먼저 말하지 않으려는 경향이 있다.
A-fam	가정 문제	부모나 다른 가족 구성원들과 많은 문제가 있다고 보고한다. 가정은 가족 간 불화, 질투, 흠집 내기, 분노, 구타, 심각한 의견 불일치, 사랑과 이해의 결핍, 제한적인 의사소통 등의 특징이 있고, 자신이 어려울 때 가족에 의지할 수 있을 것이라고 믿지 않는다. 부모가 자신의 친구들을 싫어한다고 보고한다.
A-sch*	학교 문제	학교에서의 많은 문제들을 보고한다. 저조한 성적, 정학, 무단결석, 교사에 대한 부정적 태도, 학교에 대한 혐오 등을 특징적으로 보인다. 학교에서 유일하게 즐거움을 느끼는 부분이 있다면, 이는 친구들과 함께 있는 것뿐이다. 학교 내에서 스포츠나 기타 활동에 참여하지 않는다.
A-trt	부정적 치료지표	다른 사람들이 자신을 이해할 수 있을 것이라거나 자신의 문제에 대해 관심을 보일 것이라고 믿지 않는다. 이들은 자신의 문제나 어려움의 책임을 떠맡아 직면하려 하지 않는다. 자신의 결함과 나쁜 습관은 극복할 수 없는 것이라고 느낀다. 이들은 자신의 미래를 스스로 계획할 수 있을 것으로 느끼지 않는다.

* MMPI-2에서 MMPI-A에 추가된 사항

보충척도

MMPI-A의 보충척도는 총 6개의 척도로 구성되어 있는데, MMPI-2에 사용되는 알코올 중독 척도, 불안 척도, 억압 척도 등 일부 다 포함되는 한편, 알코올/약물 문제 인정 척도, 알코올/약물 문제 가능성 척도, 미성숙 척도가 새롭게 개발되었다. 보충척도의 내용은 〈표 4.16〉과 같다.

● 표 4.16 보충척도 내용

척도명		측정 내용
MAC-R	MacAndrew의 알코올중독 (MacAndrew Alcoholism-Revised)	물질남용과 관련된 문제를 측정하고 외향적이고 자기과시적이며 모험적인 경향성을 측정

척도명		측정 내용
ACK*	알코올/약물 문제 인정 (Alcohol/Drug Problem Ackmowledgment)	알코올이나 다른 약물 사용과 관련된 문제를 인정하는 정도를 측정
PRO*	알코올/약물 문제 가능성 (Alcohol/Drug Problem Proneness)	알코올이나 약물 문제를 보일 가능성을 측정
IMM*	미성숙(Immaturity)	대인관계 양식, 인지적 복합성, 자기인식, 판단력 및 충동조절의 측면에서 미성숙함을 측정
A	불안(Anxiety)	심리적 고통 불안, 불편감, 일반적인 정서적 혼란을 측정
R	억압(Repression)	관습적이고 복종적인 태도, 불쾌한 상황에 대한 회피 경향성을 측정

* : MMPI-2에서 MMPI-A에 추가된 사항

성격병리 5요인 척도

MMPI-A의 PSY-5척도는 MMPI-2와 마찬가지로 공격성(AGGR), 정신증 척도(PSYC), 통제결여 척도(DISC), 부정적 정서성/신경증 척도(NEGE) 및 내향성/낮은 긍정적 정서성(INTR)의 다섯 가지로 구성되어 있으며, 수검자의 정신병리의 분류보다는 개인의 특질이나 성향이 관련된 정보를 제공한다.

PSY-5 척도는 주요 정신병리의 분류보다는 특질이나 성향의 개인차에 강조를 둔다는 점에서 MMPI-A의 다른 척도들과 구별된다. 〈표 4.17〉에 성격병리 5요인 척도의 내용 및 해석이 설명되어 있다.

● 표 4.17 성격병리 5요인 척도 내용 및 해석

성격병리 5요인 척도		내용	해석
AGGR	공격성 (Aggressiveness)	모욕적이고 약탈적인 공격성, 다른 사람을 지배, 정복, 파괴하고자 하는 적대적인 욕구	높은 점수 : 다른 사람을 위협하는 것을 즐기고, 목표 달성을 위한 방법으로 공격성을 사용, PSY-5 공격성은 방어적이거나 반응적인 공격성에 강조점을 두지 않음

성격병리 5요인 척도		내용	해석
PSYC	정신증 (Psychoticism)	활성화된 정신병적 · 피해적 내용과 그 외 특이한 경험, 백일몽, 불신과 의심을 반영	높은 점수 : 관계 망상을 가지며, 사고가 와해되고, 기이하고, 혼란되어 있으며, 우원화되어 있으며 탈선된 사고를 보이는 경향
DISC	통제결여 (Disconstraint)	편의주의적 도덕성, 비행, 감각 추구, 충동성과 성적 탈억제, 대담성을 반영하는 행동 통제력 상실의 폭넓은 차원	높은 점수 : 더 위험 추구적이고, 충동적이고, 덜 관습적인 경향 낮은 점수 : 통제된 성격 유형을 보이는데, 위험 추구 경향이 적고, 충동성이 낮으며, 자기 통제와 지루한 것을 참는 힘이 강함
NEGE	부정적 정서성/ 신경증(Negative Emotionality/ Neuroticism)	걱정, 초조, 불안, 긴장, 짜증과 분노, 두려움과 죄책감을 초래하는 스트레스에 압도된 느낌을 반영	높은 점수 : 들어오는 정보의 부정적 측면에 초점을 두고, 걱정을 많이 하고, 자기 비판적이 되고, 죄책감을 쉽게 느끼고, 최악의 시나리오를 만드는 경향
INTR	내향성/낮은 긍정적 정서성 (Introversion/ Low Positive Emotionality)	사회적 이탈 및 정서적 회복력 결여	높은 점수 : 기쁨을 느끼고 즐거운 어울림을 경험하는 능력이 부족한 것을 의미 낮은 점수 : 외향성/높은 긍정적 정서성의 패턴을 보이고, 즐거움과 기쁨을 경험할 수 있는 능력이 있음을 의미. 경조증의 특성을 나타낼 수 있음

결정적 문항

Forbey와 Ben-Porath(1998)는 MMPI-A를 위한 결정적 문항들을 개발하기 위해 경험적이면서도 이성적인 전략을 함께 사용했다. 규준표본과 여러 청소년 임상 표본 간의 응답 빈도를 비교하여 규준 청소년들은 그다지 응답하지 않는 반면에 임상 청소년들은 빈번하게 응답한 문항들을 추출했다. 결정적 문항은 82문항이 포함되었으며 열다섯 가지로 범주화되었다. 공격, 불안, 인지적 문제, 품행 문제, 우울/자살 사고, 섭식 문제, 가족 문제, 환각 경험, 편집증적 사고, 학교 문제, 자기 폄하, 성적인 걱정, 신체적 호소, 물질 사용/남용, 그리고 기이한 사고 등이다. 결정적 문항에 대한 해석은 〈표 4.18〉과 같다.

결정적 문항	해석
결정적 반응	결정적 문항은 청소년이 보고한 문제의 본질과 심각성에 대한 정보를 제공한다. 예를 들어, 결과 프로파일이 우울과 관련된 문제를 시사한다면 우울/자살 사고 범주에 속한 결정적 문항을 검토함으로써 실제로 피검자가 자살행동에 대한 위협을 반영하는 문항들에 '그렇다'라고 반응했는지 여부를 알 수 있다.
검사결과에 대한 피드백	피검자에게 MMPI-A 결과에 대한 피드백을 제공할 때 결정적 문항들이 다양한 방식으로 사용될 수 있다. 일례로, 피검자의 어려움에 대한 치료적 토론을 시작할 때 결정적 문항이 활용될 수 있다.

임상적 해석의 유의사항

첫째, 면담, 관찰결과, 기타 배경정보를 고려해야 한다. MMPI-A의 결과를 통해 추론한 정보에 면담, 관찰결과, 기타 배경정보와 일치하는지 확인하고, 일치하지 않는 경우 그 이유를 확인하여 조심스럽게 결과를 해석해야 한다. 둘째, 불일치하는 결과의 해석을 고려해야 한다. MMPI-A의 결과를 통해 추론한 정보들이 서로 불일치할 경우, 가능한 점수가 높이 상승된 척도로부터 유추한 결과 및 임상척도로부터 유추한 결과를 보다 우선적으로 고려해야 한다.

MMPI-2와 MMPI-A의 비교

〈표 4.19〉에 MMPI-2와 MMPI-A에 대한 비교가 제시되어 있다.

● 표 4.19 MMPI-2와 MMPI-A의 비교

항목	MMPI-2	MMPI-A
문항 수	567문항	478문항
반복문항	없음	없음
부적절한 문항	부적절한 문항 삭제 14%의 문항의 단어나 표현이 수정됨	부적절한 문항 삭제 단어나 표현의 수정은 물론 청소년의 시각에 알맞은 표현으로 문항 기술
문항의 채점	채점에 사용되지 않는 문항 삭제 자살, 약물 및 알코올 남용, A 유형 행동, 대인관계, 치료 순응 등의 중요 내용 영역의 문항 추가	채점에 사용되지 않는 문항 삭제 청소년에게 중요한 내용 영역의 문항 추가

항목	MMPI-2	MMPI-A
T점수	Uniform T 점수 사용 (8개의 임상척도, 재구성 임상척도, 내용척도, PSY-5 척도에 적용)	Uniform T 점수 사용 (8개의 임상척도, 내용척도, PSY-5 척도에 적용)
규준연령	(미국) 18~84세 (한국) 19~78세	(미국) 14~18세 (한국) 13~18세
타당도 척도	9개[?, VRIN, TRIN, F, F(B), F(P), L, K, S]	8개(?, VRIN, TRIN, F, F1, F2, L, K)
임상척도	10개 F, Hs, D, Mf, Si 척도에서 13개의 부적절한 문항 삭제	MMPI-2와 동일한 10개의 임상척도 Mf와 Si 척도에서 문항 수가 줄어듦
K 교정점수	Hs, Pd, Pt, Sc, Ma 척도에 K 교정 적용	K 교정을 적용하지 않음
재구성 임상척도	9개의 재구성 임상척도 개발	없음
Si 척도	Si에 대한 새로운 하위 척도 개발	MMPI-2와 동일
내용척도	확장된 문항을 기초로 15개의 새로운 내용 척도 개발	청소년의 문제에 적합한 15개의 새로운 내용 척도 개발
알코올/약물 문제	MAC Scale-Revised, APS(Addiction Potential Scale), AAS(Addiction Admission Scale)	MAC Scale-Revised, PRO(Alcohol and Drug Problem Proneness), ACK(Alcohol and Drug Problem Acknowledgement Scale)
핵심 문항	Koss-Butcher critical items에 depressed-suicide와 alcohol-crises 영역 추가	경험적으로 도출된 critical items 없음

PAI

PAI-II

검사 소개

성격평가질문지(Personality Assessment Inventory, PAI)란 성인의 다양한 정신병리를 측정하기 위해 Morey(1991)가 제작하여 미국에서 표준화되었으며 김영환 등(2001)에 의해 한국에서 재표준화된 성격검사이다. 임상진단, 치료계획 및 진단과 집단을 변별하는 데 정보를 제공해 줄 수 있을 뿐만 아니라 정상인에게도 적용할 수 있는 성격검사이다. 과거 정신장애 진단분류에서 중요하게 다루어지는 임상증후군들을 선별하여 측정할 수 있도록 하였다.

검사의 특징

PAI의 특징은 다음과 같다. 첫째, 환자집단의 성격 및 정신병리적 특징뿐만 아니라 정상 성인의 성격평가에 매우 유용하다. 일반적인 성격검사들이 환자집단에 유용하고 정상인의 성격을 판단하는 데 다소 제한적이지만, PAI는 두 장면 모두에서 유용하다. 둘째, DSM-5의 진단분류에 가장 가까운 정보를 제공한다. 셋째, 행동손상 정도 및 주관적 불편감 수준을 정확히 파악할 수 있는 4점 평정척도로 구성되었다. 대부분의 질문지형 성격검사가 '예/아니요'라는 양분법적 반응양식으로 되어 있으나, PAI는 4점 평정척도로 이루어져 있어서 행동의 손상 정도 또는 주관적 불편감 수준을 정확히 측정하고 평가할 수 있다. 넷째, 분할 점수를 사용한 각종 장애의 진단 및 반응 탐지에 유용하다. 꾀병이나 과장 및 무선적 반응과 부정적 반응왜곡, 물질남용으로 인한 문제의 부인과 긍정적 또는 방어적 반응왜곡의 탐지에 특히 유용하다. 다섯째, 각 척도는 3~4개의 하위척도로 구분되어 있어서 장애의 상대적 속성을 정확히 측정하고 평가할 수 있다. 10개 척도는 해석을 용이하게 하고 임상적 구성개념을 포괄적으로 다루기 위해 개념적으로 유도한 3~4개의 하위척도를 포함하고 있어서 장애의 상대적 속성을 정확하게 측정 및 평가할 수 있다. 여섯째, 높은 변별타당도 및 여러 가지 유용한 지표를 활용한다. 문항을 중복시키지 않아서 변별타당도가 높고 꾀병지표, 방어성지표, 자살가능성 지표 등과 같은 여러 가지 유용한 지표가 있다. 일곱째, 임상척도의 의미를 보다 정확하게 평가할 수 있는 결정 문항지를 제시한다. 환자가 질문지에 반응한 것을 분석하는 데 그치지 않고 임상 장면에서 반드시 확인해야 할 결정문항을 제시하고 있다. 따라서 그 내용을 직접 환자에게 물어봄으로써 추가적인 정보를 수집할 수 있을 뿐만 아니라 임상척도의 의미를 보다 정확하게 평가할 수 있다는 이점이 있다. 여덟째, 수검자가 경험하고 있는 다양한 증상이나 심리적 갈등을 이해하는 데 도움을 준다. 결정문항 기록지를 통해 수검자를 이해하고 프로파일의 의미를 구체화시키고 해석하는 데 도움이 된다. 아홉째, 채점 및 표준점수 환산과정이 편리하고 채점판을 사용하지 않고 채점할 수 있어서 채점하기 용이하다. 또한 프로파일 기록지에 원점수와 T점수가 같이 기록되어 있어서 규준표를 찾아야 하는 번거로움이 없다. 온라인 검사로 PAI를 실시할 경우 검사 실시 후 실시간으로 결과를 바로 확인할 수 있다.

검사대상은 18세 이상에 속하는 성인(PAI)의 임상적 문제를 평가하기 위해 제작되었으나 18세 미만의 중·고등학생(PAI-A)도 검사 가능하다. 교육 수준은 4학년 정도의 독해능력이 있어야 한다. 수검자가 자기 보고형 검사를 실시하는 데 필요한 신체적·정서적 요건을 갖추고 있어야 한다.

척도의 구성

주요 척도는 다음과 같다.

- 타당도 척도 : 비일관성(ICN), 저빈도(INF), 부정적 인상(NIM), 긍정적 인상(PIM)
- 임상척도 : 신체적 호소(SOM), 불안(ANX), 불안관련 장애(ARD), 우울(DEP), 조증(MAN), 망상(PAR), 조현병(SCZ), 경계선 특징(BOR), 반사회적 특징(ANT), 알코올 문제(ALC), 약물 문제(DRG)
- 치료척도 : 공격성(AGG), 자살관념(SUI), 스트레스(STR), 비지지(NON), 치료거부(RXR)
- 대인관계척도 : 지배성(DOM), 온정성(WRM)

타당도 척도

무응답 문항이 17개 이상이면 수검자에게 다시 응답하도록 지시하고 무응답 문항은 0점을 주며 척도별 무응답 문항이 20% 이상이면 해석하지 않는다. 비일관성 척도(ICN)의 채점은 프로파일 기록지 뒷면 하단에 있는 계산표의 항목에서 10개의 문항 쌍의 점수를 빼서 절대값을 계산한다.

PAI에는 검사결과를 왜곡시킬 수 있는 요인을 평가하는 4개의 타당도 척도가 있다. PAI 프로파일의 의미를 해석하기 위한 두 번째 단계는 이러한 요인들 중 어떤 요인이 수검자의 반응에 영향을 주었는지 밝히는 것이다. 타당도 척도 중 어느 한 척도라도 상승해 있을 경우 프로파일을 신중하게 해석해야 한다. 일반적으로 타당도 척도의 점수가 임상표본의 평균에서 2표준편차 이상 벗어나면 프로파일이 왜곡되었을 가능성이 높고, 타당하지 못한 프로파일로 볼 수 있다. 타당도 척도의 내용 및 해석은 〈표 5.1〉과 같다.

	타당도 척도	내용	해석
ICN	비일관성척도 (Inconsistency)	문항에 대한 반응의 과정에서 수검자의 일관성 있는 반응의 태도를 알아보기 위한 정적 또는 부적 상관이 높은 문항	유사한 문항에 대해 일관성 있게 반응하지 않는다. 수검자의 부주의나 정신적 혼란, 인상을 관리하려는 시도가 작용했을 가능성이 높다. 점수가 높은 경우 문항에 대한 주의를 기울이지 않았거나 독해력 결함, 정신적 혼란, 채점 오류, 검사지시에 대한 이해 부족일 수 있다.
INF	저빈도척도 (Infrequency)	부주의하거나 무선적인 반응 태도를 확인하기 위하여 정신병적 측면에서 중립적이고 대부분의 사람들이 극단적으로 인정하거나 인정하지 않는 문항	문항에 대해 특이하게 반응한다. 점수가 높을 경우 독해력 결함, 무선반응, 정신적 혼란, 부주의, 무관심, 채점오류, 검사지시에 제대로 따르지 않았을 가능성 등과 같은 잠정적 원인이 있다.
NIM	부정적 인상척도 (Negative Impression)	지나치게 나쁜 인상을 주거나 꾀병을 부리는 태도와 관련이 있으나 임상집단에서는 이렇게 반응할 비율이 매우 낮음	불편감과 문제를 왜곡하려는 시도가 작용한다. 이 경우 임상척도의 상승에 따른 해석적 가정은 매우 신중하게 검토되어야 하며 T점수가 높을 경우 도움의 요청이나 자신 및 자신의 삶에 대한 매우 부정적인 평가 또는 일부러 임상적 증상이 있는 것처럼 왜곡했을 가능성이 있다.
PIM	긍정적 인상척도 (Positive Impression)	자신을 지나치게 좋게 보이려 하며 사소한 결점도 부인하려는 태도	대부분의 사람들이 인정하는 공통적인 결점조차 인정하지 않으려는 방식으로 반응한다. 높은 점수의 경우 대부분의 사람들이 인정하는 흔한 결점조차 전혀 없다는 식으로 반응했을 가능성이 높다. 70T 이상 높을 경우 임상척도의 타당성을 인정하기 어렵고 다른 척도의 임상적 해석도 불가능하다.

임상척도

임상척도의 문항들은 그 척도가 측정하려고 하는 임상적 구성 개념의 현상과 증상을 직접 반영하고 있다. 어떤 척도에서 수검자의 점수가 상승해 있다면 그는 대부분의 사람들보다 그 척도와 관련된 증상을 더욱 자주 더욱 강하게 경험하고 있다는 것을 의미한다.

임상척도를 해석할 때는 반드시 타당도 척도의 점수를 고려해야 한다. 저빈도척도(INF)나 비일관성척도(ICN)가 상승해 있을 경우 수검자의 부주의 때문에 임상척도가 상승했을 수 있는 가능성을 고려해야 한다. 또한 부정적 인상척도(NIM)가 상승해 있다면 수검자가 증상을 매우 특이하게 과장하는 경향이 있다는 점을 고려해서 해석해야 하고, 긍정적 인상척도(PIM)가 상승해 있다면 수검자가 비교적 사소한 결점도 인정하지 않으려고 한다는 점을 고려해서 해석해야 한다. 어떻든 PAI를 해석할 때는 개인력, 행동관찰 및 다른 부가적인 정보와 같은 모든 가용한 정보를 고려해서 해석해야 한다.

1. 임상척도 내용

대부분의 임상척도는 하위척도를 포함하고 있으므로 개별 척도 수준에서도 형태적 해석이 가능하다. 왜냐하면 어느 한 척도가 동일하게 상승하였더라도 그 척도에 속하는 하위척도의 형태에 따라 달리 해석할 수 있기 때문이다. 임상척도 및 하위척도의 내용은 〈표 5.2〉와 같다.

● 표 5.2 임상척도 및 하위척도 내용

	임상척도	내용		하위척도	내용
SOM	신체적인 호소 (somatic complaints)	건강과 관련된 문제에 대한 집착과 신체화장애 및 전환증상 등의 구체적인 신체적인 불편감을 의미하는 문항	SOM-C	전환 (conversion)	감각적 또는 운동적 역기능과 관련된 증상에 기인하는 기능장애
			SOM-S	신체화 (somatization)	두통, 통증, 소화기 장애와 같은 다양한 신체적 증상이나 건강이 좋지 않거나 피로감과 같은 모호한 증상을 호소
			SOM-H	건강염려 (health concerns)	전형적으로 자신의 건강 상태나 신체적 문제에 집착
ANX	불안 (anxiety)	불안의 상이한 여러 특징을 평가하기 위해서 불안한 현상과 객관적인 징후에 초점을 둔 문항	ANX-C	인지적 (cognitive)	최근 자신이 직면한 문제에 대한 지나친 관심과 염려 및 이로 인한 주의력과 집중력의 저하, 자신이 통제할 수 없는 사상이나 문제에 대한 지나친 염려
			ANX-A	정서적 (affective)	스트레스에 취약하고 과도한 긴장이나 이완의 어려움 및 피로감
			ANX-P	생리적 (physiological)	스트레스를 신체적으로 표현하는 경향, 손이 떨리거나 불규칙한 심장박동을 보임
ARD	불안관련장애 (anxiety-related disorder)	구체적인 불안과 관련이 있는 증상과 행동에 초점을 둔 문항	ARD-O	강박증 (obsessive-compulsive)	매우 경직되어 있고 개인적인 행동규칙을 고수하고 완벽성을 추구하고 위축되어 있는 듯한 인상
			ARD-P	공포증 (phobias)	중요한 생활방식을 방해하는 공포증적 행동, 공포 대상을 회피하기 위해 경계심이 지나쳐서 늘 환경을 탐색하는 경향
			ARD-T	외상적 스트레스 (traumatic stress)	과거에 있었던 외상적 사건에 대한 계속적인 불편과 불안

	임상척도	내용	하위척도		내용
DEP	우울 (depression)	우울의 증상과 현상에 초점을 둔 문항	DEP-C	인지적 (cognitive)	자신을 아무런 가치가 없고 희망도 없으며 실패자라고 생각
			DEP-A	정서적 (affective)	비애감과 일상적인 활동에 대한 흥미의 상실 및 과거에 개인적으로 즐기던 일들에 대한 즐거움 상실
			DEP-P	생리적 (physiological)	우울을 신체적인 형태도 경험하고 표현하는 경향
MAN	조증 (mania)	조증과 경조증의 정서적·인지적·행동적 증상에 초점을 둔 문항	MAN-A	활동 수준 (activity level)	활동과 에너지 수준의 현저한 증가
			MAN-G	과대성 (grandiosity)	자존감의 고양, 확대 및 과대성과 관련된 사고가 특징적
			MAN-I	초조성 (irritability)	주위 사람들이 자신의 계획, 요구 또는 생각을 비현실적이라고 생각하고 들어주려는 능력이나 의지가 없다는 좌절감 때문에 위축되어 있음
PAR	망상 (paranoia)	망상의 증상과 망상형 성격장애의 초점을 둔 문항	PAR-H	과경계 (hypervigilance)	다른 사람이 은밀하게 자신에게 해를 끼치고 있다는 생각을 가지고 있고 그 증거를 찾아내기 위해 주변을 감시함
			PAR-P	피해의식 (persecution)	심각한 망상과 관련된 전형적인 망상적 신념에 관한 문항으로 구성
			PAR-R	원한 (resentment)	모욕당했거나 멸시받았다고 느끼고 이와 관련해서 원한을 가짐
SCZ	조현병 (schizophrenia)	광범위한 조현병의 증상에 초점을 둔 문항	SCZ-P	정신병적 경험 (psychotic experiences)	비일상적 감각과 지각, 마술적 사고, 망상적 신념에 가까운 비일상적 사고에 관한 경험
			SCZ-S	사회적 위축 (social detachment)	사회적으로 고립되어 있고 친밀하고 따뜻한 대인관계의 어려움
			SCZ-T	사고장애 (thought disorder)	사고과정과 관련된 문제로 정신적 혼란과 주의집중의 장애

	임상척도	내용	하위척도		내용
BOR	경계선적 특징 (borderline features)	불안정하고 유동적인 대인관계, 충동적, 정서적 가변성과 불안정, 통제할 수 없는 분노 등을 시사하는 경계성 성격장애의 특징에 관한 문항	BOR-A	정서적 불안정 (affective instability)	매우 감정적으로 반응하고 기분장애에서 볼 수 있는 주기적 기분변화보다는 빠르고 심한 기분동요
			BOR-I	정체성 문제 (identity problems)	중요한 인생의 문제들에 대해 불확실함을 보이고 목적의식의 상실
			BOR-N	부정적 관계 (negative relationships)	양가적이고 강렬하며 불안정한 대인관계를 맺은 경험
			BOR-S	자기손상 (self-harm)	금전지출, 성, 물질사용과 관련해서 부정적인 결과를 초래할 정도로 충동적이며, 이러한 행동 때문에 사회적·직업적 수행이 저하
ANT	반사회적 특징 (antisocial features)	범죄행위, 권위적인 인물과의 갈등, 자기중심성, 공감과 성실성의 부족, 불안정, 자극추구 등에 초점을 둔 문항	ANT-A	반사회적인 행동 (antisocial behaviors)	반사회적 행동이 있었거나 청소년기에 품행장애가 나타남
			ANT-E	자기중심성 (egocentricity)	다른 사람과의 상호작용에서 정서적으로 냉담하고 공감할 수 있는 능력의 부족과 관련된 문항으로 구성되어 있음
			ANT-S	자극추구 (stimulus-seeking)	위험을 감수하면서 새로운 것을 추구하려는 의지와 관련된 문항으로 구성되어 있음
ALC	알코올 문제 (alcohol problems)	문제적인 음주와 알코올 의존적 특징에 초점을 둔 문항			
DRG	약물 문제 (drug problems)	약물사용에 따른 문제와 약물 의존적 특징에 초점을 둔 문항			

2. 임상 해석

임상척도의 해석은 〈표 5.3〉과 같다.

● 표 5.3 임상척도 해석

	임상척도	해석
SOM	신체적 호소	신체적 기능과 증상 때문에 생기는 장애에 대해 상당한 관심이 있다는 것을 의미한다. 자신의 건강이 동료들에 비해 좋지 않다고 느끼고 자신의 건강 문제가 복잡하고 치료하기 어렵다고 믿는 경향이 있다. 자신을 불행하고 회의적으로 느끼고 다른 사람들을 통제하기 위해 자신의 신체적 호소를 수동-공격적 방식으로 사용할 가능성이 높다.
	전환 (SOM-C)	중추신경계의 손상에 민감하며 감각적 또는 운동적 역기능과 관련된 증상에 기인하는 기능장애를 나타낸다.
	신체화 (SOM-S)	때로는 신체적 증상에 수반하는 불안이나 우울을 나타나며, 두통, 요통, 통증 또는 소화기계 질환 등과 관련된 신체적 불편 문제를 나타낸다.
	건강염려 (SOM-H)	사회적 상호작용과 대화는 주로 자신의 건강 문제에 집중되어 있고 신체 건강이 좋지 않다는 믿음이 자기 이미지에 큰 영향을 줄 수 있다.
ANX	불안	상당한 불안과 긴장을 경험하고 있다는 것을 의미한다. 긴장되어 있고 반복적인 예기불안을 경험하고 있거나 세 가지 하위척도 중 적어도 한 하위척도 이상이 상승할 가능성이 높다. 수검자가 불안경험을 표현하는 전형적인 양상을 이해하기 위해서는 하위척도의 점수를 검토해야 한다.
	인지적 (ANX-C)	최근 자신이 직면한 문제에 대한 지나친 관심과 염려로 인한 주의력과 집중력의 저하가 나타날 수 있다.
	정서적 (ANX-A)	불안과 관련된 긴장감, 두려움, 신경과민을 측정하며 유동불안과 관련이 있다. 스트레스에 취약하며 과도한 긴장이나 이완의 어려움 및 극심한 피로감을 느낄 수 있다.
	생리적 (ANX-P)	스트레스에 직면하면 긴장하여 손바닥에 땀이 많고 손이 떨리거나 불규칙한 심장박동을 호소하거나 숨이 가쁘다는 등의 외현적인 신체적 징후가 나타난다.
ARD	불안관련장애	주변상황에 대한 공포와 관련된 장애가 있다는 것을 시사하는 것이지만 공포의 성격을 밝히기 위해서는 하위척도의 상승을 검토해야 한다. 사회적 상황에서 불안정하고 자신감이 부족하며 한 가지 생각에 집착하고 거북스러움을 많이 느낀다.
	강박증 (ARD-O)	오염에 대한 공포나 의식적 행동과 같은 증상적 특징과 완벽주의나 사소한 것에 지나치게 신경을 쓰는 것과 같은 성격적 특징을 보인다. 의사결정의 중요성을 인식하지 못하고 지나치게 사소한 것에 신경을 쓴 나머지 의사결정의 어려움이 있다. 일상적인 변화나 기대하지 않았던 사건에 직면하거나 상반된 정보를 접하면 스트레스를 경험한다.
	공포증 (ARD-P)	구체적 공포의 대상이 있을 수 있고, 높은 장소, 폐쇄된 공간, 대중교통 및 사회적 노출 등과 같은 다양한 상황에 대한 일반적 두려움을 나타낼 수 있다.
	외상적 스트레스 (ARD-T)	구체적인 외상적 스트레스인과 관련된 문항 내용은 없지만 외상적 사건은 강간, 학대와 같은 고통, 전쟁, 생명에 위협적이었던 사고, 지진과 같은 천재지변을 포함하는 문항이 있으며, 임상표집에서 상승하는 경우가 매우 흔하므로 해석에 주의해야 한다.

● 표 5.3 임상척도 해석(계속)

	임상척도	해석
DEP	우울	뚜렷한 불쾌감이 나타나고 대부분 의기소침해 있으며 과거에 즐기던 활동을 하지 않는 경향이 있고 죄책감이나 울적한 느낌 및 불만감이 지배적일 수 있다.
	인지적 우울 (DEP-C)	부정적 기대, 무력감, 인지적 오류 등이 평가된다. 우유부단하고 집중력이 저하된다.
	정서적 우울 (DEP-A)	우울증에서 흔히 볼 수 있는 불행감이나 비애감, 불쾌감, 무감동 등을 평가한다.
	생리적 우울 (DEP-P)	우울증이 있는 사람들에게서 흔히 관찰할 수 있는 생리적 증상과 수면, 식욕 및 성욕장애 등과 같은 생리적 특징을 평가한다. 신체기능, 활동 및 에너지 수준의 변화, 수면장애, 성적 관심의 저하, 식욕상실과 체중 감소 등이 나타난다.
MAN	조증	안절부절못하고 충동적이고 에너지 수준이 높아질 수 있다. 동정심이 없고 성미가 급한 것처럼 보인다. 75T 이상일 경우 자신이 처리할 수 있는 것보다 더 많은 일을 시도하고 이를 제지하는 사람에 대해 적대적인 방식으로 행동할 가능성이 높다.
	활동 수준 (MAN-A)	부적절한 방식으로 여러 가지 다양한 일을 한꺼번에 추구하고 사고과정이 빨라지므로 행동의 질은 저하되고 양은 증가된다. 점수가 낮을 경우 우울 환자에서 나타나는 냉담과 무관심이 나타난다.
	과대성 (MAN-G)	망상에 가까울 정도로 자신은 다른 사람에게 없는 특별한 기술이 있다는 신념에서부터 자신이 유명해지고 부자가 될 수 있는 매우 독특하고 특이한 능력이 있다고 믿는 경향이 있다. 점수가 낮을 경우 자신을 부적절하게 느끼고 긍정적인 측면을 수용하거나 인정하기를 꺼리는 경향이 있다.
	초조감 (MAN-I)	욕구좌절이 있을 때 나타나는 초조성과 욕구좌절에 대한 참을성이 낮은 것을 측정하기 위한 문항으로 구성되어 있다.
PAR	망상	다소 예민하고 성격이 거칠고 회의적이다. 점수가 높을수록 대인관계에서 지나치게 조심하고 경계한다. 70T 이상이면 지나치게 다른 사람을 의심하거나 적대적일 가능성이 높다. 이런 사람들은 친밀한 대인관계 자체를 믿지 못하고 가까운 친구가 거의 없는 경향이 있다.
	과경계 (PAR-H)	다른 사람과의 관계에서 지레짐작하고 민감하고 경계적인 경향을 반영한다. 특별한 이유도 없이 타인의 동기에 대한 의심과 불신을 가지고 있다.
	피해망상 (PAR-P)	자신이 부당하게 취급받고 있다고 느끼고 다른 사람들이 자신의 이익을 빼앗기 위해 모의하고 있다고 믿는다. 주변 사람들이 자신을 방해하고 있다는 의심에 사로잡히는 경향도 있다.
	원한 (PAR-R)	다른 사람에 대한 증오와 질투심 및 다른 사람들이 자신에게 불공정하게 대한다는 느낌과 관련되어 있다. 자신의 불행을 다른 사람의 무관심 탓으로 돌리고 다른 사람의 성공을 운에 귀인하려는 경향이 있다.
SCZ	조현병	고립되어 있고 다른 사람들이 자신을 이해해 주지 못한다고 느끼거나 소외감을 느낀다. 사고과정이나 사고 내용, 집중력, 의사결정에 관한 많은 문제들을 가지고 있을 수 있다.

	임상척도	해석
SCZ	정신병적 경험 (SCZ-P)	비일상적인 지각이나 감각적 경험 및 망상적 신념을 포함한 비일상적 사고가 나타난다.
	사회적인 위축 (SCZ-S)	사회적 무관심과 정서적 반응의 결핍에 초점을 두고 있으며, 대인관계 상황에서 생기는 불편을 경험하지 않기 위한 사회적 고립과 무관심이 나타난다.
	사고장애 (SCZ-T)	사고과정의 명료성에 관한 문항으로 구성되어 있다. 척도의 전체점수가 상승하지 않고 이 하위척도만 높을 경우 조현병이라기보다 다른 원인이 있을 수 있다. 심한 우울증, 뇌손상이나 뇌질환의 후유증, 약물치료, 약물이나 알코올 남용 등이 잠정적 원인일 수 있다.
BOR	경계선적 특징	우울하고 예민하며 인생의 목표가 불확실한 사람일 수 있으나, 초기 성인기에 있는 수검자는 보통 T점수가 상승할 수 있다. 점수가 높을수록 화를 잘 내고 대인관계에 대한 불만이 증가할 수 있다. 70T 이상일 경우 다른 사람과의 관계에 대한 강한 양가감정을 가지고 있어서 화를 잘 내고 의심하면서도 그러한 관계를 지속시키려는 욕구를 가지고 있다.
	정서적 불안정 (BOR-A)	갑작스럽고 극단적인 불안, 분노, 우울 또는 초조감의 형태로 나타나는 정서적 불안정을 반영한다. 분노를 잘 통제하지 못하는 삽화를 보인다.
	정체성 문제 (BOR-I)	정체성 문제나 자기감과 관련해서 자기개념이 불안정하고 일관성이 없다. 공허하고 지루하고 불만족스러운 느낌을 갖는다.
	부정적인 관계 (BOR-N)	친했던 사람에 대해 자주 적대감과 배신감을 경험한다. 가족이나 배우자 또는 주변의 다른 중요한 타인과의 애착관계나 대인관계에 어려움을 호소한다.
	자기손상 (BOR-S)	행동의 결과를 생각하지 않고 충동적으로 행동하려는 경향을 반영한다. 물질남용, 무분별한 성적 관계 및 특별한 계획도 없이 갑자기 직장을 그만두는 것과 같은 자기손상적이거나 자기파괴적인 행동을 한다.
ANT	반사회적 특징	충동적이고 적대적일 가능성이 높고 반사회적 행동을 한 이력이 있을 수 있다. 아주 높은 경우 반사회성 성격장애에서 뚜렷하게 나타나는 특징들이 있을 수 있다. 이들은 또한 일상생활에서도 무모하게 행동하거나 권위적 인물과 갈등을 경험할 수도 있다.
	반사회적인 행동 (ANT-A)	불법적인 직업에 종사할 수 있고 절도, 재물파손, 다른 사람에 대한 신체적 공격 등을 포함한 범죄행위와 관련되어 있다.
	자기중심성 (ANT-E)	자기중심적인 경향과 타인과 주위 사람들의 의견을 무시, 자신의 목표를 달성하고 요구를 충족시키기 위해 타인을 이용하고 심지어 자신과 매우 가까운 사람들도 이용한다.
	자극추구 (ANT-S)	무모하게 자기 자신과 주위 사람들에게 위험한 행동을 하며, 흥분과 자극을 추구하고 일상적이고 관습적인 것에 대해 쉽게 싫증낸다.
ALC	알코올 문제	알코올남용으로 진단되었거나 알코올이 대인관계나 직무수행에 많은 문제를 일으키고 일상적 생활기능을 방해하는 원인이 될 수 있다. 점수가 높은 경우 반복해서 금주를 시도하지만 성공하지 못하고 보통 음주에 대한 죄책감을 가지고 있기는 하지만 음주를 통제할 능력이 없다.

	임상척도	해석
DRG	약물 문제	약물남용으로 진단, 약물 문제는 대인관계 및 업무수행에 많은 문제를 일으키고 일상적 생활기능을 손상시킬 수 있다. 점수가 높은 경우 약물사용을 줄이려고 계속 시도하더라도 줄이기 어렵고 약물사용을 통제할 능력이 거의 없다. 이들은 약물사용과 관련해서 사회적 및 직업적 기능의 손상을 경험할 수 있고 약물의존과 관련된 신체적 징후로 금단증상을 경험할 수도 있다.

치료척도

1. 치료척도 내용

치료척도 및 하위척도의 내용은 〈표 5.4〉와 같다.

● 표 5.4 치료척도 및 하위척도 내용

	치료척도	내용		하위척도	내용
AGG	공격성 (aggression)	언어적 및 신체적인 공격행동이나 공격적 행동을 자극하려는 태도와 관련된 분노, 적대감 및 공격성과 관련된 특징과 태도에 관한 문항	AGG-A	공격적 태도 (aggression attitude)	쉽게 화를 내고 분노표현을 통제하기 어려우며 다른 사람은 이들을 적대적이고 자극적이라고 지각함
			AGG-V	언어적 공격 (verbal aggression)	직면을 사용해서 위협하지 않고 감정을 자극하는 요인이 거의 없더라도 비판이나 모욕과 같은 언어적 방식으로 공격하려는 경향성을 보임
			AGG-P	신체적 공격 (physical aggression)	재물파손, 폭력, 위협 등 분노를 신체적으로 표현하려는 경향, 주위에 있는 사람은 이러한 성질을 겁내고 폭력을 두려워함
SUI	자살관념 (suicide ideation)	무력감과 자살에 대한 일반적이고 모호한 생각에서부터 자살에 관한 구체적인 계획에 이르기까지 자살하려는 관념에 초점을 둔 문항			
STR	스트레스 (stress)	가족, 건강, 직장, 경제 및 다른 중요한 일상생활에서 현재 또는 최근에 경험하는 스트레스와 관련된 문항			
NON	비지지 (nonsupport)	접근이 가능한 지지의 수준과 질을 고려해서 지각된 사회적 지지의 부족에 관한 내용			
RXR	치료거부 (treatment rejection)	심리적 및 정서적 측면의 변화에 대한 관심과 동기를 예언하기 위한 척도로 불편감과 불만감, 치료에 참여하려는 동기, 변화의 필요성에 대한 인식, 새로운 아이디어에 대한 개방성 및 책임을 수용하려는 의지 등에 관한 문항			

2. 척도 해석

치료척도의 해석은 〈표 5.5〉와 같다.

● 표 5.5 치료척도 해석

	치료척도	해석
AGG	공격성	참을성이 부족하고 안절부절못하며 쉽게 화를 낼 수 있다. 점수가 상승할수록 쉽게 화를 내고 주위에 있는 다른 사람의 행동에 민감하게 반응하다. 70T 이상일 경우 만성적 분노가 있을 수 있고 분노와 적개심을 그대로 표현할 수 있다.
	공격적 태도 (AGG-A)	쉽게 화를 내고 좌절감을 경험한다는 것을 시사하며 다른 사람들은 이들이 적대적이고 쉽게 성질을 부리는 것처럼 지각할 수 있다.
	언어적 공격 (AGG-V)	상대를 특별히 위협한다거나 비판, 모욕 등의 공격적인 언어표현이 나타나며, 논쟁 등의 상황에서도 자신의 분노나 감정을 조절하지 못한다.
	신체적 공격 (AGG-P)	이성을 잃는 경우가 간혹 있을 수 있으며 물건을 부수거나 집어던지는 등의 공격행동과 같이 공격성을 신체적으로 표현하는 경향이 있다.
SUI	자살관념	일시적이거나 주기적으로 자살을 생각하고 자신의 미래를 비관하고 불행할 것이라고 보는 경향이 있다. 70T 이상일 경우 상당한 자살관념을 보고하고 전형적인 불안과 우울이 있고 주변 사람들이 자신을 지지해 주지 않는다고 불평할 수 있다. 이러한 불평은 '도움의 요청'으로 해석할 수도 있다.
STR	스트레스	중요한 생활 영역에 문제가 있어 중간 정도의 스트레스를 경험하고 있다는 것을 지적한다. 70T 이상일 경우 중요한 생활 영역의 문제가 개인의 생활기능에 상당한 영향을 미칠 가능성이 높다. 이럴 경우 개인적 염려, 반추적 사고 및 불행감의 원인을 밝히기 위해 현재의 직업 상태, 가족관계 및 친밀한 관계, 경제적 상태 등을 검토해야 한다.
NON	비지지	지지적인 친밀한 관계를 맺지 못하거나 가족 및 친구와의 관계에 대한 불만이 많다. 70T 이상인 경우 사회적 관계에서 거의 지지를 받지 못하고 가족관계가 소원하고 싸움을 갖고 자신이 필요할 때 도움을 요청할 친구가 없을 뿐만 아니라 도와주지 않는 것으로 지각한다.
RXR	치료거부	어떠한 개인적 문제도 인정하지 않고 변화의 필요성도 거의 느끼지 못한다. 자발적으로 치료를 받으려 하지 않고 치료를 시작하더라도 저항적인 가능성이 높으며 치료의 가치를 인정하지 않을 뿐만 아니라 치료적 시도에 대해 전혀 관여하지 않으려 한다.

대인관계 척도

대인관계 척도의 내용 및 해석은 〈표 5.6〉과 같다.

● 표 5.6 대인관계 척도 내용 및 해석

	대인관계척도	내용	해석
DOM	지배성 (dominance)	대인관계에서 개인적인 통제와 독립성을 유지하는 정도를 평가하기 위한 척도로 대인 관계적 행동방식을 지배와 복종이라는 차원으로 개념화하였다. 점수가 높은 사람은 지배적이고 낮은 사람은 복종적이다.	자기 스스로 만족하고 자신감이 있으며 설득력이 있는 사람이다. 이들의 행동은 때때로 대인관계에서 친절하지 못하고 독단적이며 다른 사람을 통제한다는 인상을 줄 수 있다. 사회적 상황에서 거의 불편을 느끼지 않으며 자신이 통제할 수 있는 상황에서 다른 사람과의 상호작용을 선호한다.
WRM	온정성 (warmth)	대인관계에서 지지적이고 공감적인 정도를 평가하기 위한 척도로 대인관계를 온정과 냉담의 차원으로 개념화하였다. 점수가 높은 사람은 온정적이고 외향적이지만 낮은 사람은 냉정하고 거절적이다.	다른 사람에게 다정하고 온정적이고 지지적이다. 다른 사람으로부터 사랑을 받고 싶어 하고 비판할 만한 충분한 이유가 있는데도 불구하고 다른 사람을 비판하지 않는다. 너무 쉽게 다른 사람을 믿고 타인의 잘못을 쉽게 용서하기 때문에 다른 사람에게 이용당할 위험이 있다.

보충지표

보충지표의 내용은 〈표 5.7〉과 같다.

● 표 5.7 보충지표 내용

	지표	타당성지표 개발	내용
MAL	꾀병지표	꾀병표집 내에서 높은 빈도로 관찰된 8개의 형태적 특징	부정적 반응태세 꾀병
DEF	방어지표	긍정적 인상관리에서 높은 빈도로 관찰된 8개의 형태적 특성	꾀병
HRDF	무선반응지표	일반 지시문과 무선(무작위) 반응 지시문을 사용하여 얻은 척도점수를 판별분석하여 도출한 판별함수를 적용한 계산값	무선반응
HNDF	부정적 인상 판별점수	일반 지시문과 부정적 인상 지시문을 사용하여 획득한 척도점수를 판별분석하여 도출한 판별함수를 적용한 계산값	부정적 인상 시도
HPDF	긍정적 인상 판별점수	일반지시문과 긍정왜곡지시문을 사용하여 얻은 획득한 척도점수를 판별분석하여 도출한 판별함수를 적용한 계산값	긍정적 인상 시도

해석과정

단계별 해석 전략

PAI 해석을 할 때 개발과정에서 수렴타당도와 변별타당도를 강조한다. 각 척도는 구체적인 구성개념을 평가하도록 구성하였기 때문에 비교적 해석이 용이하다. 기본 해석 전략은 〈그림 5.1〉에, PAI 단계별 해석 전략은 〈표 5.8〉에 제시되어 있다.

● **그림 5.1 PAI의 기본적 해석 전략**

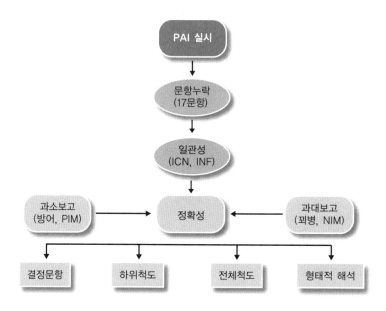

● **표 5.8 PAI 단계별 해석 전략**

단계	해석 전략	내용
1단계	프로파일의 왜곡 가능성 평가	결과가 응답자의 경험을 정확하게 반영하는지 혹은 결과가 어떤 방식으로 왜곡되었는지에 대하여 결정하는 것
2단계	적절한 준거집단 결정하기	(1) 기본 규준집단 대 임상집단 규준 : 임상집단에 속한 개인들은 전형적으로 치료에 대해 관심을 보이는 반면, 일반집단은 대개 심리학적 치료가 그들에게 제공되어도 거부할 가능성이 많다는 점에서 의미가 있음 (2) 특정 맥락에 대한 규준 : 특정 직원의 고용을 결정하기 위한 상황은 개인들이 전형적으로 가장 좋은 인상을 주려고 애쓰는 일반적 맥락을 나타내고, 대개 이러한 프로파일은 긍정적 인상 관리집단에서 나타나는 것과 비슷함

단계	해석 전략	내용
3단계	개별 척도에 대한 해석	척도에 대한 자료의 해석은 일반적으로 전체척도 수준, 하위척도 수준 그리고 개별 척도문항 수준 순서로 행함
4단계	프로파일 구조에 대한 해석	(1) 프로파일 코드 유형 : 프로파일상에서 가장 높은 2개 임상 척도를 보이는 상승한 척도 쌍에 의한 분류 (2) 평균 프로파일 : 진단이나 증상들이 유사한 개인들을 비교하는 것 (3) 개념적 지표 : 프로파일 왜곡의 범위에 대한 고려사항은 꾀병과 방어 지표임 (4) 통계적 결정규칙

결정문항

7개 영역에 관한 27개의 문항으로 구성되어 있다. 결정문항은 즉각적인 관심이 필요로 하는 행동이나 정신병리가 있을 수 있음을 시사한다. 어떤 한 문항이라도 '그렇다'는 반응이 있을 경우 문항을 자세히 검토하고 추가적 질문을 해야 한다. 추가적 질문을 통해서 그 영역에 관한 증상과 문제행동의 정도 및 성격을 밝힐 수 있다. 결정문항은 문항 수가 많지 않고 결정문항에 대해 시인하는 비율이 매우 낮기 때문에 시간을 적게 들이고 매우 빨리 문제의 성격을 분명히 밝힐 수 있다는 장점이 있다.

형태적 수준

형태적 해석이란 단일 척도의 상승에 관한 해석적 의미를 먼저 검토하고 그다음으로 척도들이 상승한 형태 또는 유형을 검토하여 해석하는 방법이다. 이러한 형태적 해석을 강조하는 이유는 어느 한 척도가 동일한 정도로 상승했을 경우라도 임상적으로 관련이 있는 척도들의 맥락에 따라서 해석적 의미가 다를 수 있고 어느 한 척도의 상승만을 고려할 때보다 더 많은 정보를 얻을 수 있기 때문이다.

네 가지 해석 수준(그림 5.1 참조)에서 일반적으로 가장 많이 사용하는 방법은 형태적 해석이다. MMPI와 같은 Inventory형 성격검사에서 형태적 해석은 가장 높은 2~3개의 척도 점수에 의한 코드 유형에 따라서 해석하려는 전략이다. 코드 유형에 따른 해석적 접근은 매우 편리하기는 하지만 PAI처럼 많은 척도로 구성되어 있는 검사의 결과를 해석할 경우 중요한 많은 정보를 간과할 수 있다.

상승척도의 해석

코드형의 선택은 단일 임상척도의 상승 코드형과 11개 임상척도의 쌍인 55개 쌍을 코드형으로 처리하여 분류할 수 있다. PAI 프로파일을 해석할 때도 전통적으로 사용하는 두 척도 쌍에 의한 형태적 해석이 가능하지만, 프로파일에 포함된 다양한 정보를 모두 포함시키지 못한다는 점을 상기해야 한다. 왜냐하면 상승척도 쌍에 근거해서 해석할 경우 다른 척도가 의미하는 정보들을 간과하게 되고 특히 여러 하위척도로 구성되어 있으므로 동일한 상승척도 쌍이더라도 상승한 척도를 구성하는 하위척도들이 서로 다르게 결합되어 있을 수 있기 때문이다. 그리고 상승척도 쌍을 결정하는 데 있어서 척도 간 차이는 그리 신뢰할 수 없다. 가령 T점수가 DEP는 85, ANX는 82, BOR은 81인 경우를 생각해 보면 DEP-ANX 상승척도 쌍으로 볼 수 있지만 ANX와 BOR의 점수 차가 1표준편차보다 적으므로 해석상 두 척도 간에 유의미한 차이가 있다고 하기 어렵다. 그렇지만 DEP-BOR과 DEP-ANX의 의미는 상당히 다르다. 이러한 제한점들을 고려할 때 이 장에서 상승척도 쌍들에 대해 기술하는 내용들을 단지 프로파일 해석을 위한 하나의 참고자료로 삼는 것이 바람직하며 각 척도들 간의 점수 차가 1표준편차보다 적을 때는 DEP-ANX, DEP-BOR, ANX-BOR과 같이 가능한 모든 척도 쌍을 고려해야 한다. 상승척도의 해석은 〈표 5.9〉와 같다.

● 표 5.9 상승 쌍 척도의 해석

척도 쌍	내용	진단 가능 장애
ALC/DRG	이 패턴은 약물뿐만 아니라 알코올을 포함한 복합물질 남용의 과거력을 보여 준다. 반응자가 물질사용에 의해 탈억제되었을 때 다른 행동 문제들 또한 뚜렷할 것이다. 물질남용은 아마도 사회적 관계와 일 수행에 있어서 심각한 방해 요인이며, 이는 스트레스의 부가적 요인으로서 약을 사용하고 음주하는 경향을 더욱 악화시킨다. STR의 부가적 상승을 이 코드 유형에서 종종 관찰할 수 있고 전형적으로 물질 오용의 결과로서 사회적 역할 방해를 반영한다.	반사회성 성격장애 경계성 성격장애
SOM/DEP	신체적 기능에 대한 염려와 상당한 불편감을 호소하고 이 때문에 일상생활 기능에 상당한 지장이 있다고 지각한다. 일상생활에서 불행해하고 일상적인 일들을 하는 데 필요한 에너지나 힘이 없으며 미래에 대한 무망감을 표현한다. 그 결과 중요한 사회적 역할을 수행하기가 어렵고 이러한 역할수행에서 실패하는 것이 또 다른 스트레스 요인으로 작용한다. ANX척도가 상승하는 경우가 많고 SUI척도도 동반 상승될 때가 흔하다. 이때는 SOM-DEP 척도 쌍에서 자살사고를 검토할 필요가 있다.	신체화장애 기질적 정신장애 주요우울장애

척도 쌍	내용	진단 가능 장애
ARD/DEP	이 척도 쌍의 상승은 상당한 긴장감과 불행감 및 회의적인 태도를 시사한다. 다양한 과거와 현재의 스트레스가 부정적인 영향을 미칠 수 있다. 이러한 유형을 보이는 사람들은 스스로를 삶을 변화시킬 힘이 없고 비효율적이라고 생각하는 경향이 있다. 혼란스러운 생활은 목표 및 일의 순서들에 대해서 확신이 없고 미래에 관해서 두려워하거나 회의적이도록 조장할 수 있다. 집중력과 의사결정에 어려움이 있고 무망감, 불안, 스트레스가 겹칠 경우 자기손상의 위험이 증가할 수 있다. ANX, SUI의 부가적 상승이 자주 관찰되는데, 이는 자신에 대한 잠재위험과 크게 관련이 있다.	외상후 스트레스장애 불안장애 주요우울장애 기분부전장애 경계성 성격장애 조현성 정동장애
DEP-BOR	불행감, 정서적 불안정성과 함께 상당한 분노감을 느끼는 사람이 많다. 불편감과 우울감이 심한 위험 상태에 있을 때 전형적으로 나타나는 프로파일이다. 대인관계가 어렵고 실제적이거나 지각된 거절경험과 관련 있을 수 있다. 이러한 프로파일을 보이는 사람들은 친한 사람들이 자신을 배신하거나 버렸다고 느끼고 이로 인해 무력감 및 무망감을 경험한다. 이는 친밀한 관계에서 불안하고 양가적인 감정을 느끼며 다른 사람에 대한 원망과 적개심을 느끼면서 거절당할 것에 대한 불안과 의존성을 나타낼 수 있다. 또한 잠재된 분노로 인해 친한 사람들에게 충동적으로 공격적인 행동을 할 수도 있다. 그러나 이러한 분노는 다른 사람뿐만 아니라 자기 자신에 대한 것일 수도 있다. 무망감, 적개심 및 충동성이 결합되어 자해 가능성이 높아지고 SUI, STR이 부가적으로 상승할 수 있다.	경계성 성격장애 주요우울장애 적응장애
DEP-SCZ	이 척도 쌍의 상승은 심리적 고통과 불쾌감 및 사고력과 주의력에 관한 문제를 시사한다. 이러한 문제로 인해서 그나마 유지되고 있는 친한 관계마저 위축될 수가 있다. 이런 사람들은 자신이 처해 있는 상황이 어느 정도 호전될 것이라는 희망도 거의 없고 이러한 무망감과 비관적인 생각이 판단력의 장애와 결합할 경우 자기손상의 위험이 증가할 수 있다. 이 척도 쌍이 상승할 경우 가끔 SUI가 부가적으로 상승할 수 있다.	조현형 정동장애 외상후 스트레스장애 심각한 불안장애 경계성 성격장애 주요우울장애 조현병
ANT-ALC	이 척도 쌍의 상승은 알코올 남용과 관련이 된 심각한 행동적 문제에 관한 경력을 시사한다. 이 경우 충동성과 음주 문제 때문에 사회적 역할을 수행하는 데 심한 장애가 있고 무절제한 생활 태도로 인해서 친하게 지내던 사람들과의 관계도 악화될 수 있다. 이런 사람들은 대부분 충동적이고 스릴을 추구하는 경향이 있으며 알코올 사용은 판단력을 더 저해할 수 있다. 이들은 대인관계가 불안정하고 오래 유지하지도 못하며 자기중심적인 태도와 음주 문제 때문에 가까스로 유지하던 관계에 위기를 맞을 수 있다. 이 척도 쌍이 상승할 경우 DRG가 부가적으로 상승하는 경우가 많고 DRG가 지나치게 낮을 경우 부인기제가 작용했을 가능성이 있다	여러 종류의 물질남용
ANT-DRG	이 척도 쌍의 상승은 주로 물질남용과 관련된 행동적 문제의 경력을 시사한다. 이 경우 충동성과 약물사용 때문에 안정적으로 직장을 유지하기가 힘들다. 보통 충동적이고 스릴을 추구하는 경향이 있고 약물사용은 심한 판단력의 장애를 초래할 수 있다. 이 척도 쌍이 상승하고 부가적으로 AGG가 상승할 경우 약물사용에 따른 일시적인 억제력이 상실이 있을 수 있다.	약물의존 경계성 성격장애 경계성 성격을 가지고 있는 약물의존
PAR-SCZ	사고장애가 있고 의심, 적대감, 적개심이 현저하게 나타난다. 대인관계에서 지나치게 민감하고 친밀한 관계를 형성하기 어려울 수 있다. 따라서 경계적 · 철회적 · 고립적이고 다른 사람들이 자신을 잘 대해 주지 않고 따돌린다고 느낄 수도 있다. 판단력이 온전하지 못하고 미래에 대해 걱정하고 만성적인 긴장 상태에 있다. 이들은 친밀한 인간관계를 형성하는 데 불안과 두려움을 경험하는 경향이 있으므로 치료관계 형성에서도 특별히 주의해야 한다.	망상형 성격장애 조현형 성격장애

PAI-A

검사 소개

청소년 성격평가 질문지(Personality Assessment Inventory for Adolesent, PAI-A)는 객관형 성격검사로서 임상적으로 중요한 변인들을 다루고 있는 자기보고형 질문지이다. PAI-A는 총 264문항으로 구성되어 있고 4개 타당도 척도, 11개의 임상척도, 5개의 치료고려척도, 2개의 대인관계척도 등 서로 다른 영역을 평가하는 척도들을 포함하고 있다. 이 중 10개 척도는 해석을 용이하게 하고 복잡한 임상적 구성 개념을 포괄적으로 다루기 위해 개념적으로 유도한 3~4개의 하위척도를 포함하고 있다.

PAI-A는 기존의 성인용 PAI(성격평가 질문지)와 동일한 형태의 척도 구성을 유지하면서 청소년(중·고등학생)의 특성을 고려한 문항수정을 통해 표준화한 청소년용 성격검사이다. 청소년들이 나타내는 여러 가지 문제를 파악하여 사전에 예방하고 이들을 적절하게 지도하기 위한 정확한 평가가 가능하다.

중고생 규준뿐만 아니라 비행청소년 규준이 따로 마련되어 있어서 여러 장면에서 활용할 수 있다.

검사의 특징

1. 청소년용 규준
교육과학기술부에서 발간하는 교육통계연보를 기초로 표집된 중학생, 고등학생 규준뿐만 아니라 비행청소년 규준이 추가 되었다.

2. 비행청소년 규준 별도 마련
비행청소년 및 일반 중고생들 간의 상호 비교 연구가 가능하도록 규준이 마련되어 있어서 청소년 범죄의 예방 및 대책 논의에 유용하게 사용할 수 있으며 청소년 범죄자 교정치료의 보충자료로도 활용 가능하다.

3. 규준의 성격을 고려한 검사문항

청소년들의 특성에 맞는 264개의 문항으로 어려운 용어나 혼란을 가져올 수 있는 문항들을 현실적 표현에 맞게 수정하고 보완하였다.

4. 시대에 맞는 척도 구성

자살관념 척도, 반사회적 특징 척도 등 22개 척도를 통한 청소년들의 성격 특성 파악에 유용하도록 구성되어 있으며 자살, 학교폭력, 비행청소년들의 알코올 문제, 약물사용, 공격성에 대해 파악이 용이하다.

5. 중 · 고등학생들의 남자, 여자 및 전체 T점수와 백분위 점수 제공

T점수가 기록된 프로파일이 제공되어 일일이 T점수 표를 찾아보지 않고도 환산이 가능하며, 보다 정확하고 신속한 결과 산출을 위해 결과처리 프로그램이 제공된다.

척도의 구성

타당도 척도

PAI-A 결과를 의미 있게 해석하기 위해서는 먼저 수검자가 응답하지 않은 문항의 수를 살펴보아야 한다. 일반적으로 95% 이상의 문항에 대해 응답해야 하고 10개 문항 이상 응답하지 않았을 경우 프로파일을 해석하기 어렵다.

  PAI-A에는 검사결과를 왜곡시킬 수 있는 요인을 평가하는 4개의 타당도 척도가 있다. PAI-A 프로파일의 의미를 해석하기 위한 두 번째 단계는 이러한 요인들 중 어떤 요인이 수검자의 반응에 영향을 주었는지를 밝히는 것이다. 타당도 척도 중 어느 한 척도라도 상승해 있을 경우 프로파일을 신중하게 해석해야 한다. 일반적으로 타당도 척도의 점수가 임상표본의 평균에서 2표준편차 이상 벗어나면 프로파일이 왜곡되었을 가능성이 높고 타당하지 못한 프로파일로 볼 수 있다. 타당도 척도의 내용 및 해석은 〈표 5.10〉과 같다.

● 표 5.10 타당도 척도 내용 및 해석

척도명		내용	해석
ICN	비일관성 (Inconsistency)	문항에 대한 반응과정에서 수검자의 일관성 있는 반응 태도를 알아보기 위한 정적 또는 부적 상관이 높은 문항 쌍	유사한 문항 내용에 대해 다소 일관성 없게 반응했다는 것을 시사한다. 수검자의 부주의나 정신적 혼란, 인상을 관리하려는 시도 등 다양한 원인이 작용했을 수 있으므로 무선 반응 판별함수(HRDF)도 같이 검토할 필요가 있다.
INF	저빈도 (Infrequency)	부주의하거나 무선적인 반응 태도를 확인하기 위하여 정신병적 측면에서 중립적이고 대부분의 사람들이 극단적으로 인정하거나 인정하지 않는 문항들	다소 비일상적으로 반응했다는 것을 지적한다. 70T 이상일수록 독해력 문제, 무선반응, 정신적 혼동, 채점오류, 문항에 대한 특이한 해석, 지시에 제대로 따르지 않는 것과 같은 잠정적 원인을 고려해야 한다.
NIM	부정적 인상 (Negative Impression)	지나치게 나쁜 인상을 주거나 꾀병을 부리는 태도와 관련이 있으나 임상집단에서는 이렇게 반응할 비율이 매우 낮음	불편감과 문제의 왜곡을 시도한다. T점수가 높을수록 도움 요청이나 자신과 자신의 삶에 대한 부정적인 평가 또는 일부러 임상적 증상이 있는 것처럼 왜곡했을 가능성을 시사한다.
PIM	긍정적 인상 (Positive Impression)	자신을 지나치게 좋게 보이려 하며 사소한 결점도 부인하려는 태도	대부분의 사람들이 인정하는 공통적인 단점도 없는 것처럼 왜곡했을 가능성이 있다. 60T 이상의 점수 상승은 임상척도에 따른 해석의 정확성이 떨어지는 것을 나타내고 해석적 가정도 다시 검토해야 한다.

임상척도

임상척도의 문항들은 그 척도가 측정하려고 하는 임상적 구성개념의 현상과 증상을 직접 반영하고 있다. 즉 어떤 척도에서 수검자의 점수가 상승해 있다면 그 척도와 관련된 증상을 대부분의 사람들보다 더 자주 더 강하게 경험하고 있다는 것을 의미한다. 임상척도를 해석할 때는 반드시 타당도 척도의 점수를 고려해야 한다. PAI-A를 해석할 때는 개인력, 행동관찰 및 다른 부가적인 정보와 같은 모든 가용한 정보를 고려해서 해석해야 한다.

1. 임상척도 내용과 하위척도 내용

임상척도 및 하위척도의 내용은 〈표 5.11〉과 같다.

임상척도		내용	하위척도		내용
SOM	신체적인 호소 (somatic complaints)	건강과 관련된 문제에 대한 집착과 신체화장애 및 전환증상 등의 구체적인 신체적인 불편감을 의미하는 문항	SOM-C	전환 (conversion)	감각적 또는 운동적 역기능과 관련된 증상에 기인하는 기능장애
			SOM-S	신체화 (somatization)	두통, 통증, 소화기 장애와 같은 다양한 신체적 증상이나 건강이 좋지 않다거나 피로감과 같은 모호한 증상을 호소
			SOM-H	건강염려 (health concerns)	전형적으로 자신의 건강 상태나 신체적 문제에 집착
ANX	불안 (anxiety)	불안의 상이한 여러 특징을 평가하기 위해서 불안한 현상과 객관적인 징후에 초점을 둔 문항	ANX-C	인지적 불안 (cognitive)	최근 자신이 직면한 문제에 대한 지나친 관심과 염려 및 이로 인한 주의력과 집중력의 저하, 자신이 통제할 수 없는 사상이나 문제에 대한 지나친 염려
			ANX-A	정서적 불안 (affective)	스트레스에 취약하고 과도한 긴장이나 이완의 어려움 및 피로감
			ANX-P	생리적 불안 (physiological)	스트레스를 신체적으로 표현하는 경향, 손이 떨리거나 불규칙한 심장박동
ARD	불안관련장애 (anxiety-related disorder)	구체적인 불안과 관련이 있는 증상과 행동에 초점을 둔 문항	ARD-O	강박증 (obsessive-compulsive)	매우 경직되어 있고 개인적인 행동규칙을 고수하고 완벽성을 추구하고 위축되어 있는 듯한 인상
			ARD-P	공포증 (phobias)	중요한 생활방식을 방해하는 공포증적 행동, 공포대상을 회피하기 위해 경계심이 지나쳐서 늘 환경을 탐색하는 경향
			ARD-T	외상적 스트레스 (traumatic stress)	과거에 있었던 외상적 사건에 대한 계속적인 불편과 불안
DEP	우울 (depression)	우울의 증상과 현상에 초점을 둔 문항	DEP-C	인지적 우울 (cognitive)	자신을 아무런 가치가 없고 희망도 없으며 실패자라고 생각
			DEP-A	정서적 우울 (affective)	비애감과 일상적인 활동에 대한 흥미의 상실 및 과거에 개인적으로 즐기던 일들에 대한 즐거움 상실

	임상척도	내용		하위척도	내용
DEP	우울 (depression)	우울의 증상과 현상에 초점을 둔 문항	DEP-P	생리적 우울 (physiological)	우울을 신체적인 형태도 경험하고 표현하는 경향
MAN	조증 (mania)	조증과 경조증의 정서적 · 인지적 · 행동적 증상에 초점을 둔 문항	MAN-A	활동 수준 (activity level)	활동과 에너지 수준의 현저한 증가
			MAN-G	과대성 (grandiosity)	자존감의 고양, 확대 및 과대성과 관련된 사고가 특징적
			MAN-I	초조성 (irritability)	주위 사람들이 자신의 계획, 요구 또는 생각을 비현실적이라고 생각하고 들어주려는 능력이나 의지가 없다는 좌절감 때문에 위축되어 있음
PAR	망상 (paranoia)	망상의 증상과 망상형 성격장애의 초점을 둔 문항	PAR-H	과경계 (hypervigilance)	다른 사람이 은밀하게 자신에게 해를 끼치고 있다는 생각을 가지고 있고 그 증거를 찾아내기 위해 주변을 감시함
			PAR-P	피해망상 (persecution)	자신이 부당하게 취급받고 있다는 느끼고 다른 사람들이 자신의 이익을 빼앗기 위해 모의하고 있다고 믿음
			PAR-R	원한 (resentment)	모욕당했거나 멸시받았다고 느끼고 이와 관련해서 원한을 가짐
SCZ	조현병 (schizophrenia)	광범위한 조현병의 증상에 초점을 둔 문항	SCZ-P	정신병적 경험 (psychotic experiences)	비일상적 감각과 지각, 마술적 사고, 망상적 신념에 가까운 비일상적 아이디어에 관해 경험함
			SCZ-S	사회적인 위축 (social detachment)	사회적으로 고립되어 있고 친밀하고 따뜻한 대인관계에 어려움을 느낌
			SCZ-T	사고장애 (thought disorder)	사고과정과 관련된 문제로 정신적 혼란과 주의집중장애를 보임
BOR	경계선적 특징 (borderline features)	불안정하고 유동적인 대인관계, 충동적, 정서적 가변성과 불안정, 통제할 수 없는 분노 등을 시사하는 경계성 성격장애의 특징에 관한 문항	BOR-A	정서적 불안정 (affective instability)	매우 감정적으로 반응하고 기분장애에서 볼 수 있는 주기적 기분변화보다는 빠르고 심한 기분동요를 보임
			BOR-I	정체성 문제 (identity problems)	중요한 인생의 문제들에 대해 불확실하고 목적의식을 상실함
			BOR-N	부정적인 관계 (negative relationship)	양가적이고 강렬하고 불안정한 대인관계를 맺은 경험이 있음

임상척도		내용	하위척도		내용
BOR	경계선적 특징 (borderline features)	불안정하고 유동적인 대인관계, 충동적, 정서적 가변성과 불안정, 통제할 수 없는 분노 등을 시사하는 경계성 성격장애의 특징에 관한 문항	BOR-S	자기손상 (self-harm)	금전지출, 성, 물질사용과 관련해서 부정적인 결과를 초래할 정도로 충동적이며, 이러한 행동 때문에 사회적·직업적 수행이 저하됨
ANT	반사회적 특징 (antisocial features)	범죄행위, 권위적인 인물과의 갈등, 자기중심성, 공감과 성실성의 부족, 불안정, 자극추구 등에 초점을 둔 문항	ANT-A	반사회적인 행동 (antisocial behaviors)	반사회적 행동이 있었거나 청소년기에 품행장애가 나타남
			ANT-E	자기중심성 (egocentricity)	자기중심적인 경향과 타인과 주위 사람들의 의견을 무시, 자신의 목표를 달성하고 요구를 충족시키기 위해 타인을 이용하고 심지어 자신과 매우 가까운 사람들도 이용함
			ANT-S	자극추구 (stimulus-seeking)	무모하게 자신과 주위 사람들에게 위험한 행동을 하며, 흥분과 자극을 추구하고 일상적이고 관습적인 것에 대해 쉽게 싫증냄
ALC	알코올 문제 (alcohol problems)	문제적인 음주와 알코올 의존적 특징에 초점을 둔 문항			
DRG	약물사용 (drug problems)	약물사용에 따른 문제와 약물의존적 특징에 초점을 둔 문항			

2. 임상척도 해석

임상척도의 해석은 〈표 5.12〉와 같다.

● 표 5.12 임상척도 해석

임상척도		해석
SOM	신체적인 호소	신체기능에 대한 상당한 염려와 실제로 신체증상으로 인한 기능적 손상이 있을 가능성을 의미한다. 자신의 건강이 연령이 같은 친구들보다 나쁘고 자신의 건강 문제는 복잡하고 치료하기 어렵다고 믿는 경향이 있다.

임상척도		해석
ANX	불안	불안과 긴장을 경험하고 있음을 의미한다. 반복적인 예기불안을 경험하고 있거나 소심하며 의존적일 가능성이 높다.
ARD	불안관련장애	어떤 상황에 대한 불편감과 공포로 인한 손상이 있을 수 있다. 불안정하고 자신을 신뢰하지 못하며 반복적으로 걱정하고 사회적 상황에서 불편해할 수 있다. 반추적 상념이 있고 반복해서 걱정하며 실제로 과거에 있었거나 상상적인 잘못에 대한 죄책감을 느낄 수 있다.
DEP	우울	현저한 불행감과 불쾌감(dysphoria)을 경험할 수 있고 기력이 없으며 자신이 즐기던 활동을 하지 못하고 죄책감과 울적한 기분에 사로잡혀 자신의 삶에 대해 만족을 느끼지 못할 수 있다.
MAN	조증	안절부절못하고 충동적이고 에너지 수준이 높은 사람일 수 있다. 동정심이 없고 성미가 급한 것처럼 보일 수 있다. 75T 이상일 경우 조증, 경조증, 순환성 기분장애일 가능성이 있다. 자신이 실제로 할 수 있는 것보다 더 많은 일을 벌이고 이를 제지하는 사람들에 대해서 적대적인 방식으로 행동할 가능성이 높다.
PAR	망상	민감하고 완고하고 회의적인 사람처럼 보일 수 있다. 70에 가까울수록 대인관계에서 경계하고 주의하는 경향이 증가할 수 있다. 70T 이상인 경우 다른 사람을 공개적으로 의심하고 적대적일 가능성일 증가한다.
SCZ	조현병	사회적 관계가 위축되어 있고 무관심하고 비관습적일 수 있다. 70에 근접할수록 가까스로 유지하고 있는 대인관계에서 상당히 경계하고 적대적인 경향이 있을 수 있다. 70T 이상인 경우 다른 사람들로부터 고립되어 있고 다른 사람들이 이해해 주지 않는다고 생각하며 고립감을 느낄 가능성이 높다.
BOR	경계선적 특징	우울하고 예민하며 생의 목표가 불확실할 수 있다. 성인 초기의 수검자는 보통 이 범위로 T점수가 상승할 수 있다. 70에 가까울수록 대인관계에서 분노와 불만을 경험할 가능성이 증가할 수 있다. 70T 이상인 경우 충동적이고 정서적으로 불안정할 수 있다. 다른 사람들은 수검자를 자기중심적이라고 지각하지만 수검자 자신은 다른 사람들이 자신을 오해한다고 느끼고 친밀한 관계를 유지하기 어려울 수 있다.
ANT	반사회적 특징	다소 충동적이고 위험한 행동을 할 수 있다. 70에 근접할수록 대인관계에서 자기중심적이고 자제력이 부족하여 다른 사람의 의도를 의심하고 무감동할 수 있다. 70T 이상일 경우 충동적이고 적대적일 가능성이 높고 무모하거나 반사회적인 행동을 한 경험이 있을 수 있다.
ALC	알코올 문제	정기적으로 술을 마시고 술로 인한 부정적인 결과를 경험할 수 있다. 70에 근접할수록 술로 인한 문제가 있을 가능성이 증가한다. 70T 이상일 경우 알코올 남용의 준거에 부합할 가능성이 높다. 알코올로 인해 일상생활에 많은 부정적 영향이 있을 수 있다.
DRG	약물 문제	정기적으로 약물을 사용할 수 있고 그에 따른 부정적 결과를 경험할 수 있다. 70에 근접할수록 약물이나 약물사용으로 인한 문제를 경험하고 있을 가능성이 높다. 70T 이상일 경우 약물사용으로 인해 대인관계나 직무수행에 문제가 나타나고 최근 생활기능이 상당히 저하될 수 있다.

치료척도

1. 치료척도 내용

치료척도의 내용 및 해석은 〈표 5.13〉과 같다.

● 표 5.13 치료척도 내용 및 해석

	치료척도	내용	해석
AGG	공격성 척도 (aggression)	언어적 및 신체적인 공격행동이나 공격적 행동을 자극하려는 태도와 관련된 분노, 적대감 및 공격성과 관련된 특징과 태도에 관한 문항	좌절을 경험하거나 다른 사람이 자신의 일을 방해하면 이를 참지 못하고 쉽게 흥분하고 성질을 부릴 수 있다. 70에 가까울수록 화를 낼 가능성이 증가하고 주변 사람의 행동 때문에 쉽게 흥분할 수 있다. 70T 이상인 경우 만성적으로 분노를 느끼고 분노와 적대감을 거리낌 없이 표출할 수 있다.
SUI	자살관념 척도 (suicide ideation)	무력감과 자살에 대한 일반적이고 모호한 생각에서부터 자살에 관한 구체적인 계획에 이르기까지 자살하려는 관념에 초점을 둔 문항	일시적이거나 또는 주기적으로 자살을 생각하고 자신의 미래를 비관하고 불행할 것이라고 보는 경향이 있다. 72T 이상일 경우 상당한 자살관념을 보고하고 전형적인 불안과 우울이 있으며 주변 사람들이 자신을 지지해 주지 않는다고 호소할 수 있다.
STR	스트레스 척도 (stress)	가족, 건강, 직장, 경제 및 다른 중요한 일상생활에서 현재 또는 최근에 경험하는 스트레스와 관련된 문항	중요한 생활 영역에 문제가 있어 중간 정도의 스트레스를 경험하고 있다는 것을 의미한다. 73T 이상일 경우 개인의 생활기능에 상당한 영향을 미칠 가능성이 높다. 개인적 염려, 반추적 사고 및 불행감의 원인을 밝히기 위해 가족관계와 다른 친밀한 관계(NON 척도 점수를 같이 고려하여 해석), 직업 상태, 경제적 상태 등을 고려해야 한다.
NON	비지지 척도 (nonsupport)	접근이 가능한 지지의 수준과 질을 고려해서 지각된 사회적 지지의 부족에 관한 문항	친밀한 대인관계가 적거나 이러한 관계가 만족스럽지 않다는 것을 의미한다. 74T 이상일 경우 사회적 환경에서 전혀 지지를 받지 못하고 가족관계에서 소원하거나 갈등이 있을 수 있고 자신이 필요할 때 도움을 요청하거나 줄 친구가 없다고 지각할 수 있다.
RXR	치료거부 척도 (treatment rejection)	심리적 및 정서적 측면의 변화에 대한 관심과 동기를 예언하기 위한 척도로 불편감과 불만감, 치료에 참여하려는 동기, 변화의 필요성에 대한 인식, 새로운 아이디어에 대한 개방성 및 책임을 수용하려는 의지 등에 관한 문항	자신에 대해 만족하고 있고 자신의 행동에 변화가 필요하지 않다고 생각하는 것을 의미한다. 심리치료에 대해 동기가 거의 없고 치료를 시작하더라도 자발적이지 않고 타인의 의뢰하는 경우가 대부분이고 조기에 탈락할 가능성이 높다. 63T 이상일 경우 현재 생활에 아무런 어려움이 없고 변화의 필요성도 느끼지 않는다는 것을 의미한다.

2. 치료척도 AGG의 하위척도

치료척도 AGG의 하위척도 내용은 〈표 5.14〉와 같다.

● 표 5.14 치료척도 AGG의 하위척도 내용

	하위척도	내용
AGG-A	공격적인 태도 (aggression attitude)	쉽게 화를 내고 분노표현을 통제하기 어려우며 다른 사람은 이들을 적대적이고 자극적이라고 지각함
AGG-V	언어적인 공격 (verbal aggression)	직면을 사용해서 위협하지 않고 감정을 자극하는 요인이 거의 없더라도 비판이나 모욕과 같은 언어적 방식으로 공격하려는 경향성
AGG-P	신체적인 공격 (physical aggression)	재물파손, 폭력, 위협 등을 분노를 신체적으로 표현하려는 경향, 주위에 있는 사람은 이러한 성질을 겁내고 폭력을 두려워함

대인관계 척도

대인관계 척도의 내용 및 해석은 〈표 5.15〉와 같다.

● 표 5.15 대인관계 척도 내용 및 해석

	대인관계척도	내용	해석
DOM	지배성 척도 (dominance)	대인관계에서 개인적인 통제와 독립성을 유지하는 정도를 평가하기 위한 척도로 대인 관계적 행동방식을 지배와 복종이라는 차원으로 개념화, 점수가 높은 사람은 지배적이고 낮은 사람은 복종적임	점수가 높을 때도 여러 가지 대인관계적 문제를 나타내지만 낮을 때도 의미가 있으므로 다른 하위척도의 점수들과 관련지어 해석하는 것이 바람직하다.
WRM	온정성 척도 (warmth)	대인관계에서 지지적이고 공감적인 정도를 평가하기 위한 척도로 대인관계를 온정과 냉담의 차원으로 개념화, 점수가 높은 사람은 온정적이고 외향적이지만 낮은 사람은 냉정하고 거절적임	이 척도의 점수는 정상인이나 임상집단의 분포가 유사하고 지나치게 낮거나 높을 때는 여러 가지 임상적 의미가 있으므로 대인관계적 양상이나 행동을 지적하는 여러 하위척도의 점수와 관련지어 해석하는 것이 바람직하다.

투사검사

06

'**투**사'란 Freud가 방어기제 개념의 하나로 사용한 용어인 만큼, 자아에 고통을 의식적 인지가 허용되지 않는 충동, 소망, 동기, 생각이 외부로 투사된다는 의미를 가진다 (박아청, 2001).

심리학에서 투사검사란 내담자의 내면 갈등과 정서 상태를 애매한 검사 자극을 통해 표출이나 투영되게 함으로써 내담자의 내적인 심리 상태를 파악할 수 있는 검사를 말한다(강봉규, 2000). 즉 불분명한 시각적 자극을 제시하여 개인의 경험을 체계화하고 기술하는 독특한 방법에 따라 반응이 나타날 것이라는 가정 아래 실시된다(구진선, 2007).

자주 사용되는 투사 검사로는 로샤 잉크반점검사(Rorschach-Blot-Test), 주제통각검사(TAT), 인물화검사(Draw-A-Person, DAP), 문장완성검사(SCT), 집-나무-사람 검사(HTP), 동적 가족화(Kinetic Family Drawing, KFD), 동적 학교생활화(Kinetic School Drawing, KSD), 빗속의 사람 그리기(Person-In-The-Rain, PITR) 등이 있다. 이들은 언어

를 매개로 하는 객관적 심리진단 검사를 보완해 줄 수 있으며, 실시하기 간편하고 경제적이며 개인에 대한 풍부한 정보를 제공해 주는 검사들이다. 투사 그림검사는 내담자의 심리 상태와 특성을 평가하고 심리적 어려움을 치료하는 데 있어 유용하게 사용되어 왔다(김병철 등, 2014).

DAP나 HTP 등의 그림검사법은 언어능력이 떨어지는 어린이나 정서장애 아동에게 적합하며 성인들에게도 임상 장면에서 많이 이용되고 있다. 그림검사법에는 다음과 같은 장점이 있다. 첫째, 자극의 일정한 의미나 정답이 제시되지 않으며, 방어가 적고 응답의 왜곡이 적다. 둘째, 언어로 표출하기 어려운 문제가 제한 없이 반영될 수 있다. 셋째, 성격의 다요인적 해석이 가능하다. 하지만 투사 사정에 관한 논쟁은 늘 타당도와 신뢰도에 집중되어 있다. 그러므로 이러한 진단평가의 신뢰성을 위해 다각화된 시각이 필요한 것으로 보인다(김병철 등, 2014).

로샤 잉크반점 검사

로샤 잉크반점 검사(Rorschach Inkblot test)는 1921년 스위스의 정신과 의사인 H. Rorschach에 의해 개발되었다. 1911년 병원 정신과에서 수련을 받던 중, 잉크반점을 이용하는 일종의 연상게임인 'Blotto 놀이'에서 정상인이 보이는 반응과 정신과 환자들이 보이는 반응 양상에 차이가 있다는 사실에 흥미를 가지게 되어 본격적인 연구에 착수하였다. 1921년에는 모은 자료들을 분석하여 'Psychodiagnostik'[1]이라는 논문과 함께 10개의 카드로 구성된 검사도구를 출판하였다.

Rorschach는 이 논문에서 잉크반점 검사법이 진단도구로 유용하며, 특히 조현병 환자를 확인하는 데 유용하다는 사실과 함께 이 검사법이 진단도구로서뿐 아니라 개인의 기질, 습관, 반응양식 등을 알려 주는 도구로서도 쓰일 수 있지만, 아직은 예비연구이며 이후 계속적이며 체계적인 연구가 필요하다고 하였다. 그러나 Rorschach가 1922년 갑작스럽게 병사하면서 이 검사에 대한 연구는 공백기를 맞이하였다. 이후 Rorschach의 동료들이 로샤검사의 체계를 발전시켜 나갔다.

---

1) 정신환자에 대한 연구결과와 로샤검사의 기초가 된 10장의 카드를 담은 174쪽의 모노그래프

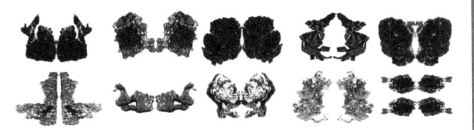
이 검사에서 피검자는 10개의 대칭적인 잉크반점카드를 보고 반응하게 된다. 로샤검사에서 사용하는 것은 데칼코마니 양식에 의한 대칭형의 잉크 얼룩으로 이루어진 무채색 카드(흑백카드) 5장, 부분적인 유채색 카드 2장, 전체적인 유채색 카드 3장 등 총 10장의 카드이다. 10개의 카드는 색깔과 복잡성이 점점 증가하는데, 피검자는 자유연상을 통해서 그 그림이 무엇인지 이야기한다. 그림을 '무엇처럼 보는지'를 알아보는 것이다. 잉크반점카드를 제시하면서 "이것은 무엇처럼 보입니까?" 하고 물으면 피검자는 연상되는 반응을 자유롭게 이야기하고 검사자는 이야기 내용에 대해 미리 정해진 해석방식에 따라 분석하게 된다.

검사자는 피검자에게 옳은 답과 틀린 답이 없음을 언급하고 피검자가 판을 관찰하는 동안 수검자의 자극그림에 대한 반응, 언어적 표현, 및 반응 시간 등을 기록한다. 수집된 자료는 (1) 반응 위치(어느 부분에서 그렇게 보았는지), (2) 반응 내용(무엇으로 보이는지), (3) 결정 요인(무엇 때문에 그렇게 보게 되었는지)으로 평가한다.

로샤검사는 세 가지 측면에서 개인의 반응을 본다.

- 인지적 측면 : 지적기능, 접근방식, 관찰력, 사고의 독창성, 생산성, 관심의 폭
- 정서적 측면 : 일반적 정석적 양상, 자기에 대한 감정, 정서적 스트레스에 대한 반응, 정서적 충동에 대한 통제, 사람들에 대한 반응
- 자아기능의 측면 : 자아강도, 갈등 영역, 방어

로샤검사는 개인의 성격을 다차원적으로 이해하는 데 도움을 주고 개인의 사고, 정서, 현실지각, 대인관계 방식 등 다양한 측면의 인격 특성에 관한 정보를 제공해 준다. 로샤검사의 해석에는 임상적 지식을 필요로 하므로 일정기간의 전문적 훈련을 받아야 한다.

이 검사의 장점은 투사 성격검사로 반응이 매우 독특하고 다양하게 표현되어 개인의 독특한 심리적 특성을 이해하는 데 유용하게 이용된다는 것이다. 반응과정에서 객관식 검사와는 다르게 자극의 내용이 불분명하기 때문에 피검자가 방어적으로 반응하는 것이 어렵기 때문에 피검자의 전의식이거나 무의식적인 심리적 특성이 반영될 수 있다. 이 검사의 단점은 투사검사의 단점과 같은데, 신뢰도나 타당도 검증이 매우 빈약하고 그 결과도 매우 부정적이라는 것이다. 투사 성격검사는 여러 상황적 요인에 의해 강하게 영향을 받는다.

주제통각검사(TAT)

주제통각검사(Thematic-Apperception-Test, TAT)는 주로 성인을 대상으로 대인관계와 환경에 대한 통각이나 의미 있는 해석을 나타내는 성격의 역동을 알아보기 위한 검사이며, 31장의 그림자극으로 구성되어 있다. 1936년에 제작된 원 도판을 3회의 개정을 거쳐 1943년에 31개의 도판으로 이루어진 TAT도구를 정식으로 출판하였다. 이 도판은 현재까지 변경 없이 그대로 사용되고 있다.

이 검사는 인물들이 등장하는 모호한 내용의 그림자극을 제시하고 그에 대한 이야기를 구성해 보도록 하는 방법을 사용하는데, 이 과정에서 개인의 과거 경험, 상상, 욕구, 갈등 등이 투사되면서, 성격의 특징적인 면, 발달적 배경, 환경과의 상호관계 방식 등에 대한 정보를 제공하게 된다. 고영복(2000)의 사회학사전에 따르면, 통각(apperception)이란 정신 스스로의 지각으로서, 지각이나 표상을 일층 명료하게 파악하는 지각작용을 의미한다.

로샤검사와 마찬가지로 모호한 대상을 지각하는 과정에서 개인 특유의 심리적인 과정이 포함되어 독특한 해석을 도출하게 된다는 이론적 입장에서 출발하고 있다. 그러나 로샤검사가 원초적인 욕구와 환상을 주로 도출시킨다고 전제되어 있는 반면, TAT는 다양한 대인관계상의 역동적 측면을 파악하는 데 보다 유용한 특징을 가지고 있다. 인물들이 등장하는 모호한 내용의 그림자극을 제시하고 그에 대한 이야기를 구성해 보도록 하는 방법을 사용하는데, 이 과정에서 개인의 과거 경험, 상상, 욕구, 갈등 등이 투사되면서 성격의 특징적인 면, 발달적 배경, 환경과의 상호작용 방식 등에 대한 정보를 제공해 주게 된다.

TAT는 백지카드를 포함해서 총 31장으로 구성되었으며, 각 카드 뒷면에 성인남자(M), 성인여자(F), 소년(B), 소녀(G) 등의 구별이 표기되어 수검자의 연령과 성별에 따라 카드를 선정하도록 한다. 이 중 10장은 모든 수검자에게 실시하고, 나머지 카드들은 성별과 연령에 따라 각각 10장씩 실시한다. 통상 수검자의 피로를 최소화하기 위해 최소 하루 정도의 간격을 두고 10장의 카드는 첫 회기에, 또 다른 10장의 카드는 두 번째 회기에 실시하도록 한다. 또한 16번 백지카드는 어떤 그림을 상상하여 그것을 자세히 이야기하도록 유도한다.

해석 시 수검자의 나이, 성, 직업, 결혼 여부, 형제와 부모의 존재 여부에 대한 것까지만 안 상태에서 무정보로 해석하도록 한다. 이는 다른 자료에 의해 오염되지 않고 사례에 대한 독립적 판단을 하게 하며, 면담 도중 의식적·무의식적으로 감추었던 결정적 영역에 대한 단서를 제공해 주기 때문이다. 그 후 수검자의 구체적인 개인력을 참조하여 TAT 내용을 다시 검토하는 것이 좋다(최정윤, 2016).

TAT 도판은 성인용(남녀공용, 남자용, 여자용) 도판과 함께 3매의 아동용 도판이 포함되어 있었으나, 주로 성인용 검사로 쓰였기 때문에 아동용에 대한 필요가 생겨났다. 이에 1949년 L.Bellack 이 3~10세의 아동들에게 시행할 수 있는 '아동용 주제통각검사(Children's Apperception Test, CAT)'를 제작하였고, 1952년 수정판을 출판하였다. '한국판 아동용 주제통각검사'는 1976년 김태련, 서봉연, 이은화, 홍숙기에 의해 표준화되었다.

CAT에서는 아동이 '사람'보다 동물에 대해서 보다 쉽게 동일시하는 경향을 반영하여, 도판에 등장하는 인물들이 모두 동물로 그려져 있다는 것이 TAT와는 다른 큰 차이점이다. 또 해석과정에 있어서 TAT에서는 '주제'가 강조되는 데 비해 CAT는 '통각'을 보다 중시하여 일정한 표준지각에서의 개인차를 밝힘으로써 동기와 의미를 분석하는 접근방식을 취한다(최정윤, 2016).

문장완성검사(SCT)

문장완성검사(Sentence-Completion-Test, SCT)는 다수의 미완성 문장을 수검자가 완성하도록 구성된 검사로 단어연상검사로부터 변형 및 발전된 것이다. 투사검사 중에서도 가장 간편하면서 매우 유용한 검사 중 하나로, 검사 종류에 따라 문항 수가 다르지만 대개 수행 시간은 20~30분 정도이며 자기보고식 검사이기 때문에 혼자서 수행할 수 있고 집단을 대상으로 할 수도 있다. 성인용의 경우 4~15가지 주제를 담고 40~100문항 정도로 구성되며 아동용의 경우 국내에서 사용되는 것은 33문항으로 구성되어 있다.

최초의 미완성 문장을 검사에 이용한 것은 Ebbinghaus(1897)로, 그는 지능의 측정을 위하여 이 기법을 사용하였다. 그 후 Tendler(1930)는 사고 반응과 정서 반응을 직접 유발시키면서 자유로운 반응이 허용되고 수검자의 판단이나 선택을 피할 수 있어야 한다고 보았는데, 문장완성검사가 이런 규준을 충족시킬 수 있는 검사라고 제안하였으며 문장완성검사를 성격 영역에서 활용하기 시작한 개척자가 되었다(최정윤, 2016).

문장완성검사는 가족, 대인관계, 자기개념 영역으로 구성되며, 가족 영역은 어머니와 아버지 및 가족에 대한 태도를 측정하고, 대인관계 영역은 친구와 지인, 권위자에 대한 태도를 포함한 영역을 측정한다. 자기개념 영역은 자신의 능력, 과거, 미래, 두려움, 죄책감, 목표 등에 대한 태도 등을 포함한 영역을 측정한다. 자극어는 일반적으로 개인의 신체, 신념, 의욕, 희망, 갈등, 경험, 감정, 태도, 욕구 그리고 가족관계, 교우관계, 직장동료관계 등 대인관계나 사회적 관계에 속한 내용들이 선정된다. 아버지와 관련된 문장 예시에 대한 답은 〈표 6.1〉에 있다.

문항예시	실제 반응들
내 생각에 가끔 아버지는 _____.	가족에게 부담만 주고 가신 것 같다.
	약한 분이다.
	너무 하다는 생각이 든다.
	무섭고 엄하다.
	무뚝뚝하다.

　미완성 문장에 대한 반응만으로도 형식적인 특성에 대한 분석이나 내용 특성에 대한 분석이 가능하다. 형식적 특성은 반응시간, 단어 수, 표현의 정확성, 질, 수식어구, 단순성, 강박성, 장황성 등이며 내용 특성은 정서, 강도, 소극성, 상징성 등이다. 숙련되고 경험 많은 임상가라면 문장의 전반적인 흐름뿐 아니라 미묘한 뉘앙스를 통하여 피검자 성격의 완전하고도 복잡한 패턴을 도출해 내는 것이 가능하다.

　투사검사는 제시되는 검사 자극이 너무 구조화된 것이어도, 또 너무 구조화되어 있지 않아도 피검자의 의미 있는 투사 내용을 이끌어 내기가 어렵다. 문장완성검사는 대체로 더 구조화되어 있고 더 직접적인 검사로 간주되며 또 투사검사로 보기 어렵다는 견해도 있다. 검사용지를 받아 든 피검자는 다른 투사검사에서보다 검사의 목적을 쉽게 추측할 수 있고, 그렇기 때문에 자신이 드러내고 싶지 않은 질문의 문장에 대해서는 의식적으로 통제할 수 있다는 것이다.

　검사자는 피검자가 검사를 시작한 시간과 끝낸 시간을 기록하고 피검자가 검사를 완성한 후 가능하면 질문단계를 실시하도록 한다. 즉 피검자의 반응에서 중요하거나 숨겨진 의도가 있다고 보이는 문항들에 대해서 "이것에 대해 좀 더 이야기해 주십시오."라고 지시하는 것이다. 또는 강박증, 사고의 왜곡 등 임상적 증상과 관련된 내용들에 대해서는 자세한 질문을 통해 확인한다. 이런 단계는 말하기 힘든 문제에 대해서 이야기할 수 있는 계기를 제공하기도 한다. 이러한 구술 시행은 반응시간, 얼굴 붉어짐, 표정 변화, 목소리 변화, 전반적인 행동 등을 관찰함으로써 피검자가 어떤 문항에서 막히는지를 구체적으로 알 수 있게 해 준다.

이 검사의 장점은 검사의 목적을 피검사자가 뚜렷하게 의식하기 어려우므로 비교적 솔직한 답을 얻을 수 있고, 여러 특수 상태에 부합할 수 있도록 검사문항을 수정할 수 있다는 것이다. 또한 개인의 일상생활 적응의 기능을 빨리 파악할 수 있다. 반면 단점은 검사결과를 어느 정도 객관적으로 채점할 수 있다고 하지만 표준화 성격검사에서와 같이 완전히 객관적으로 채점할 수가 없다는 것이다. 또한 다른 자기보고식 검사들과 동일한 문제, 즉 피검사자가 검사에서 자신을 드러내고 싶은 것에만 반응한다거나, 피검사자의 언어 표현력이 부족하거나 검사에 협조적이 아니라면 그 결과가 만족할 만한 것이 못 된다는 우려도 있다.

집-나무-사람 검사(HTP)

집-나무-사람 검사(House-Tree-Person Drawing Test, HTP)는 1948년 Buck에 의해 만들어졌다. 원래는 지능검사의 보조적인 수단으로 고안되었으나, 이후 지능과 성격 모두를 측정하는 수단으로 발전하게 되었다. Buck(1948)은 프로이트의 정신분석학을 바탕으로 HTP를 발달시켰다. 집, 나무, 사람의 세 가지 과제를 사용한 이유는 첫째, 집 나무 사람은 누구에게나 친밀감을 주는 소재이고, 둘째, 모든 연령의 피험자가 그림대상으로 기꺼이 받아들이며, 셋째, 다른 과제보다는 솔직하고 자유스러운 언어표현을 시킬 수 있는 자극으로서 이용할 수 있고, 넷째, 무의식의 활동과 연상작용을 활성화하는 상징성이 풍부한 소재라는 점에서 채택하였다고 한다(최외선 등, 2006). 이 검사는 개인의 전체적인 성격과 환경과 성격 간의 상호작용에 관한 폭넓고 가치 있는 정보를 제공하고, 수검자의 반응행동에 대한 통찰적인 정보를 얻을 수 있다.

- 발달적 측면 : HTP검사는 연령의 증가에 따라 그림의 내용과 그리는 모양이 변화하는 것이 보편적 사실이다. 인물화에 있어 3세경에는 동체가 없고 얼굴에서 손발이 나온 그림을 그리지만, 성장함에 따라 동체에 목이 그려지며 신체의 각 부분이 분화되어 간다. 이와 같이 HTP검사에서는 연령의 증가에 따른 그림의 발달과정을 근거로, 수검자의 연령과 그림을 고찰하여 수검자의 지적인면과 정서 및 사회적인 성숙도를 밝히는 일이 가능하다(김병철 등, 2014).

- 그림의 상징성 : 사람은 애매한 자극에 대해서 자신의 과거 경험과 현재의 욕구를 바탕으로 반응하며, 무의식중에 자기의 감정과 욕구를 나타낸다. HTP는 그림을 매개로 하기 때문에 피험자가 언어로 표현하려고 하지 않는 것과 언어로 표현되지 않는 성격의 단면을 포착하는 것이 가능하다. 상징은 언어로 표현하는 것이 어려운 관념 내용의 도식과 자아방어에 의한 위장이라는 두 가지의 심적 작용을 의미하며, HTP검사의 이론적 근거가 되고 있다. 상징을 해석할 때는 검사 장면과 검사자, 수검자의 인간관계에 주의하며 검사 시 피검자의 태도와 행동을 고려해야 한다.

HTP 검사의 실시

HTP 검사는 보통 개별검사로서 실시하고, 그림을 완성한 후에 여러 가지 질문을 행하여 피검자의 성격에 대한 많은 정보를 얻는다. 그러나 피검자들의 적응 수준이나 성격의 성숙도를 대체적으로 알기 위해서는 집단검사로서 실시하는 것도 가능하다.

- **준비물 : A4용지 4장, 2B 또는 4B연필, 지우개**
- **실시 방법**

> ① 도화지 한 장을 가로로 제시하면서 "집을 그리세요."라고 지시한다.
> ② 집을 다 그리고 나면 다시 도화지 한 장을 세로로 제시하면서 "나무를 그리세요." 라고 한다.
> ③ 나무를 다 그리고 나면 그다음에는 도화지 한 장을 세로로 제시하면서 "사람을 그리세요. 단, 막대 인물상이나 만화처럼 그리지 말고 사람의 전체를 그리세요."라고 한다.
> ④ 그 다음, 다시 도화지를 세로로 제시하며 "그 사람과 반대되는 성을 그리세요."라고 지시한다.
> ⑤ 다 그리고 나면 각각의 그림에 대해 질문을 한다.
> ※ 유의점 : 그림을 그릴 때 소요되는 시간을 측정해 둔다.

HTP 검사의 해석

HTP 검사의 해석이란 HTP 그림에 의한 성격의 여러 면을 밝혀 나가는 것을 말한다. 이 해석은 HTP 검사와 함께 실시한 다른 심리검사들의 결과와 그림을 그린 후의 질문 등을 참작하는 동시에 피험자와의 면접 외에 행동관찰과 검사 시의 태도 등으로부터 얻을 수 있는 임상소견 등도 고려해야 한다. 즉 그림만 가지고 성격의 단면을 추론하는 맹분석(blind analysis)에 의한 해석만을 해서는 안 된다는 것이다.

HTP 검사의 그림은 전체적 평가, 형식적 분석, 내용적 분석의 세 가지 면을 종합하여 해석할 필요가 있다.

전체적 평가

전체적 평가라는 것은 그림의 전체적인 인상을 중시하고, 조화가 이루어져 있는가, 구조는 잘 구성되어 있는가, 이상한 곳은 없는가에 주목하여 어떤 모양의 사람을 그렸는가를 생각해 나가는 것이다.

형식적 분석

HTP 검사에서 집, 나무, 남성상, 여성상등을 어떻게 그렸는가를 분석하는 것이 형식적 분석이다. 형식적 분석은 구조적 분석이라고도 하며 HTP 검사의 모든 그림에 공통적으로 행한다.

HTP 검사의 형식적 분석은 피험자가 어떻게 그리느냐 하는 그리는 방법과 양식을 검토하는 것이다. 형식적 분석은 〈표 6.2〉와 같다.

● 표 6.2 HTP 검사의 형식적 분석

형식적 분석	내용
검사 시 태도와 소요시간	대체로 10분 정도에 각 그림 완성
순서	집그림 : 지붕, 벽, 문, 창문 인물화 : 얼굴, 눈, 코, 입, 목, 몸, 팔, 다리 순서
크기	그림의 크기와 용지의 여백 부분과의 관계 : 피검자와 환경, 양친과의 관계 그림의 크기 : 피검자의 자존심, 자기 확대의 욕구, 공상적인 자아에 대한 단서

형식적 분석	내용
위치	종이의 중앙에 있는 것이 보통
필압과 선의 농담	피검자의 에너지 수준
스트로크	안정되고 민활하며 단호한 스트로크 : 안정, 주장, 야심 있는 사람 희미한 선, 중단된 스트로크 : 불안, 우유부단한 경향 끊어지지 않고 곧바른 운필 : 빠르고 단호하며 주장적인 사람 끊어지지 않은 곡선의 스트로크 : 우유부단한 사람, 의존적 · 감정적인 경향, 여성적 성향과 유순함
지우기	적당히 사용 : 가소성과 순응성 지나치게 사용하는 경우 : 불안감, 우유부단함, 불확실성, 자신에 대한 불만
대칭성	대칭성의 결여 : 피험자의 불안정감을 나타내며, 신체적 면에 부적응감 지나친 대칭성 : 경직된 인상, 강박적, 충동성의 표현을 통제 등
방향	피험자가 사용하는 방향에 따라 피험자의 환경에 대한 태도와 감정 및 대인관계의 평가와 처리법 등을 알 수 있음
세부묘사	필수 요소생략 : 지적 붕괴, 현저한 정서적 혼란이 있음 지나치게 상세한 그림 : 자신과 외계와의 관계를 적절히 통합하지 못하는 사람, 강박적인 사람, 정서장애인, 신경증 환자, 초기조현병, 뇌기질장애인 등
생략과 왜곡	그림의 어떤 부분이 생략되거나 왜곡되어 있는 경우 : 그 부분이 피험자에게 있어서 갈등이 있음
절단	절단된 그림(나무 그림 제외) : 생활공간으로부터의 일탈과 사회생활에 잘 적응하지 못하는 사람에게 많이 나타남
그림자와 음영	의식 수준에 있어서 불안과 갈등이 있음
투시성	정서적 · 기질적 원인에 의한 성격의 통합을 상실, 현실검증의 장애
원근법	조감도/아래에서 보는 것
기타의 표시	(1) 그림에 태양을 첨가하여 그린 경우 : 태양은 권위상으로써 부나 모 (2) 날씨 표현 : 피험자가 자신의 환경에 대하여 안고 있는 감정을 나타냄 (3) 용지를 회전시켜서 그리는 것 : 공격방향과 거부경향

내용적 분석

내용 분석은 무엇을 그렸는가를 다루는 것으로 집, 나무, 남자상, 여자상에 있어서 이상한 부분, 형식 분석의 사인(sign) 등을 참고로 하여 그림 가운데에 강조되어 있는 부분을 다룬다. 내용 분석에 있어서는 명백하고 큰 특징을 먼저 다루되, 그림을 그린 후의 질문(PDI)을 피검자에게 실시하고, 피검자가 질문에 따라 연상하는 것을 묻는 것이 그림 해석에 도움이 된다. 〈표 6.3〉은 그림을 그린 후 사용할 수 있는 질문지의 예시이다.

● 표 6.3 HTP 그림 그린 후의 질문지(PDI)

집	질문	피검자 답변
1	이 집은 도심에 있는 집입니까? 교외에 있는 집입니까?	
2	이 집 가까이에 다른 집이 있습니까?	
3	이 그림의 경우 날씨는 어떻습니까?	
4	이 집은 당신에게서 멀리 있는 집입니까? 가까이 있는 집입니까?	
5	이 집에 살고 있는 가족은 몇 사람입니까? 어떤 사람입니까?	
6	가정의 분위기는 어떻습니까? 따뜻한 가정입니까? 애정 없는 가정입니까?	
7	이 집을 보면 무엇을 생각하게 됩니까?	
8	이 집을 보면 누구의 일을 생각하게 됩니까?	
9	당신은 이런 집에 살고 싶습니까?	
10	당신은 이 집의 어느 방에 살고 싶습니까?	
11	당신은 누구와 이 집에 살고 싶습니까?	
12	당신의 집은 이 집보다 큽니까, 작습니까?	
13	이 집을 그릴 때 누구의 집을 생각하고 그렸습니까?	
14	이것은 당신의 집을 그린 것입니까?	
15	(특수한 집인 경우) 왜 이 집을 그렸습니까?	
16	(그림에서 이해하기 곤란한 부분에 대하여) 이것은 무엇입니까? 왜 그렸습니까?	
17	이 그림에 대하여 더 첨가하여 그리고 싶은 것이 있습니까?	
18	당신이 그리려고 생각한 것처럼 잘 그려졌습니까? 어떤 부분이 그리기 어려웠고 마음에 들지 않는다고 생각합니까?	

● 표 6.3 HTP 그림 그린 후의 질문지(PDI)(계속)

나무	질문	피검자 답변
1	이 나무는 어떤 나무입니까? (확실하지 않을 때는 상록수인가 낙엽수인가를 질문한다.)	
2	이 나무는 어디에 있는 나무입니까?	
3	한 나무만이 있습니까? 숲속에 있는 나무입니까?	
4	이 그림의 경우 날씨는 어떻습니까?	
5	바람이 불고 있습니까? 불고 있다면 어떤 바람이 어느 방향으로 불고 있습니까?	
6	해가 떠 있습니까? 떠 있다면 어느 쪽에 떠 있습니까?	
7	이 나무는 살아 있습니까? 말라죽었습니까? 말라죽었으면 언제 어떻게 말라 죽었습니까?	
8	이 나무는 강한 나무입니까? 약한 나무입니까?	
9	이 나무는 남자와 여자 중 어느 쪽을 닮았다고 봅니까?	
10	이 나무는 몇 년쯤 된 나무입니까?	
11	이 나무는 당신에게 누구를 생각나게 합니까?	
12	이 나무는 당신에게 어떤 사람을 느끼게 합니까?	
13	이 나무는 당신으로부터 멀리 있는 나무입니까? 가까이 있는 나무입니까?	
14	이 나무에 필요한 것은 무엇입니까?	
15	이 나무는 당신보다 큽니까, 작습니까?	
16	(상흔 등이 있으면) 이것은 무엇입니까? 어떻게 하여 생겼습니까?	
17	(특수한 나무인 경우) 왜 이 나무를 그렸습니까?	
18	(그림에서 이해하기 곤란한 부분에 대하여) 이것은 무엇입니까? 왜 그렸습니까?	
19	이 그림에 대하여 더 첨가하여 그리고 싶은 것이 있습니까?	
20	당신이 그리고자 한 만큼 잘 그려졌습니까? 어떤 부분이 그리기 어려웠고, 마음에 들지 않습니까?	

사람	질문	피검자 답변
1	이 사람의 나이는 어느 정도입니까?	
2	결혼하였습니까? 가족은 몇 명 정도이며, 어떤 사람들입니까?	
3	이 사람의 직업은 무엇입니까?	
4	이 사람은 지금 무엇을 하고 있는 중입니까?	
5	지금 이 사람은 무엇을 생각하며, 어떻게 느끼고 있습니까?	
6	이 사람의 신체는 건강한 편입니까, 약한 편입니까?	
7	이 사람은 친구들이 많습니까? 어떤 친구들이 있습니까?	
8	이 사람은 어떤 성질의 사람입니까? 장점과 단점은 무엇입니까?	
9	이 사람은 행복합니까, 불행합니까?	
10	이 사람에게 필요한 것은 무엇입니까?	
11	당신은 이 사람이 좋습니까, 싫습니까?	
12	당신은 이러한 사람이 되고 싶습니까?	
13	당신은 이 사람과 함께 생활도 하고 친구가 되고 싶습니까?	
14	이 사람을 그릴 때 누구를 생각하고 있었습니까?	
15	이 사람은 당신을 닮았습니까?	
16	(특수한 인물인 경우) 왜 이 사람을 그렸습니까?	
17	(그림에서 이해하기 곤란한 부분에 대하여) 이것은 무엇입니까? 왜 그렸습니까?	
18	이 그림에 더 첨가하여 그리고 싶은 것이 있습니까?	
19	당신이 그리고자 생각한 것처럼 마음에 들게 그렸습니까? 어느 부분이 그리기 어려웠고, 마음에 들지 않습니까?	

출처 : 김동연, 공마리아, 최외선(2002). HTP와 KHTP심리진단법. 대구: 동아문화사.

동적 집-나무-사람 검사(KHTP)

동적 집-나무-사람 검사(Kinetic-House-Tree-Person test, KHTP)는 한 장의 종이에 집, 나무, 사람을 함께 그리는 검사로 HTP를 전체적으로 볼 수 있으며, 집, 나무, 사람 간의 상호작용과 역동 또한 알 수 있는 검사이다.

KHTP 검사의 실시

● **준비물 : A4 1장, 연필, 지우개**

● **실시 방법**

> ① 준비한 도화지를 가로로 제시한다.
> ② "여기에 집, 나무, 어떤 행동을 하는 사람의 전체 모습을 그리시오. 사람의 전체 모습을 그릴 때 만화 혹은 막대 인물상으로 그리지 마세요."라고 지시한다.

KHTP 검사의 해석

검사를 실시하고 난 후 그림을 분석할 때 고려해야 할 점은 다음과 같다.

1. 집은 적대적으로 인식되는 세계로부터 숨을 수 있는 장소인가? 집이 붕괴되고 텅 비었으며 활기가 없는가? 집이 성공과 부유함을 나타내는가? 그 집은 당신이 살고 싶은 가정인가?
2. 나무가 죽었는가? 위협을 받고 있는 듯한가? 적대적으로 나타나 있는가?
3. 사람이 공격적이거나 적대적으로 표현되어 있는가? 활기가 있어 보이는가? 신체의 부분이 생략되어 있는가?
4. 집, 나무, 사람과의 간격은 어떠한가? 해나 달 등이 집이나 나무 혹은 사람 위에 그려져 있는가?
5. 그림은 어떤 양식으로 그려져 있는가?

6. 집, 나무, 사람에 어떤 상징이 나타나 있는가?

7. 집, 나무, 사람간의 상호작용이 나타나 있는가?

일반적으로 KHTP에 대한 분석에서 우리는 집은 우리의 생활의 물리적인 측면을 나타내며, 나무는 생활과 자기 성장을 나타내는 것으로 KHTP에서 죽은 나무를 그리는 사람은 생활할 의지를 잃은 것을 나타낼 수 있다. 줄기의 옹이구멍은 보통 '혼란한 마음'속에 있는 고착이나 외상들을 반영한다.

동적 가족화(KFD)

동적가족화(Kinetic Family Drawing, KFD)는 가족화(Drawing A Family, DAF)에 움직임을 첨가한 투사화이며, 그림을 통해 가족의 역동적 관계를 파악할 수 있는 이점이 있다. 그림을 그리는 사람 자신의 눈에 비친 가족의 일상적 생활이나 감정을 나타냄으로써 주관적 판단에 의존하여 그려진 그림을 해석하게 된다.

KFD 검사의 실시

● **준비물 : A4용지 1장, 연필, 지우개**

● **실시 방법**

> 종이를 제시하며 "당신을 포함해서 당신의 가족 모두가 무엇을 하고 있는 그림을 려 보세요. 만화나 막대기 같은 사람이 아니고 완전한 사람을 그려 주세요. 무엇이든 지 어떤 행위를 하고 있는 그림을 그려야 합니다. 당신 자신도 그리는 것을 잊어서는 안 됩니다."라고 지시한다.

색채화를 하지 않는 것은 색채에서 나타나는 심상과 감정을 제외시키기 위해서이며, 가족을 다 그린 후에는 각 인물상이 누구인지, 연령은 얼마이며, 무엇을 하고 있는지를 확인하고 용지의 여백에 기입한다. 이러한 질문은 피험자의 애매한 가족인지에 통찰을 촉진하는 효과도 가져올 수 있다.

시간제한은 하지 않으며, 피험자가 그림을 거부할 때는 용기를 주고 질문사항에 대해서는 "자유롭게 하십시오." 등으로 대답하면 된다. 다 그리고 나면 가족 중에 생략된 사람, 그린 순서 등을 파악하여 해석의 자료로 삼는다.

KFD 검사의 해석

동적가족화의 해석은 5개 영역으로 나누어지며 〈표 6.4〉와 같다.

● **표 6.4 동적 가족화 해석**

해석 영역	해석
인물상의 행위	가족의 상호작용 가족 내 역할 유형
그림의 양식 면에서 본 해석	① 일반적인 양식 ② 구분 ③ 종이접기 구분 ④ 포위 ⑤ 가장자리 ⑥ 인물하선 ⑦ 상부의 선
상징에서 본 해석	① 공격성, 경쟁심 ② 애정적, 온화, 희망적 ③ 분노, 거부, 적개심 ④ 힘의 과시 ⑤ 우울 감정, 억울함
그림의 역동성에서 본 해석	① 인물상의 묘사 순서 ② 인물상의 위치 ③ 인물상의 크기 ④ 인물상의 생략 ⑤ 인물상의 방향 ⑥ 인물상 간의 거리

해석 영역	해석
인물상의 특성을 통해서 본 해석	① 음영, 혹은 갈겨쓰기가 있는가?
	② 신체의 부분적 과장이 있는가?
	③ 신체의 부분적 생략이 있는가?
	④ 의복의 장식이 그려져 있는가?
	⑤ 인물상의 크기는 어떠한가?
	⑥ 인물상이 비스듬히 그려져 있는가?
	⑦ 인물상이 정확하게 묘사되어 있는가?
	⑧ 필압은 어떠한가?

동적 가족화에 사용되는 상징물 가운데 빈번하게 나타나는 상징물과 그 상징물의 의미는 다음과 같다.

- 고양이 : 어머니에 대한 양가감정을 나타내는데, 고양이에 대한 몰두는 어머니나 여성과의 상호작용 동일시에 있어서 갈등이나 경쟁의 상징이다.
- 광대 : 심각한 열등감을 갖고 있는 아동이 나타내는 선입견을 의미한다. 가족 가운데서 가족을 '위로하기 위한' 것으로, 격려되어야 하는 가족, 우울증이나 병력을 나타내는 사람에게서 종종 보인다.
- 구름 : '불안이 사람의 머리 위에 걸려 있는' 것이다. 구름의 수는 가족의 수 혹은 사랑의 삼각관계에 있는 사람의 수와 관계된다.
- 구유 : 가족 사이에서 (새로운) 형제에 대한 질투를 나타낸다.
- 그림자(음영) : 집, 나무 혹은 사람 그림에 나타날 수 있다. 그림자는 특정한 그림에 그려져서 불안이나 '암울한 기분'을 나타낸다. 이것은 구름으로 상징되는 '왠지 모르는(free-floating)' 불안과 다르다.
- 기차 : 보통 소년들이 그림에서 과장하거나 강조하고자 할 때, 힘에 대한 욕구나 인식을 상징한다.
- 꽃 : 아름다움에 대한 사랑, 사랑과 아름다움의 추구/욕구를 표현한다. 허리 아랫부분에 그려진 꽃은 여성과의 동일시를 나타낸다.
- 나비 : 도피적인 사랑과 아름다움을 추구하는 것과 관련된다.
- 난로 : 양육 및 구강적 욕구와 관련된다.

- 냉장고 : 박탈과 박탈에 대한 우울증과 관련된다. 냉장고의 차가움은 빛이나 열과 반대되는 상징이다.
- 너무 크거나 정교한 단추 : 의존성이나 충족되지 않은 욕구를 나타낸다. 양육적인 면을 기대하는 사람이 그릴 것이다.
- 눈(그리고 다른 '차가운' 상징) : 우울증 및 자살과 관계된다.
- 달 : 우울증과 관련된다.
- 램프 : 사랑, 온정 혹은 성적인 문제들과 관련된다.
- 말 : 흔히 소녀들이 그린다.
- 멈춤 표시(또한 '출입 금지' 표시) : 충동 통제에 대한 시도이다.
- 물 주제(못, 풀장, 바다와 같은 물과 관련된 대상들의 형태) : 환상적 사고 활동, 심각한 우울증의 경향들과 관련된다.
- 물에 떠 있는 그림 : 종종 우울증에 빠져 있거나 우울증 경향과 관련이 있다.
- 뱀 : 성적 긴장을 나타내는 남성의 상징이기도 하다. 아동의 경우 요충을 제거해 주는 것이 필요하다.
- 별 : 박탈(신체적 혹은 정서적)과 관련된다.
- 북 : 아동이 개방적으로 표현하는 데 가진 어려움을 치환시킨 분노의 상징이다.
- 불 주제 : 종종 분노와 온정에 대한 욕구와 관련된다.
- 비 : 우울증의 성향과 관련된다.
- 빗자루 : 가족의 청결을 강조하는 인물을 나타내는 최근의 상징이다.
- 사다리 : 긴장과 불확실한 균형과 관련되어 있다. 사다리와 인물들 사이가 가까운 것은 중요한 관계나 혹은 상호작용을 말하고 있다.
- 새 : 자유를 추구하거나 도피를 하려 할 때 혹은 위로 성장하려는 경우에 흔하다. 새둥지는 보금자리의 안전을 열망하는 퇴행된 사람의 경우에 흔하다.
- 숫자 : 종종 동적 그림에서 대상의 수는 그림 그리는 사람을 탐색할 수 있는 의미를 갖고 있다. 흔한 상징으로 예를 들면, 이혼 가정의 아동이 그린 그림에서 4개의 구름은 가족 가운데서 4명의 불안한 사람을 상징한다. 꽃은 때때로 가족 구성원을 나타낸다.
- 쓰레기 : 새로운 형제의 탄생에 대해 당황한 아동이 그린 그림에서 종종 발견된다. 종종 질투 때문에 퇴행적이거나 경쟁적인 행동을 나타낸다. 여동생이나 남동생에 대한 경쟁의식이나 양가감정에 대한 심각한 죄의식과 관련된다.
- 쓰레기를 집어내는 인물 : 가족들의 존재 가운데서 원하지 않는 지저분한 부분(사람 혹은 사람들)들을 집어내고자 하는 소망과 관련이 있다.

- 연(풍선) : 구속하는 가족 환경에서 도망가고 싶은 갈망을 나타낸다. 사람이 자신의 연을 날리며 다른 사람에게 근접해 있는 그림은 구속되거나 벌을 받고 있는 것으로 개인이 인식하고 있다는 것을 말한다.
- 열(태양, 불), 빛(백열전구, 램프, 투광 조명등), 따뜻함(다리미질, 햇살) : 온정과 사랑에 몰두하거나 온정과 사랑에 대한 욕구를 보여 준다.
- 오토바이 : 힘, 우월성과 관련 있다.
- 원 : 환상적인 그림이나 사물에 대한 몰두나 조현병적 성격을 나타낸다.
- 위험한 물건들 : 위험한 물건(예 : 망치, 칼 등)이 많이 있는 것은 분노나 혹은 수동적 · 공격적 분노(사람을 가리키고 있을 때)를 나타낸다.
- 잎들 : 의존성과 관련되어 양육의 원천에 집착하는 경우의 상징을 나타낸다.
- 수집된 잎들 : 부모나 혹은 중요한 다른 사람들로부터 온정이나 양육, 사랑을 수집함을 나타낸다.
- 불타고 있는 잎 : 충족되지 못한 의존적 욕구 그리고 그 결과로서 생겨난 분노 혹은 양가감정을 나타낸다.
- 자전거 : 보통의 아동이 묘사하는 활동이며 너무 강조되었을 경우는 아동(보통 소년)의 남자답기 위한 노력을 반영한다.
- 잔디 깎는 기계(자귀, 도끼, 날카로운 도구) : 소년들의 그림에서 보통 아버지와의 경쟁과 동시에 거세의 두려움을 나타내는 상징의 주제이다. 자화상에 관련될 때는 경쟁심, 지배욕, 통제의 시도를 나타낸다. 지배적인 역할에 대한 욕구 충족을 나타내며, 다른 인물과 관련될 때는 우월한 존재에 대한 두려움 혹은 공포심이나 경쟁심을 나타낸다.
- 전기 : 사람의 생각을 왜곡하거나 독점하고 있는 온정, 사랑, 힘과 통제에 대한 욕구를 나타낸다.
- 줄넘기를 하고 있는 (자기 이외의) 인물 : 그 사람에 대한 심각한 경쟁의식이나 질투를 나타낸다.
- 줄넘기의 줄 : 그림에서 중요한 심리적 상호작용/문제에서 다른 사람들로부터의 방어를 나타낸다.
- 진공청소기 : 그 자체로 구강적 박탈 혹은 충족되지 않은 의존적 욕구의 경험을 지니고 있는 아동과 관련된다. 그 자체로 장(腸)을 상징하거나 힘과 통제의 상징하기도 한다. 진공청소기를 사용하는 어머니는 가정 내에서 힘 있거나 통제력 있는 인물로 보인다.
- 침대 : 침대를 그리는 것은 상대적으로 드물며 성적인 것이나 우울증적인 주제와 관련된다.

- 태양 : 고정관념에 따라 그림을 그리는 어린 아동의 그림에서 종종 보이며 진단적 중요성이 거의 없다. 성인의 그림에서는 온정에 대한 욕구 혹은 주장을 말한다.
- 흐려진 태양 : 우울증과 관련이 있다.
- 태양을 향해 기울어져 있는 인물 : 수용과 온정에 대한 욕구이다. 태양에서 보다 멀리 떨어져서 그려진 인물, 태양에서 먼 쪽으로 기울어져 있거나 혹은 멀리 떨어져서 태양을 보고 있는 인물은 거부감을 나타낸다.
- 통나무 : 지나친 남성미의 추구 혹은 남성미를 갖추려는 노력과 관계가 있다.
- 페인트 붓 : 종종 손의 확장, 그리고 고통을 주는 인물과 관련된다.
- 풍선 : 우월의 상징, 지배나 도피에 대한 갈망을 나타낸다.
- 'x'표 증후군 : 음영이나 선의 강화를 통해서 x표를 대상 속에 끼워 넣으며 그리고 그림 속에서 누군가와 관련되는 대상에 그려 넣는다.

동적 학교생활화(KSD)

동적 학교생활화(Kinetic Sdhool Drawing, KSD)는 Knoff 등(1985)에 의해 개발된 것으로 아동이 학교 내에서 그들과 관계되는 인물, 즉 자신과 친구와 교사가 무엇인가 하고 있는 그림을 그리게 하여 친구, 교사와의 관계에 대한 지각을 측정하는 투사검사이다. 이 검사는 아동 및 청소년 상담과 심리치료에도 유용하다. 특히 학교에 관한 학업인식, 그 밖의 자기 인식, 아동의 교사상, 친구상, 친구관계를 파악하는 데 유용하다(김병철 등, 2014).

KSD는 수검자가 그림 속의 인물 구성원, 즉, 교사와 친구에 대한 주관적인 판단에 따라 그림을 그림으로써 '지각의 선택성'이라는 특징을 가지게 된다. 선택적 지각이란 그림을 그리는 사람의 인물 구성원에 대한 주관적인 판단을 의미한다. 내담자의 경험이나 자신이 처한 상황에 따라 교사 및 친구의 행동이나 그들에 대한 감정은 객관적일 수 없고 주관적이고 심리적일 수밖에 없다. 따라서 학생들의 일상적인 태도나 감정이 KSD에 투사되어 학교생활에서 교사와 친구와의 관계를 파악할 수 있고 그들에 대한 비시각적이고 비의식적인 생각을 끄집어내어 상호관계나 역동성을 파악할 수 있는 것이다(전영숙 등, 2004).

KSD 검사의 실시

● **준비물 : A4용지, 4B연필, 지우개**

● **실시 방법**

> ① 치료사가 종이와 연필, 지우개를 준비하여 제시하고 "당신을 포함해서 선생님 한 사람 이상의 친구가 학교에서 무언가를 하고 있는 그림을 그려 보세요. 만화나 막대기 같은 사람이 아니고 완전한 사람을 그려 주세요. 무엇이든지 어떤 행위를 하고 있는 그림을 그려야 합니다. 당신 자신도 그리는 것을 잊어서는 안 됩니다." 라고 지시한다.
>
> ② 용지의 방향은 내담자가 자유롭게 선택하도록 하며 시간제한은 하지 않아도 되지 만 보통 30분 정도 소요된다.
>
> ③ 그리는 도중 여러 가지 질문에 대해서는 "자유입니다. 그리고 싶은 대로 그리세 요."라고 하고 어떠한 단서도 주지 않도록 한다.
>
> ④ 그림을 다 그린 후 다음을 기록한다.
> - 그림을 그린 순서(인물상 위에 그린 순서대로 번호를 기록)
> - 그림 속의 인물(인물상이 누구인지를 기록)
> - 그 사람이 무엇을 하고 있는지에 대해 질문

학교생활화(KSD) PDI

검사 날짜 : _____   아동 : _____   검사자 : _____

<지시어>

"자신을 포함하여 선생님과 1명 이상의 친구가 학교에서 무엇인가를 하고 있는 그림을 그려 보세요. 만화나 막대기 같은 사람이 아니고 완전한 사람을 그려 주세요. 모두가 무엇이든 하고 있는 그림을 그리도록 하세요. 자신을 그리는 것도 잊어서는 안 됩니다."

질문	내용
그림 속의 나는 어디에 있는지 표시해 주세요.	
그림을 그린 순서는?	① 나-선생님-친구 / ② 나-친구-선생님 ③ 선생님-나-친구 / ④ 선생님-친구-나 ⑤ 친구-나-선생님 / ⑥ 친구-선생님-나
그림 속의 인물들은 누구인가요?	
선생님은 언제, 어디에서 무엇을 하고 있나요?	
선생님의 기분은 어떤가요?	
친구들은 언제, 어디에서 무엇을 하고 있나요?	
친구들의 기분은 어떤가요?	
그림에 더 그려 넣고 싶은 것이 있나요?	
이 그림을 보니 어떤 생각 혹은 기분이 드나요?	
더 하고 싶은 말이 있나요?	

출처 : 김병철, 김성삼, 최영주 (2014). 그림과 심리진단. 서울: 양서원.

Rey-Kim 기억검사-II

검사 소개

Andre Rey(1964)가 개발한 청각언어기억검사(Auditory Verbal Learning Test, AVLT)와 그림기억검사(Complex Figure Test, CFT)를 국내 실정에 맞게 김홍근(1999)이 번안하여 표준화한 기억평가척도이다. Rey-Kim 기억검사-II는 이전 판을 김홍근(2013)이 개정한 검사이다. 검사 대상연령은 16~69세이며, 전체 검사시간은 15~20분 정도 소요된다. 복잡한 검사도구 필요 없이 종이와 필기구만 있으면 실시할 수 있도록 구성되었다.

검사의 구성

검사의 내용 및 시행은 〈표 7.1〉과 같다.

● 표 7.1 검사 내용 및 시행

척도		내용	시행	
AVLT	청각언어 기억검사 (Auditory Verbal Learning Test)	총 15개의 단어들을 1초에 하나 정도로 일정 속도로 불러주며 반복시킨 후 이 단 어들에 대한 기억의 형성을 측정	시행 1~5	단어를 불러 주고 생각나는 대 로 말하도록 한다.
			지연회상	20분 후에 불러 준 단어들을 생 각나는 대로 말하도록 한다.
			지연재인	기록용지에 불렀던 단어들을 찾도록 한다.
CFT	시각기억 검사 (Complex Figure Test)	복잡한 기하학적 도형을 보고 똑같이 그 리게 하는 그리기 시행을 실시한 후 안 보고 그리는 즉시회상을 실시한 후 20분 후에 안 보고 그리는 지연회상을 실시, 12개의 RCF의 일부 모양을 각 문항별 4 개의 위치와 모양이 다른 그림 중 맞는 것을 골라내는 지연재인을 실시	보고그리기	CFT를 똑같이 그리도록 한다.
			즉시회상	보고그리기 시행 후 안 보고 그 리도록 한다.
			지연회상	20분 후 그린 그림을 다시 그리 도록 한다.
			지연재인	문항별로 4개의 그림 중에서 CFT의 일부분을 찾아 동그라 미 표시를 하도록 한다.

AVLT

청각언어기억검사는 AVLT의 단어들을 번안한 15개 단어들을 1초 간격으로 불러 주고 즉시 회상하도록 하는 지연회상(auditory delayed recall), 그리고 이 단어들을 포함한 50개의 단어 목록 중에서 제시된 단어를 찾도록 하는 지연재인(auditory delayed recognition)의 순서로 시행된다.

　반복시행으로 얻은 학습곡선은 기억장애의 진단에 매우 유용하다.

CFT

시각기억검사는 CFT 도형을 제시하고 똑같이 그리도록 하는 보고그리기(copy), 보지 않고 그리도록 하는 즉시회상(visual immediate recall), 그리고 20분의 지연시간을 가진 뒤의 지연회상(visual delayed recall), 지연재인(visual delayed recognition)의 순서로 시행된다. CFT 형태에 따른 점수분포는 〈표 7.2〉와 같다.

● 표 7.2 CFT 형태에 따른 점수분포

도형	형태	위치	비고
왼쪽 십자가와 연결선	십자가와 연결선이 있어야 함. 연결선이 너무 길면 안 됨	십자가 아래쪽 끝은 큰 사각형 세로 변의 20~75% 사이에 와야 함. 십자가 위쪽 끝은 큰 사각형 가로 변의 연장선보다 높아야 함. 연결선은 큰 사각형의 왼쪽 위 모서리와 7번 수평선 사이에 있어야 함	
큰 사각형	2점 : 가로가 세로보다 긴 직사각형 1점 : 가로가 세로보다 2배 이상 긴 직사각형, 정사각형, 세로가 가로보다 긴 직사각형	0.5점 : 오각형, 삼각형 등 사각형이 아닌 도형, 중복해서 그린 사각형 0점 : 안 그린 경우	
큰 사각형 내의 두 대각선	교차하는 2개의 대각선이 있어야 함	두 대각선의 교차점은 4~5번 수직선의 교차점과 일치해야 함	교차점 불일치 : 심한 경우만 감점. 교차점 불일치로 감점할 경우 3번 요소에서만 감점하고 4~5번의 채점에서 같은 이유로 감점하지 않음
큰 사각형 내의 수평선	수평선이 있어야 함	수평선이 큰 사각형의 세로 변 중간에 위치	
큰 사각형 내의 수직선	수직선이 있어야 함	수평선이 큰 사각형의 가로 변 중간에 위치	
작은 사각형과 두 대각선	사각형과 2개의 대각선이 있어야 함. 형태가 불완전한 경우 위치의 채점이 어려움. 형태가 불완전한 경우 위치도 불완전한 것으로 간주하고 0.5점으로 채점	사각형의 오른쪽 모서리는 점선으로 표시된 두 선 사이에서 3번 대각선과 맞닿아야 함. 두 대각선의 교차점은 수평선과 일치해야 함. 교차점 불일치는 심한 경우만 감점	
작은 사각형 위의 수평선	수평선이 있어야 함	수평선은 오른쪽 3번째 칸 사이에서 3번 대각선과 맞닿아야 함	
4개의 수평선	4개의 평행한 수평선이 있어야 함. 첫 번째 네 번째 수평선 사이 3개의 간격은 비슷해야 함	삼각형 내에 있어야 함	

● 표 7.2 CFT 형태에 따른 점수분포(계속)

도형	형태	위치	비고
큰 사각형 위의 삼각형	삼각형이 있어야 함. 삼각형의 높이는 삼각형의 밑변보다 짧아야 함	삼각형의 수직변은 밑에 직사각형 윗변과 같아야 함	
큰 사각형 내의 짧은 수직선	수직선이 있어야 함	위에 삼각형 내에 왼편에 치우쳐 위치해야 함	
원과 3개의 점	점은 위에 2개, 아래에 하나, 점이 까맣게 채워져 있지 않고 비어 있으면 감점. 원의 크기가 지나치게 작으면 감점	원이 삼각형과 접촉하지 않아야 함	
5개의 짧은 선	5개의 짧고 평행한 선이 있어야 함. 1번째 선과 5번째 선 사이에는 4개 간격의 길이는 비슷해야 함	5개 선들의 양 끝은 사각형과 접촉하면 안 됨	
큰 삼각형	삼각형의 양변의 길이 비율은 원칙적으로 1 : 1임. 양변의 길이 비율이 2 : 3(3 : 2) 이내일 경우 맞는 것으로 간주함 삼각형의 가로 높이는 옆에 작은 사각형의 윗변보다 짧아야 함	삼각형의 윗변은 사각형의 모서리와 맞닿아야 함	
다이아몬드	다이아몬드의 높이가 너비보다 길어야 함. 다이아몬드의 방향은 원칙적으로 수직이어야 함. 방향이 수직에서 벗어난 정도가 45도 이내일 경우 맞는 것으로 간주함	다이아몬드의 위 끝은 삼각형의 끝과 맞닿아야 함. 아래 끝은 사각형 밑변의 연장선을 넘지 않아야 함	
큰 삼각형 내의 수직선	수직선이 있어야 함	삼각형 내에서 왼쪽에 치우쳐 위치해야 함	
큰 삼각형 내의 수평선	수평선이 있어야 함	사각형과 삼각형 중간이 연결되었다면 그것이 수평선이 아닌 사선이더라도 맞는 것으로 간주하고 2점을 줌	
아래쪽 십자가와 연결선	십자가와 연결선이 있어야 함		
사각형과 대각선 하나	사각형의 대각선 하나가 있어야 함. 사각형의 가로와 세로 비율은 1 : 1임. 그러나 가로와 세로 비율이 1 : 2 이내인 경우 맞는 것으로 함	사각형의 오른쪽 세로 선이 사각형 밑변을 분할한 비율은 1 : 1임. 분할한 비율이 1 : 2까지는 맞는 것으로 간주함. 사각형의 왼쪽 세로 선은 큰 사각형의 왼쪽 아래 모서리와 맞닿아야 함	

점수체계

환산점수

총 12개의 원점수가 산출된다. 환산점수는 6개의 연령별로 구분하며, 매우 높음, 높음, 낮음, 매우 낮음의 기록은 각각 VH(very high), H(high), L(low), VL(very low)의 약자를 사용한다. Rey-Kim 기억검사의 점수체계는 〈표 7.3〉과 같다.

● **표 7.3 Rey-Kim 기억검사의 점수체계**

환산점수	세부 항목
AVLT	• 시행 1~5 각각의 점수 • 시행 1~5의 합 • 지연회상 • 지연재인
CFT	• 보고그리기 • 즉시회상 • 지연회상 • 지연재인

지수점수

지수점수(quotient score)는 여러 개의 환산점수를 조합하여 산출하는 요약점수로 기억지수, 언어기억지수, 그림기억지수, 즉시회상지수, 지연회상지수, 지연재인지수의 여섯 가지가 있다. 각 지수점수는 평균이 100이고 표준편차가 15인 정상분포를 이룬다. MQ는 전체 결과를 요약해 주는 점수이고 언어기억지수와 그림기억지수는 각각 AVLT와 CFT의 결과를 요약해 주는 점수이다. 지수점수의 내용은 〈표 7.4〉와 같다.

● **표 7.4 지수점수의 내용**

지수점수	내용
기억지수 (Memory Quotient, MQ)	AVLT 시행 1~5의 합 AVLT 지연회상 AVLT 지연재인

● 표 7.4 지수점수의 내용(계속)

지수점수	내용
기억지수 (Memory Quotient, MQ)	CFT 즉시회상 CFT 지연회상 CFT 지연재인
언어기억지수 (Verbal Memory Index, VMI)	AVLT 시행 1~5의 합 AVLT 지연회상 AVLT 지연재인
그림기억지수 (Figural Memory Index, FMI)	CFT 즉시회상 CFT 지연회상 CFT 지연재인
즉시회상지수 (Immediate Recall Index, IRCI)	AVLT 시행 1~5의 합 CFT 즉시회상
지연회상지수 (Delayed Recall Index, DRCI)	AVLT 지연회상 CFT 지연회상
지연재인지수 (Delayed Recognition Index, DRGI)	AVLT 지연재인 CFT 지연재인

대응점수 간 비교

대응점수 간 비교는 2개의 점수를 비교하는 것으로 총 일곱 가지가 있다. 각 비교에 사용되는 두 점수(대응점수 1, 대응점수 2)와 주요 비교 목적이 제시되어 있다. 〈표 7.5〉에는 각 대응점수 비교에 사용되는 점수와 주요 비교 목적이 제시되어 있다.

● 표 7.5 각 대응점수 비교에 사용되는 점수와 주요 비교 목적

대응점수 1	대응점수 2	주요 비교 목적
언어기억지수	그림기억지수	언어기억과 그림기억이 동등한 수준인지 아닌지를 평가한다. 언어기억이 상대적으로 낮은 것은 좌반구 기억구조의 선별적 손상을 시사한다. 그림기억이 상대적으로 낮은 것은 우반구 기억구조의 선별적 손상을 시사한다.
지연회상지수	즉시회상지수	즉시기억에 비해 지연기억이 낮은지를 평가한다. 지연기억이 상대적으로 낮은 것은 빠른 망각 속도를 시사한다.
지연회상지수	지연재인지수	재인기억에 비해 회상기억이 낮은지를 평가한다. 회상기억이 상대적으로 낮은 것은 인지적 책략을 시사한다.

대응점수 1	대응점수 2	주요 비교 목적
AVLT 시행 5 환산점수	AVLT 시행 1 환산점수	기억에 대한 요구가 누적될수록 수행 수준이 낮아지는지를 평가한다. 시행 5의 환산점수가 시행 1의 환산점수보다 낮은 것은 많은 기억장애 환자가 보여 주는 프로파일이다.
CFT 즉시회상 환산점수	CFT 보고그리기 환산점수	구성력에 비해 그림기억기능이 낮은지를 평가한다. 즉시회상의 환산점수가 보고그리기의 환산점수보다 낮은 것은 많은 기억장애 환자들이 보여 주는 프로파일이다.
MQ	FSIQ*	일반지능에 비해 기억기능이 낮은지를 평가한다. 많은 기억장애 환자들에서 기억기능의 수준은 일반지능의 수준보다 낮다.
MQ	VCI*	결정지능에 비해 기억기능이 낮은지를 평가한다. 많은 기억장애 환자들에게 기억기능의 수준은 결정지능의 수준보다 낮다.

* K-WAIS-IV에서 산출되는 점수

아동용 Rey-Kim 기억검사

검사 소개

아동의 기억기능을 평가하는 대표적인 검사로 아동용 Rey-Kim 기억검사가 있다. 이 검사는 아동의 기억검사에 대한 필요성에 근거하여 개발된 평가도구로서 김홍근(1999)에 의해 발표된 성인용 기억검사를 아동에 알맞은 형태로 개편한 것이다. 적용연령은 만 7~15세이다. 이 검사들은 모두 Andre Rey(1941, 1964)가 개발한 청각언어기억검사인 Auditory Verbal Learning Test(AVLT)와 시각기억검사인 Complex Figure Test(CFT)를 근간으로 하여 만들어졌다. AVLT와 CFT는 해외에서 임상적으로 유용성을 널리 인정받고 있으며, 여러 기억검사 중에서도 만족도가 높은 검사이다. Rey-Kim 기억검사는 언어기억검사인 AVLT-C1와 시각기억검사인 CFT-C2로 구성되어 있다. 두 검사 중 어느 검사를 먼저 실시하느냐에 대해서는 특별한 제한은 없으나, 규준집단의 검사에서는 AVLT-C를 먼저 실시하고 그다음에 CFT-C를 실시하였다. 그러므로 특별한 이유가 없다면 이러한 순서를 따라 실시하는 것이 바람직하다.

검사의 필요성

아동에서 기억장애는 뇌 외상과 같은 신경외과적 질환을 가진 아동은 물론 ADHD, 품행장애, 투렛장애와 같은 신경정신과적 질환을 가진 아동에서도 적지 않게 발견된다. 또한 아동기의 기억장애는 학습장애와 같은 이차적 결과를 불러올 수 있는 만큼 기억기능을 점검할 필요성은 매우 크다.

아동에 대한 임상심리평가에서 기억검사가 포함되어야 할 필요성은 다음 몇 가지 관점에서 논할 수 있다. 첫째, 임상에서 기억장애를 가진 아동이 적지 않게 발견된다는 점이다. 기억장애는 기억에 중요한 뇌부위인 내측측두엽, 시상, 전뇌기저핵에 손상을 입은 아이들에서 가장 저명하다. 그러나 분산적 뇌손상을 입은 아동들 상당수에서도 기억장애가 발생한다. 또한 신경외과적 질환이 아니더라도 ADHD, 품행장애, 우울증과 같은 신경정신과적 질환을 가진 아동에서도 적지 않게 발견된다. 둘째, 임상가들이 관심을 기울여야 할 주요 인지기능은 주의, 언어, 시공간, 기억, 관리기능의 다섯 가지로 볼 수 있다. 그런데 가장 대표적인 인지검사인 웩슬러 지능검사가 측정하는 인지기능은 주의, 언어, 시공간기능에 국한된다. 그러므로 기억기능을 측정하기 위해서는 웩슬러 지능검사 이외에 기억에 전문화된 검사를 따로 실시해야 한다. 셋째, 학령기 아동에 있어서 기억장애는 학습장애나 적응장애와 같은 이차적 장애로 이어질 가능성을 내포한다. 이러한 점은 성인의 임상심리평가에서 기억검사가 강조되는 것 이상으로 임상심리평가에서 기억검사가 강조되어야 할 주요 이유이다(김홍근, 1999).

점수의 체계

아동용 Rey-Kim 기억검사의 각 점수들의 용도는 〈표 7.6〉과 같다.

● 표 7.6 아동용 Rey-Kim 기억검사의 각 점수들의 용도

점수	용도
환산점수	수행의 시행별 분석
MQ	기억장애의 유무 및 정도의 평가
학습기울기	기억과정 중 등록 단계에서 결손이 있는지의 평가

점수	용도
기억유지도	기억과정 중 유지 단계에서 결손이 있는지의 평가
인출효율성	기억과정 중 인출 단계에서 결손이 있는지의 평가
그리기/기억 일치도	시공간기능에 비해 시각기억이 선별적으로 낮은가의 평가
언어기억/시각기억 일치도	전체성 기억장애와 부분성 기억장애의 변별
지능/기억 일치도	일반지능에 비해 기억력이 선별적으로 낮은가의 평가

환산점수

환산점수는 각 시행별 원점수를 M=10, SD=3인 정상분포 점수로 전환한 점수이다. 16~17은 최우수, 14~15는 우수, 12~13은 평균상, 9~11은 평균, 7~8은 평균하, 5~6은 경계선, 2~4는 기억장애에 해당한다. 다만 이러한 해석 기준은 일반적인 것으로 융통성 있게 적용되어야 한다. 예를 들어 평균 수준으로 분류되는 환산점수라 할지라도 아동의 현재 지능 또는 병전 수준이 상당히 높은 경우라면 기억기능의 저하를 시사할 수 있다.

MQ

아동의 기억검사 수행을 전체적으로 종합하여 단일한 점수로 요약한 것이다. 해석기준을 제시하면 130 이상은 최우수, 120~129는 우수, 110~119는 평균상, 90~109는 평균, 80~89는 평균하, 70~79는 경계선, 69 이하는 기억장애에 해당한다. 다만 이러한 해석 기준은 일반적인 것이므로 융통성 있게 적용되어야 한다. 예를 들어 평균 또는 평균하 수준의 MQ일지라도 아동의 현 지능 또는 병전 수준이 상당히 높은 경우라면 기억기능의 이상을 시사할 수 있다. 가령, 웩슬러 지능검사 IQ가 120인 아동에서 90의 MQ는 기억기능의 이상을 시사한다. MQ는 전체 검사결과를 종합한 점수라는 점에서 Rey-Kim 기억검사에서 산출되는 가장 중요한 지표의 하나이다. 또한 간결하게 숫자화된 점에서 검사결과의 간결한 보고에 특히 유용하다. 그러나 MQ에만 지나치게 의존하는 결과 해석은 수행의 질적인 측면을 무시하는 점에서 문제점을 내포한다. 따라서 수행의 질적 측면을 반영하는 질적 점수와 상호 보완적으로 해석해야 한다.

학습기울기, 기억유지도, 인출효율성

기억은 등록, 유지, 인출의 세 단계로 구분할 수 있다. 기억의 세 단계 중 특히 어느 단계에 결함이 있는지를 파악하는 것은 임상적으로 상당한 의미가 있다. Rey-Kim 기억검사에서 등록, 유지, 인출 단계에 대한 변별적인 평가는 AVLT-C에서 도출한 학습기울기, 기억유지도, 인출효율성의 세 지표를 사용한다. 등록, 유지, 인출의 세 단계는 기억장애의 원인으로서 서로 배타적인 관계에 있지 않다. 그러므로 기억장애 아동의 수행을 분석해 보면 어느 한 단계가 아니라 2개 이상의 단계에서 동시에 결함을 보이는 경우가 많다. 반면에 기억장애는 있지만 어느 한 단계의 결함도 분명하지 않은 사례도 있다.

1. 학습기울기

등록과정에 초점을 맞춘 지표이다. 학습기울기 지표의 백분위가 낮을수록 반복에 따른 학습효과가 저조한 것이다. 이는 등록 단계의 문제로 해석할 수 있다.

2. 기억유지도

유지과정에 초점을 맞춘 지표이다. 기억유지도 지표의 백분위가 낮을수록 파지기간 동안의 정보 망각량이 큰 것이다.

3. 인출효율성

인출과정에 초점을 맞춘 지표이다. 인출효율성 지표의 백분위가 낮을수록 기억에 저장된 내용 중 실제로 인출 가능한 양이 적은 것이다.

그리기/기억 일치도

아동의 CFT-C 수행에서 기억기능과 시공간기능을 변별하는 데 초점을 맞춘 지표이다. 그리기/기억 일치도의 백분위가 낮을수록 그리기 시행에 비해 즉시회상 시행의 수행이 저조한 것이다. 정상 아동일지라도 그리기 시행과 즉시회상 시행의 반응을 비교하면 전자가 후자보다 우수한 경우가 압도적으로 많다. 그러나 정상 아동의 경우 두 시행의 차이가 비교적 적은 반면에, 기억장애 아동의 경우 두 시행의 반응 차이가 매우 큰 특징을 보인다. 그리기 시행은 시공간기능을 반영하는 반면에 즉시회상 시행은 시공간기능과 기억기능을 동시에 반영한다. 그러므로 두 시행의 반응 차이가 큰 것은 시공간기능에 비해 기억기능이 저조함을 반영한다.

언어기억/시각기억 일치도

아동의 기억장애가 전체성인가 혹은 부분성인가를 변별하는 데 초점을 맞춘 지표이다. 전체성 기억장애는 언어기억과 시각기억이 모두 낮은 상태이고, 부분성 기억장애란 그중 어느 하나만 낮은 상태이다. 언어기억/시각기억 일치도가 백분위가 낮을수록 언어기억과 시각기억의 수행 차이가 큰 것이다. 정상 아동의 경우도 언어기억과 시각기억의 수준이 정확히 일치하는 경우는 드물며 어느 정도의 차이를 보이는 것이 일반적이다. 그러므로 부분성 기억장애의 진단은 언어기억과 시각기억의 수준 차이가 상당히 큰 경우에만 내려질 수 있다. 부분성 기억장애의 가장 주요한 병인은 좌반구나 우반구의 기억 관련 부위 중 어느 한쪽만이 손상되는 것이다.

지능/기억 일치도

아동의 인지장애가 기억에 국한된 것인지 아니면 인지기능 전반에 걸친 것인지를 변별하는 데 초점을 맞춘 지표이다. 일치도의 백분위가 낮을수록 일반지능(IQ)에 비해 기억기능이 낮은 것이다. 정상 아동의 IQ와 MQ를 비교하면 MQ가 IQ보다 낮은 경우와 그 반대의 경우가 각각 절반 정도 된다. 또한 어느 쪽이 더 크든 간에 그 차이는 일반적으로 그리 크지 않다. 그러나 기억장애 아동이 경우 MQ가 IQ보다 낮은 경우가 훨씬 많으며, 그 차이도 극심한 경우가 다수 발견된다. 이는 다른 인지기능에 비해 기억기능이 특히 낮음을 반영한다.

Kims 전두엽-관리기능 신경심리검사-II

검사 소개

전두엽-관리기능은 임상적 중요성에도 불구하고 측정 도구의 미비로 객관적인 평가에 심각한 어려움이 있었다. 특히 임상에서 가장 많이 쓰이는 웩슬러 지능검사나 MMPI는 전두엽-관리기능의 측정에 극히 제한적인 유용성밖에 없었다. 이에 2001년 김홍근이 전두엽-관리기능 손상에 초점을 맞추어 Kims 전두엽-관리기능 신경심리검사를 개발하였고

2013년 개정되어 현재는 Kims 전두엽-관리기능 신경심리검사-II(Kims Frontal-Executive Function Neuro-psychological Scale-II)가 사용되고 있다. 이 검사는 Stroop(1935), Benton(1968), Ruff(1987), Rey(1941), WAIS(1987) 검사들을 모체로 김홍근(2013)이 수정하여 표준화한 검사로서 스트룹검사, 단어유창성, 도안유창성, 인출효율성 등 4개의 소검사로 구성되어 있는데, 인지기능의 주의, 언어, 시공간, 기억 영역을 평가할 수 있다.

검사의 특징

1. Kims 전두엽-관리기능 신경심리검사-II는 스트룹검사, 단어유창성, 도안유창성, AVLT, CFT의 다섯 가지 소검사로 구성된다.
2. 각 소검사들의 점수를 종합하여 전체 요약점수인 관리기능지수(EFQ)를 산출한다.
3. 관리기능 의존도가 높은 검사와 낮은 검사의 비교를 강조하였다.
4. 정반응뿐 아니라 오류와 관련된 반응도 점수화하였다.
5. 검사는 실용성을 높이는 방향으로 제작되었다. 예를 들어 복잡한 검사 도구가 필요 없이 종이와 필기구만 있으면 실시할 수 있다.

검사의 구성

검사 구성 및 검사 방법은 〈표 7.7〉과 같다.

● 표 7.7 검사 구성 및 검사 방법

검사 구성	영역	검사 방법
스트룹검사	주의력 억제력	단순시행 : 검사판에 검은색, 파란색, 노란색, 빨간색의 원 24개를 제시, 피험자가 가능한 빨리 말하도록 하는 검사 간섭시행 : 검정, 파랑, 노랑, 빨강의 단어가 적혀 있는데, 단어의 의미와 단어 색깔이 일치하지 않는 단어들로 검사판에 24개로 구성되어 있음. 이 시행에서 글자를 무시하고 글자의 색깔을 빨리 말하도록 하는 검사
단어유창성	관리기능	특정 철자(ㄱ, ㅅ, ㅇ)로 시작하는 단어를 제한시간 1분 내에 가능한 많이 말하도록 함
도안유창성	시공간	5개의 점을 자유로이 연결하되 새로운 도안들로 제한시간 1분 이내에 많이 그리게 함
AVLT	관리기능	15개의 단어를 5회 반복시행으로 학습시키고 20분 후 지연회상, 지연재인을 시키는 검사

● 표 7.7 검사 구성 및 검사 방법(계속)

검사 구성	영역	검사 방법
CFT	인지기능	CFT 그림판을 제시하고 이를 그대로 따라 그리게 하여 위치와 형태, 그린 순서를 고려함

점수의 체계

환산점수

Kims 전두엽-관리기능 신경심리검사-II에서는 총 13개의 원점수가 산출된다. 환산점수는 6개의 연령대로 구분한다. 환산점수에 대한 평가는 16~18은 매우 높음, 14~15는 높음, 7~13은 보통, 5~6은 낮음, 2~4는 매우 낮음의 5등급으로 한다. 다만 평가 결과의 기록은 보통인 경우는 적지 않는다. 환산점수의 범주는 〈표 7.8〉과 같다.

● 표 7.8 환산점수의 세 범주

범주	속성	환산점수
관리기능지수(EFQ)	관리기능 의존도가 높은 점수	스트룹검사 간섭시간 단어유창성 정반응 도안유창성 정반응 AVLT 지연회상 CFT 계획성
비교점수	관리기능 의존도가 낮은 점수	스트룹검사 단순시간 AVLT 지연재인 CFT 보고그리기
오류 통제	오류와 관련된 점수	스트룹검사 단순오류 스트룹검사 간섭오류 단어유창성 비어반응 단어유창성 반복반응 도안유창성 반복반응

관리기능지수

관리기능지수(Executive Function Quotient, EFQ)는 검사결과를 요약하는 점수로, 결과의 해석에서 가장 중심적인 요소이다. 지수점수표에는 환산점수의 합, 지수점수, 백분위 및 평가를 기록한다.

EFQ에 대한 평가는 백분위가 95 이상일 경우 매우 높음, 85~95일 경우 높음, 15~85일 경우 보통, 5~15일 경우 낮음, 5 이하일 경우 매우 낮음의 5등급으로 한다. 또한 매우 높음은 VH(very high), 높음은 H(high), 낮음은 L(low), 매우 낮음은 VL(very low)으로 약자를 사용하여 기록한다.

대응점수 간 비교

대응점수 간 비교는 2개의 점수를 비교하는 것으로 총 일곱 가지가 있다. 각 비교에서 대응점수 1은 관리기능 의존도가 높은 점수이고, 대응점수 2는 관리기능 의존도가 낮은 점수이다. 각 비교의 주 목적은 관리기능 의존도가 낮은 과제에 비해 관리기능 의존도의 높은 과제의 점수가 낮은가를 알아보는 것이다.

전두엽–관리기능에 결손이 있는 환자는 관리기능 의존도가 낮은 과제보다 관리기능 의존도가 높은 과제의 점수가 낮은 경향을 보인다. 그러나 하위 인지기능에 심각한 결손이 있거나 하위 인지기능과 전두엽–관리기능 모두에 심각한 결손이 있다면 두 과제의 점수 간에 현저한 차이가 없는 것이 보통이다. 예를 들어 주의기능에 심각한 문제가 있다면 스트룹 간섭시간과 단순시간의 환산점수가 모두 낮아서 차이가 별로 없을 것이다.

● 표 7.9 각 대응점수 비교에 사용되는 점수와 주요 비교 목적

대응점수 1 관리기능 의존도 높음	대응점수 2 관리기능 의존도 낮음	주요 비교 목적
스트룹 간섭시간 환산점수	스트룹 단순시간 환산점수	EF 의존도가 낮은 주의과제에 비해서 EF 의존도가 높은 주의과제의 환산점수가 낮은가를 평가
AVLT 지연회상 환산점수	AVLT 지연재인 환산점수	EF 의존도가 낮은 기억과제에 비해서 EF 의존도가 높은 기억과제의 환산점수가 낮은가를 평가
CFT 계획성 환산점수	CFT 보고그리기 환산점수	EF 의존도가 낮은 시공간 과제에 비해서 EF 의존도가 높은 시공간 과제의 환산점수가 낮은가를 평가
단어유창성 정반응 환산점수	상식 환산점수	EF 의존도가 낮은 언어과제에 비해서 EF 의존도가 높은 언어과제의 환산점수가 낮은가를 평가

대응점수 1 관리기능 의존도 높음	대응점수 2 관리기능 의존도 낮음	주요 비교 목적
도안유창성 정반응 환산점수	빠진곳찾기 환산점수	EF 의존도가 낮은 구성력 과제에 비해서 EF 의존도가 높은 구성력 과제의 환산점수가 낮은가를 평가
EFQ	VCI*	결정지능에 비해서 관리기능이 낮은가를 평가
EFQ	FSIQ*	일반지능에 비해서 관리기능이 낮은가를 평가

* K-WAIS-IV에서 산출되는 점수

아동용 Kims 전두엽 – 관리기능 신경심리검사

검사 소개

인지기능의 관점에서 관리기능은 주의, 언어, 시공간, 기억과 같은 하위(기초) 인지기능을 통제하는 상위 인지기능으로서 이해할 수 있다. 관리기능의 이상은 전전두엽 손상 환자에서 가장 분명하게 나타나며, 전두엽 – 관리기능이라는 용어는 관리기능과 전두엽의 이러한 관련성을 강조하는 표현이다.

이 검사는 스트룹검사, 단어유창성, 도안유창성, 인출효율성의 네 가지 소검사로 이루어져 있으며, 각각 주의, 언어, 시공간, 기억의 4개 인지영역에서 관리기능의 의존도가 높은 과제와 낮은 과제를 포함한다. 관리기능 의존도가 높은 과제와 낮은 과제의 결과 비교는 변별적 진단에 중요하다. 예를 들어, 주의기능이 손상된 피검자의 경우 관리기능 의존도가 높고 낮음에 관계없이 모든 주의 과제의 수행이 저조하다. 반면에 관리기능이 손상된 피검자의 경우 관리기능 의존도가 높은 주의 과제의 수행은 저조하지만, 관리기능 의존도가 낮은 주의 과제의 수행은 정상이다.

검사의 필요성

아동에 있어서 관리기능검사의 필요성은 다음 세 가지 관점에서 논할 수 있다. 첫째, 관리기능은 아동이 실제 생활에 적응할 수 있는 정도를 반영한다는 점에서 임상적 중요도가 매우 높다. 하위 인지기능이 손상된 경우 후유증이 인지기능의 부분적 변화에 그친다(예 : 기억장애). 반면에 관리기능의 손상은 아동의 정신적 발달이나 적응행동에 보다 광범위한 영향을 미치는 경우가 많다. 둘째, 임상심리검사의 대상이 되는 아동에서 관리기능의 이상은 매우 빈번하다. 관리기능의 이상은 전두엽에 뇌손상을 입은 아동은 물론 분산적 뇌손상을 입은 아동에서도 자주 나타난다. 또한 ADHD, 투렛장애, 품행장애, 기분장애, 자폐증과 같은 신경정신과적 질환을 가진 아동에서도 관리기능의 이상이 매우 빈번히 관찰된다. 그러므로 아동의 심리검사에서도 관리기능 평가는 매우 중요하다. 셋째, 관리기능의 적절한 평가를 위해서는 웩슬러 지능검사 이외에 관리기능에 전문화된 검사를 실시하는 것이 필수적이다.

웩슬러 지능검사의 가장 심각한 약점의 하나는 관리기능에 대한 둔감성이다. 이를 반영하여 전두엽에 매우 큰 손상이 있고 일상생활에서 부적응행동이 극심함에도 웩슬러 IQ가 정상 수준인 사례들이 수없이 보고되었다.

척도의 구성

4개 소검사들의 실시는 스트룹검사, 단어유창성, 도안유창성, 인출효율성의 순서로 검사를 실시하는 것을 원칙으로 한다. 그러나 소검사들의 실시 순서는 그다지 중요하지 않으며 상황에 따라 다른 순서로 실시해도 무방하다. 적용연령은 만 7~15세 아동이며, 전체 검사시간은 약 35분 정도 걸린다.

스트룹검사

스트룹검사는 단순시행과 간섭시행 검사로 이루어져 있다. 단순시행의 자극은 단일 차원으로 이루어진 단순 자극이며, 아동은 이 차원에 주의를 집중하도록 요구된다. 간섭시행의 자극은 두 가지 차원으로 이루어진 복합 자극이며, 아동은 이 중 한 차원은 무시하고 다른 차원에만 주의를 집중하도록 요구된다. 간섭시행이 특히 어려운 이유는 무시해야 할 차원이 자극의 현저한 측면인 반면에, 주의를 집중해야 할 차원이 자극의 덜 현저한 측면이라는 점이다. 단순시행은 주의 자원의 통제가 거의 필요하지 않은 반면에, 간섭시행은 주의 자원의 통제가 매우 중요한 역할을 한다. 이러한 관점에서 단순시행은 관리기능 의존도가 낮은 주의 과제이고, 간섭시행은 관리기능 의존도가 높은 주의 과제이다.

인출효율성

인출효율성은 회상시행과 재인시행 과제로 이루어져 있다. 일반적으로 관리기능장애 환자들은 심한 기억장애를 보이지 않는다. 그러나 이들은 재인기억은 정상인 반면 회상기억은 낮은 수행을 보이는 특징이 있다. 이는 재인기억이 관리기능 의존도가 낮은 기억 과제인 반면에 회상기억이 관리기능 의존도가 높은 기억 과제임을 반영한다. 예를 들어, 회상기억에서는 피검자 스스로 인출책략을 세워야 하므로 통찰성이나 자발성과 같은 관리기능이 요구된다. 반면에 주어진 보기에 '예/아니요'로 답하는 재인기억에서는 인출 책략의 필요성이 거의 없다.

단어유창성

단어유창성 검사는 'ㅅ', 'ㅇ', 'ㄱ'로 시작하는 단어들을 각 1분 동안 많이 말하는 일종의 어휘검사로 언어검사에 속한다. 그러나 인지적 유연성과 창의적 접근이 중요하다는 점에서 관리기능 의존도가 높은 검사이다. 단어유창성의 통제 과제로는 웩슬러 지능검사의 '상식' 소검사를 사용한다. '상식' 소검사는 학습된 지식에 대한 일문일답식 검사로 인지적 유연성이나 창의적 접근이 거의 필요하지 않다.

도안유창성

도안유창성 검사는 5개의 점을 연결하여 제한된 시간 내에 새로운 도안을 많이 그리는 것으로 그리기 과제라는 점에서 시공간검사에 속한다. 그러나 인지적 유연성과 창의적 접근이 강조된다는 점에서 관리기능 의존도가 높은 시공간검사이다. 도안유창성의 통제 과제로는 웩슬러 지능검사의 '빠진곳찾기' 소검사를 사용한다. '빠진곳찾기' 소검사는 학습된 지식에 대한 일문일답식 검사로 인지적 유연성이나 창의적 접근이 거의 필요하지 않다.

하위검사별 검사 방법은 〈표 7.10〉과 같다.

● 표 7.10 하위검사별 검사 방법

하위 검사	검사 목적	검사 방법
스트룹	집행기능의 하위 영역 중 '억제 조절' 능력을 측정하는 검사로, 부적절한 자극을 제시하였을 때 자극을 억제하고 요구되는 상황에 적절하게 반응하는 능력을 측정한다.	• **시행순서 : 단순 시행→중간 시행→간섭 시행** 집행기능 의존도가 높은 과제와 낮은 과제를 모두 실시한다. 검사판에 제시된 원과 글자의 색깔명을 말하도록 한다. 모든 시행에서 반응시간과 오반응을 기록한다.
인출효율성	집행기능의 하위 영역 중 '작업기능' 능력을 측정하는 검사로, 요구되는 상황에 적절하게 반응하기 위해 필요한 정보를 일시적으로 저장하는 능력을 측정한다.	• **시행순서 : 5회의 반복시행→지연회상 시행→지연재인** 검사자가 총 15개의 단어들을 불러 준 후 아동에게 기억나는 대로 말해 보도록 한다. 이런 시행을 총 5회 반복 실시한 후 20분 후 단어들을 다시 말해 보도록 한다(지연회상 시행). 다음 재인검사용 기록지에서 단어들을 모두 찾아 표시하도록 한다(지연재인 시행). 모든 시행은 각 반응의 정오를 기록한다.
단어유창성	'단어유창성'은 언어, '도안유창성'은 시공간능력을 중심으로, 집행기능의 하위 영역 중 '인지적 유연성'을 측정한다. 이는 상황에 따라 변화하는 요구에 맞게 자신의 사고 과정이나 행동을 바꾸는 능력을 측정한다.	'ㅅ', 'ㅇ', 'ㄱ'을 사용하여 'ㅅ', 'ㅇ', 'ㄱ'으로 시작하는 단어들을 각각 1분 동안 가능한 많이 말하도록 한다. 모든 시행은 아동의 반응, 오반응, 반복 반응 모두를 기록한다.
도안유창성		시행 Ⅰ, Ⅱ, Ⅲ순서로 1분 동안 5개의 점을 연결하여 다양한 도안을 많이 그리도록 한다. 모든 시행은 정반응, 반복반응을 기록한다.

점수의 체계

〈표 7.11〉에는 아동용 Kims 전두엽–관리기능 신경심리검사 점수체계가 설명되어 있다.

● 표 7.11 아동용 Kims 전두엽–관리기능 신경심리검사 점수체계

점수	용도
환산점수	수행의 시행별 분석
EIQ	관리기능장애의 유무 및 정도의 평가
스트룹검사 : 간섭억제지표	주의기능의 문제인지, 관리기능의 문제인지를 변별적으로 평가
스트룹검사 : 오류억제지표	주의기능을 통제하는 능력을 평가
단어유창성/상식 일치도	언어기능의 문제인지, 관리기능의 문제인지를 변별적으로 평가

점수	용도
단어유창성 : 반복억제지표	언어 영역에서 반복반응을 억제하는 능력을 평가
단어유창성 : 비어억제지표	충동적 반응을 억제하는 능력을 평가
도안유창성/빠진곳찾기 일치도	시공간기능의 문제인지, 관리기능의 문제인지를 변별적으로 평가
도안유창성 : 반복억제지표	시공간 영역에서 반복반응을 억제하는 능력을 평가
인출효율성 : 인출효율지표	기억기능의 문제인지, 관리기능의 문제인지를 변별적으로 평가
일반지능/관리지능 일치도	일반지능의 문제인지, 관리기능의 문제인지를 변별적으로 평가
단어유창성/도안유창성 일치도	관리기능장애가 언어적 또는 시공간적 측면의 어느 한편으로만 있을 가능성을 평가

환산점수

환산점수는 각 시행별 원점수를 M=10, SD=3인 정상분포 점수로 전환한 점수이다. 16~17
은 최우수, 14~15는 우수, 12~13은 평균상, 9~11은 평균, 7~8은 평균하, 5~6은 경계선,
2~4는 관리기능장애에 해당한다. 다만 이러한 해석 기준은 일반적인 것으로 융통성 있게
적용되어야 한다. 예를 들어 평균 수준으로 분류되는 환산점수라 할지라도 아동의 현 지능
또는 병전 수준이 상당히 높은 경우라면 관리기능의 저하를 시사할 수 있다.

EIQ

EIQ는 이 검사에 포함된 4개 소검사의 결과를 종합한 점수이다. 일반적 해석 기준을 제시
하면 130 이상은 최우수, 120~129는 우수, 110~119는 평균상, 90~109는 평균, 80~89는
평균하, 70~79는 경계선, 69 이하는 관리기능장애에 해당한다. EIQ는 전체 요약점수이므
로 관리기능에 문제가 있는지 없는지를 종합적으로 판정하는 데 매우 긴요한 지표이다. 다
만 이러한 해석 기준은 일반적인 것이므로 융통성 있게 적용되어야 한다. 예를 들어 평균하
수준의 EIQ일지라도 아동의 현 지능 또는 병전 수준이 상당히 높은 경우라면 관리기능의
이상을 시사할 수 있다. 가령, 웩슬러 IQ가 120인 아동에서 90의 EIQ는 관리기능의 이상을
시사한다.

스트룹검사의 질적점수

스트룹검사와 관련된 질적점수에는 오류억제지표와 간섭억제지표가 있다.

1. 오류억제지표

간섭시행의 오반응 수를 백분위 점수화한 것으로 백분위가 낮을수록 오반응을 많이 한 것이다. 간섭시행에서 오반응 수가 많을수록 관리기능의 이상이 시사된다.

2. 간섭억제지표

간섭시행의 RT에서 단순시행의 RT를 뺀 차이를 백분위 점수화한 것이다. 백분위가 낮을수록 단순시행에 비해 간섭시행의 RT가 긴 것이다. 주의기능에 문제가 있는 경우 단순시행과 간섭시행의 RT 모두가 비정상적으로 길다. 반면에 관리기능에 문제가 있는 경우 단순시행의 RT는 정상 수준이지만 간섭시행의 RT는 비정상적으로 길다. 그러므로 간섭억제지표의 백분위가 낮을수록 관리기능의 이상이 시사된다.

단어유창성의 질적점수

단어유창성/상식 일치도, 반복억제지표, 비어억제지표 세 가지가 있다.

1. 단어유창성/상식 일치도

단어유창성의 환산점수에서 상식의 환산점수를 뺀 차이를 백분위 점수화한 것이다. 이 백분위가 낮을수록 상식에 비해 단어유창성의 수행이 낮다. 상식의 수행에는 주로 언어기능이 개입하지만, 단어유창성의 수행에는 언어기능과 관리기능이 모두 개입한다. 그러므로 상식에 비해 단어유창성의 수행이 낮을수록 관리기능의 이상이 시사된다.

2. 반복억제지표

반복반응 수의 합을 백분위 점수화한 것으로 이 백분위가 낮을수록 반복반응 수가 많은 것이다. 심한 반복반응 또는 보속증은 통제기능의 약화나 상실을 반영한다. 그러므로 반복반응이 비정상적 수준으로 많을 경우 관리기능의 이상이 시사된다.

3. 비어억제지표

비어반응 수의 합(원점수)을 백분위 점수화한 것으로 이 백분위가 낮을수록 비어반응 수가 많은 것이다. 비어반응은 정상 아동에서는 극히 드문 반응으로 충동 억제력의 약화나 상실을 반영한다. 그러므로 비어반응이 많을 경우 관리기능의 이상이 시사된다.

도안유창성의 질적 점수

도안유창성과 관련된 질적 점수는 도안유창성/빠진곳찾기 일치도와 반복억제지표 두 가지가 있다.

1. 도안유창성/빠진곳찾기 일치도

도안유창성의 환산점수에서 빠진곳찾기의 환산점수를 뺀 차이를 백분위 점수화한 것이다. 이 백분위가 낮을수록 빠진곳찾기에 비해 도안유창성의 수행이 낮은 것이다. 빠진곳찾기의 수행에는 주로 시공간기능이 개입하지만, 도안유창성의 수행에는 시공간기능과 관리기능이 모두 개입된다. 그러므로 빠진곳찾기에 비해 도안유창성의 수행이 낮을수록 관리기능의 이상이 시사된다.

2. 반복억제지표

반복반응 수의 합을 백분위 점수화한 것으로 이 백분위가 낮을수록 반복반응 수가 많은 것이다. 심한 반복반응 또는 보속증은 통제기능의 약화나 상실을 반영한다. 그러므로 반복반응이 비정상적 수준으로 많을 경우 관리기능의 이상이 시사된다.

인출효율성의 질적 점수

인출효율성과 관련된 질적 점수는 인출효율성지표 한 가지이다. 인출효율성지표는 지연재인 시행의 원점수와 지연회상 시행의 원점수를 뺀 차이를 백분위 점수화한 것이다. 이 백분위가 낮을수록 지연재인 시행에 비해 지연회상 시행의 수행이 낮은 것이다. 지연재인의 수행에는 주로 기억기능이 개입하지만, 지연회상의 수행에서는 기억기능과 관리기능이 모두 개입된다. 그러므로 지연재인 시행에 비해 지연회상 시행의 수행이 낮을수록 관리기능의 이상이 시사된다.

일반지능/관리지능 일치도

아동의 인지장애가 관리기능에 국한된 것인지 아니면 인지기능 전반에 걸친 것인지를 변별하는 데 초점을 맞춘 지표이다. 이 점수는 웩슬러 지능검사의 FIQ(전체지능)와 이 검사의 EIQ 차이(즉 FIQ-EIQ)를 백분위 점수화하여 산출한다. 일반지능/관리지능 일치도의 백분위가 낮을수록 일반지능에 비해 관리기능이 낮은 것이다. 관리기능에 국한된 손상이 있는 아동의 경우 FIQ는 유지되는 반면 EIQ는 저하되므로 일반지능/관리지능 일치도의 백분위가 낮다. 반면에 관리기능뿐 아니라 다른 인지기능도 손상된 아동의 경우 FIQ와 EIQ 모두가 저하되므로 일반지능/관리지능 일치도의 백분위가 높다. 이런 아동은 비록 관리기능이 낮기는 하지만 관리기능장애라는 표현은 적절하지 않고, '전반적 지능장애'나 '지적장애' 등의 표현이 보다 적절하다.

단어유창성/도안유창성 일치도

아동의 관리기능장애가 언어적 또는 시공간적인 측면 중 어느 하나에 편중되어 있을 가능성에 초점을 맞춘 지표이다. 이 지표는 도안유창성의 환산점수와 단어유창성의 환산점수의 차이를 백분위 점수화하여 산출한다. 단어유창성과 도안유창성의 환산점수가 비슷할수록 이 지표의 백분위는 높다. 반면에 단어유창성의 환산점수가 도안유창성의 환산점수보다 높거나, 또는 도안유창성의 환산점수가 단어유창성의 환산점수보다 높을수록(양방향) 이 지표의 백분위는 낮다. 좌측 전두엽에 국한된 뇌손상이 있는 아동의 경유 단어유창성의 수행은 낮지만 도안유창성의 수행은 정상인 프로파일을 보일 수 있다. 반면에 우측 전두엽에 국한된 뇌손상이 있는 아동의 경우 도안유창성의 수행은 낮지만 단어유창성의 수행은 정상인 프로파일을 보일 수 있다. 이런 아동들에서는 단어유창성/도안유창성 일치도의 백분위가 낮다.

노인용 인지검사(CSOA)

검사 소개

노인용 인지검사(Cognition Scale for Older Adults, CSOA)는 한국 노인의 수준에 맞게 개발된 종합 인지검사이며 적용 연령은 55~79세이다. 전체 검사시간은 대략 40분이다.

검사의 특징

첫째, 종합적인 인지요인(주의기능, 작업기억, 언어기능, 시공간력, 기억기능, 관리기능)을 측정한다. 둘째, 난이도를 조절하여 한국 노인의 수준에 맞추었다. 셋째, 표준화 집단이 n=756으로 국내외적으로 가장 큰 규모에 속한다. 넷째, 원점수를 일정한 평균과 표준편차를 가진 점수로 전환한 표준점수를 사용하였다. 이로 인해 각 영역의 요약점수들을 활용하여 비교분석이 가능하였다. 다섯째, 인지영역별 요약점수뿐만 아니라 전체지능, 기초지능, 관리지능의 요약점수가 산출된다. 여섯째, 전체 결과를 종합하여 정상(nomal), 경도인지장애(mild cognition inpairment), 치매(dementia)의 점수 중 하나로 분류된다. 일곱째, 교육수준을 고려한 평가가 가능하다.

검사의 구성

검사 구성은 단어기억하기(Word Memory Test), 스트룹검사(Stroop Test), 기본지식문제(Imformation), 숫자외우기(Digit Span), 보고그리기(Picture Copying), 그림이름대기(Picture Naming), 단어유창성(Word Fluency)의 7개의 소검사로 이루어져 있다. 검사의 구성 및 내용은 〈표 7.12〉에 나와 있다.

● 표 7.12 검사 구성

구성		내용
스트룹검사	단순시행	동그란 원들이 배열된 검사판을 보고서 각 원의 색깔(검정, 빨강, 노랑, 파랑)을 가능한 빨리 말하게 한다. 측정치는 반응시간이다.
	간섭시행	색깔을 칠한 원이 그려져 있는 검사판을 대상자에게 제시한다. 동그란 원내에는 색깔과 불일치한 단어가 적혀 있다. 대상자에게 색깔을 가능한 빨리 말하게 한다. 측정치는 반응시간이다.
숫자외우기	바로외우기	검사자가 불러 준 숫자를 듣고서 그대로 반복하게 한다. 짧은 숫자에서 시작하여 점차 긴 숫자로 진행된다. 각 숫자 길이 별로 두 번의 시행이 있으며 두 번 모두 실패할 경우 중지한다.
	거꾸로외우기	검사자가 불러준 숫자를 듣고서 거꾸로 반복하게 한다. 짧은 숫자에서 시작하여 점차 긴 숫자로 진행한다. 각 숫자 길이 별로 두 번의 시행이 있으며 두 번 모두 실패할 경우 중지한다.

구성		내용
기본지식문제		일반 상식을 질문하는 일문일답식의 검사이다. 쉬운 문항에서 점차 어려운 문항으로 진행한다. 측정치는 정답을 말한 문항의 개수이다.
단어유창성		동물 이름과 논이나 밭에서 나는 농작물 이름을 각각 1분 동안 가능한 많이 말하게 한다. 측정치는 각각 1분 동안 말한 동물 이름과 농작물 이름의 개수를 합한 것이다.
그림이름대기		24장으로 구성된 그림카드를 대상자에게 한 장씩 보여 주고 이름을 말하게 한다. 사용된 단어는 일상생활에서 많이 쓰이는 단어로 난이도는 낮은 편이다. 단어의 배열순서는 난이도가 낮은 순에서 높은 순으로 한다. 측정치는 정답을 말한 문항의 개수이다.
보고그리기		RCF를 보고서 똑같이 그리기를 시행한다. 채점은 표준적인 방식으로 전체 그림을 18개의 부위로 나누어 각 부위별로 위치와 모양을 고려한다.
단어 기억하기	즉시회상	10장으로 구성된 그림카드를 한 장씩 대상자에게 보여 주면서 이름을 말하게 한 후에 무엇들을 보았는지 회상시킨다. 10장의 그림카드는 즉시회상 시행을 세 번 반복하여 실시한다. 즉시 시행 세 번에 걸쳐 말한 단어의 개수를 분석에 이용한다.
	지연회상	단어기억하기 즉시회상 시행 후 20분 정도 지나면 지연회상을 실시한다. 대상자가 말한 단어의 개수를 분석에 이용한다.
	지연재인	단어기억하기 지연회상 시행이 끝난 직후에 지연재인을 실시한다. 즉시회상에서 사용된 단어 10개를 포함한 총 20개의 단어를 1개씩 불러 주면서 단어기억하기 즉시회상에서 보았던 그림인지, 본 적이 없는 그림인지 응답하게 한다.

환산점수

환산점수는 평균이 10이고 표준편차가 3인 정상분포를 이룬다. 환산점수로의 전환은 55~59세, 60~64세, 65~69세, 70~74세, 75~79세의 5개의 연령대별로 실시한다. 총 11개의 환산점수가 산출된다.

환산점수의 해석은 7~18은 Normal(정상), 5~6은 Low(낮음), 2~4는 Very Low(매우 낮음)으로 나누어진다. 환산점수의 상세 분류는 〈표 7.13〉과 같다.

지수		환산점수
전체지능 (Full-scale IQ)	FIQ	11개 측정치가 포함. 스트룹검사(단순시행, 간섭시행), 숫자외우기(바로외우기, 거꾸로외우기), 기본지식문제, 단어유창성, 그림이름대기, 보고그리기, 단어기억하기(즉시회상, 지연회상, 지연재인)
기초지능 (Basic IQ)	BIQ	스트룹검사(단순시행), 숫자외우기(바로외우기), 기본지식문제, 그림이름대기, 단어기억하기(지연재인)으로 5개의 측정치가 포함
관리지능 (Executive IQ)	EIQ	스트룹검사(간섭시행), 숫자외우기(거꾸로외우기), 단어유창성, 보고그리기, 단어기억하기(지연회상)으로 다섯 가지 측정치가 해당
주의기능 (Attention Function Index)	AFI	스트룹검사(단순시행), 스트룹검사(간섭시행)으로 두 가지의 측정치가 포함
작업기능 (Working Memory Index)	WMI	숫자외우기(바로외우기, 거꾸로외우기)로 두 가지 측정치가 포함
언어기능 (Language Function Index)	LFI	기본지식 문제, 단어유창성으로 두 가지 측정치가 포함
시공간력 (Visuospatial Function Index)	VFI	그림이름대기, 보고그리기로 두 가지 측정치가 포함
기억기능 (Memory Function Index)	MFI	단어기억하기(즉시회상, 지연회상, 지연재인)로 세 가지 측정치가 포함

종합척도

환산점수 11개를 적절히 조합하여 전체지능(FIQ), 기초지능(BIQ), 관리지능(EIQ), 주의기능(AFI), 작업기억(WMI), 언어기능(LFI), 시공간력(VFI), 기억기능(MFI)의 여덟 가지 종합척도에 대한 환산점수합을 산출한다. 기초지능과 관리지능은 각각 하위 인지기능과 고위인지기능을 반영한다. 점수산출은 〈표 7.14〉와 같고 〈그림 7.1〉은 종합척도의 개요를 나타낸다.

● 표 7.14 점수산출

구성	측정 내용	기능
단어기억하기 (Word Memory Test)	총 10개의 그림카드를 반복학습 시킨 후 이 그림카드에 대한 기억이 얼마나 형성되었는가 측정	기억기능

구성	측정 내용	기능
스트룹검사 (Stroop Test)	색과 글자로 이루어진 복합자극 중에서 글자를 무시하고 색의 이름을 가능한 빨리 말하는 검사	주의기능 관리기능
기본지식문제 (Information)	상식을 묻는 질문들로 이루어진 일문일답식의 검사	언어기능
보고그리기 (Picture Copying)	RCF(Rey Complex Figure)를 보고서 가능한 똑같이 그리는 검사	시공간력
그림이름대기 (Picture Naming)	사물의 그림을 보여 주고 사물의 이름을 묻는 형식의 검사	시지각 기능 언어기능
단어유창성 (Word Fluency)	어떤 의미적 범주를 주고 그 범주에 속하는 예들을 많이 말하도록 요구하고 제한된 시간 내에 얼마나 많은 예를 말할 수 있는가를 측정	관리기능

● 그림 7.1 종합척도

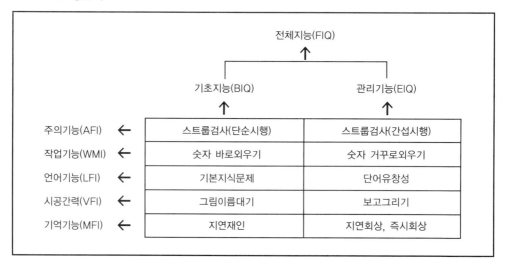

1. 연령을 고려한 평가

연령을 고려한 평가는 "이 노인의 인지기능이 동년배의 다른 노인들에 비해 어느 정도의 수준인가?"의 질문에 답하고자 한다. 연령을 고려한 평가를 위해서는 각 종합척도의 환산점수합을 지수점수로 전환한다. 지수점수는 평균이 100이고 표준편차가 15인 정상분포를 이룬다. 이 검사에서 지수점수는 49~149의 범위를 가진다. 지수점수의 해석은 80~149는 Normal(정상), 70~79는 Low(낮음), 49~69는 Very Low(매우 낮음)으로 한다.

2. 연령과 학력을 고려한 평가

연령과 학력을 고려한 평가는 "이 노인의 인지기능이 동년배의 동일한 학력을 가진 다른 노인들에 비해 어느 정도의 수준인가?"의 질문에 답하고자 한다. 연령과 학력을 고려한 평가를 위해서는 각 종합척도별로 백분위를 산출한다. 피검자가 속하는 연령-학력 집단의 지수점수 평균치를 구한다. 연령은 55~59세, 60~69세, 70~79세의 3개 범주, 학력은 문맹, 0, 0~6, 7~9, 10~12, 13 이상의 6개 범주로 분류한다. 연령-학력 집단은 총 18개이다. 백분위 해석은 11~100%는 Normal(정상), 3~10%는 Low(낮음), 0~2%는 Very Low(매우 낮음)으로 한다.

전체평가

전체평가는 "전체결과를 고려할 시 노인이 normal(정상), MCI(Mild Cognitive Impairment, 경도인지장애), dementia(치매) 중 어디에 속하는가?"의 질문에 답하고자 한다. 전체평가는 연령과 학력을 고려한 평가에서 나온 결과들에만 근거한다.

우선적으로 FIQ, BIQ, EIQ의 수준이 어느 정도인지를 고려한다. 그다음 기억기능을 반영하는 MFI의 수준이 어느 정도인지를 고려하여 최종적으로 normal, MCI, dementia 중 어느 하나로 결정한다. MCI는 병태생리적 관점에서는 정상에서 치매로 이환하는 중간 단계를 의미할 수 있다. 그러나 임상적 관점에서의 MCI는 인지기능의 장애가 있긴 하지만 정도가 약해서 정상인지, 치매인지의 판정이 불확실한 경우를 의미한다(Smith & Rush, 2006).

이 검사의 전체평가는 다른 요인들과 같이 종합적으로 고려하여 최종적 진단에 접근해야 한다.

서울신경심리검사-II

검사 소개

서울신경심리검사(Seoul Neuropsychological Screening Battery, SNSB)는 인지기능에 대한 종합적이고 심층적인 평가를 통하여 치매의 조기진단과 원인 질환에 대한 유용한 정보를 제공하는 치료제의 효과를 평가할 목적으로 개발되었다. 치매 진단에 있어서 가장 중요한 검사가 바로 인지기능검사이다. 기억력 저하가 의심되는 환자가 치매인지 아닌지를 검사하는 것이다. 인지기능검사를 통해서 기억력 저하 여부를 판단하게 된다.

SNSB는 검사 항목으로 다섯 가지 인지 영역의 검사를 포함하며, 이 외에도 짧은 시간에 전반적인 인지기능을 평가하고 치매를 선별하기 위해 널리 사용되고 있는 K-MMSE와 GDeS(Geriatric Depression Scale), B-ADL(Barthel Active Daily Living)이 포함되어 있다.

SNSB의 장점으로는 첫째, 학력이 낮은 노인에게도 쉽게 실시할 수 있도록 비교적 검사지시와 수행이 단순하고, 둘째, 어느 곳에서도 쉽게 실시할 수 있도록 기록용지와 펜 이외에는 다른 도구나 설비가 필요하지 않으며, 셋째, 국내에서 표준화 연구가 수행된 검사(K-MMSE, K-Boston Naming Test, GDS, B-ADL, CDR)들의 세 가지 기준에 의해 선정되었다.

SNSB는 검사자와 수검자 일대일 개인검사로 실시되며, 각 검사들은 인지 영역별 순서에 따라 실시되지 않고 한 검사에서 측정하고자 하는 능력이 다른 검사에 의해 방해받지 않게 배치하였으며, 수검자의 피로감이 검사에 영향을 덜 미치게 하기 위하여 피로감의 영향을 받는 검사는 앞쪽에, 영향을 덜 받는 검사들은 뒤쪽에 배치하였다. 적용연령은 만 45~90세까지이며, 검사시간은 90~120분 정도 소요된다.

채점 방법은 매뉴얼에 제시된 규준표를 참조하여 수작업으로 채점하거나 컴퓨터 채점 프로그램을 이용하여 채점한다.

검사의 필요성

첫째, 환자가 나타내는 인지적 손상이 노화과정에서 나타나는 정상적인 인지기능의 저하인지 아니면 치매의 초기 단계에 해당하는 인지적 결함인지를 변별한다. 둘째, 치매의 심각한 정도를 평가한다. 셋째, 환자가 일단 치매인 것으로 판단되면 치매를 일으킬 수 있는 다양한 질환 중에서 어떤 질환에 의한 치매인지 원인 질환을 변별할 목적으로 실시한다.

검사의 구성

SNSB를 구성하는 검사들은 학력이 낮은 노인들에게도 쉽게 실시될 수 있도록 비교적 검사 지시와 수행이 단순하고 병원, 보건소, 노인정 어느 곳이든지 쉽게 실시할 수 있도록 기록용지와 펜 이외에 다른 도구나 설비가 필요하지 않으며, 국내에서 표준화 연구가 수행된 검사들(K-MMSE, K-BNT, GDS, B-ADL, CDR)을 포함하는 기준으로 선정되었고 일부 검사(Seoul Verval Learning Test, Korean-Color Word Stroop Test, Controlled Oral Word Assaciation Test)는 SNSB를 위해서 새로이 개발하고 표준화되었다. 인지 영역별로는 주의집중능력, 언어 및 그와 관련된 기능들, 시공간 기능, 기억력 및 전두엽/집행기능의 다섯 가지 인지 영역을 평가한다. 인지 영역별 내용은 〈표 7.15〉와 같다.

● **표 7.15 인지 영역별 내용**

인지 영역	검사	평가 내용
주의집중능력	숫자외우기 (바로따라말하기, 거꾸로따라말하기)	언어적 자극에 대한 일시적인 주의집중능력과 지속적인 주의집중능력을 평가
	글자지우기	시공간적 주의능력과 무시증후군을 평가
언어 및 그와 관련된 기능	손가락이름대기검사 산수검사 좌우지남력검사 및 쓰기검사	언어능력 : 자발적인 발화능력, 내용전달능력으로 나누어 평가 게르스트만 증후군 및 실행증을 평가
시공간기능	K-MMSE의 그리기 검사 RCFT(Rey Complex Figure Test) 보고그리기 단계	지각능력과 구성능력이 동시에 요구되는 그리기 과제
기억력	K-MMSE의 기억등록과 기억회상 서울언어학습검사(SVLT) Rey 복합도형검사(RCFT)	언어적 기억력 시각적 기억력

인지 영역	검사	평가 내용
전두엽/집행기능	단어유창성 검사	COWAT(Controlled Oral Word Association Test)를 국내 실정에 맞게 수정한 검사 범주유창성검사와 글자유창성검사로 나뉨
	Contrasting Program	운동 조절 및 규칙에 대한 습득능력, 세트유지를 평가하는 검사
	Go-no-go test	세트전환이 잘 되는지를 검사 반응 억제를 측정
	Fist-edge-palm	손의 연속 동작(주먹-손날-손바닥)을 따라 하게 함으로써 운동기능을 간단하게 평가하는 검사
	Luria loop	3회 꼬인 고리 모양의 그림을 보고 그리는 검사
	Korea-Color Word Stroop Test	K-CWST는 검사자의 지시와는 무관한 정보의 간섭을 억제하는 능력을 측정하는 검사

벤더-게슈탈트 검사(BGT)

검사 소개

벤더-게슈탈트 검사(Bender-Gestalt Test, BGT)는 간단한 기하학적 도형이 그려져 있는 9개의 자극카드를 피검자에게 한 장씩 차례로 보여 주면서 그것을 종이 위에 따라 그리도록 하고 여러 가지 변형된 추가단계를 실시한 뒤 수집된 정보를 통해서 인지, 정서, 성격 같은 피검자의 심리적 특성을 분석하는 검사이다.

BGT는 대표적인 투사검사로 행동상의 미성숙을 검사하는 방법 중에서 가장 신뢰할 수 있는 검사이다. 로샤검사나 주제통각검사(TAT)와는 달리 비언어적인 검사로서 문화적인 영향을 적게 받기 때문에 비교적 피검사자의 나이나 문화와는 무관하게 실시, 해석될 수 있다는 장점을 가지고 있다. 또한 검사 실시, 채점, 해석이 다른 투사적 검사보다 쉽고 간편하면서도 투사적 기본 이론에 일치하고 신뢰도 및 타당도가 충분하기 때문에 교육과 임상 장면에서도 활발히 사용되고 있다. 또한 BGT는 심리검사의 통합적인 면을 갖고 있어 시각-

운동기능 성숙도, 지능, 성격 구조, 정서 문제, 학습장애, 학업성취도 등의 진단과 예언에 유용하게 적용될 수 있다(Keogh. 1967).

검사의 구성

심리적 문제를 가진 경우 모사 단계를 기본으로 변용모사 단계, 연상 단계를 조합하여 사용한다. 기질적인 손상이 의심되는 경우 순간노출 단계를 먼저 실시한 뒤 모사 단계, 회상 단계 순서로 검사를 실시한다. 〈표 7.16〉은 검사 단계별 내용이다.

● 표 7.16 검사 단계별 내용

단계	검사	내용
모사 단계	모사 (copy phase)	카드에 있는 그림을 그대로 따라서 그리도록 한다.
	변용모사 (elaboration phase)	그림을 마음에 들게 고치도록 한다. 투사적 반응을 극대화시켜 독특한 심리적 특징이 드러나게 한다.
연상 단계	연상 (association phase)	그린 그림에 대해 연상해 보도록 한다. 성격적 특성과 역동적인 면에 대한 정보를 얻을 수 있다.
순간노출 단계	순간노출 (techistoscophic phase)	자극도형을 몇 초간 보여 주고 기억해서 그리도록 한다. 뇌기능장애가 의심될 때 사용하는 방식으로 도형 노출 시 시간차를 두는 것이 특징이다.
모사 단계	한계 음미 (testing the limits phase)	도형을 재모사하도록 한다. 모사 단계에서 도형의 일탈이 나타난 경우 실수에 의한 것인지, 기질적 장애가 있는 것인지, 정서장애가 있는 것인지를 변별하기 위해 사용된다.
회상 단계	회상 (recall phase)	모사 단계에서 그림 그림을 다시 기억해서 그리게 한다. 기질손상이 있는 환자와 그렇지 않은 환자를 변별하는 데 유용하다.

BGT는 개발 당시 성인의 경우 임상 환자들에 대한 시각-운동 협응능력을 평가하기 위한 목적으로 사용되었고, 아동의 경우에는 지각 성숙도에 대한 발달 수준을 평가하기 위한 도구로 사용되었으나, 현재는 성인의 기질적인 뇌손상에 의한 장애, 정서적인 혼란, 성격 특성의 평가 및 아동의 기질적인 발달장애, 학습능력, 학업성취에 대한 예측, 대략적인 지능추정을 위한 목적으로도 널리 이용되고 있다.

채점과 해석

채점체계 중에는 객관적 채점방식에 의한 양적 접근도 있고, 주관적인 임상적 판단에 의한 질적 접근도 있지만, 대부분이 피검자가 모사한 그림이 BGT 자극카드의 도형과 다르게 왜곡·일탈되었는지 혹은 오류를 범했는지에 관심을 두고 채점을 하고 있다.

두 가지 측면에서 평가한다. 그림을 그리는 데 이용되는 피검자의 동작(속도, 율동, 끈기 등)과 그림의 형태(외곽선, 배열, 공간관계, 형태식별, 크기, 빠진 부분)를 기초로 도형을 평가하고 비교집단과 비교를 통해서 개인의 심리적 과정이나 인성 및 정상인과 비정상인을 식별한다. 피검자의 수검 태도, 자료 이용 방법, 언어 사용 등도 아울러 관찰하여 유용한 임상 자료로 삼는다. 그러나 객관성이 결여되어 있다. 체점체계는 〈표 7.17〉과 같다.

● **표 7.17 채점체계**

평가	반영	내용
도형의 순서 (Sequence)	조직적이고 계획적인 태도 반영 경직되어 있을수록 인지적 양식도 경직됨 오른쪽에서 왼쪽으로의 도형배치 : 반대적인 행동 특성이나 부정적인 태도 반영	
첫 번째 도형위치 (First drawing)	개인의 세상에 대한 방향성을 반영	
공간의 사용 (Use of space)	연속적으로 그린 도형과 도형 간의 공간이나 근접한 도형들 간의 공간을 말함 바로 앞의 도형과 다음 도형 간의 축의 간격으로 판단 수평면으로 옆에 있는 도형을 채점할 때는 왼쪽 도형의 수평축의 길이가 기준 위와 아래로 위치한 도형들의 공간은 위에 위치한 도형의 수직 축의 길이가 판단기준 옆에 있는 두 도형 사이의 공간은 가까운 도형의 수평 축을 고려함 2개의 연속된 도형 사이의 공간은 바로 앞이나 근접한 도형의 관련 축의 2분의 1보다 크거나, 4분의 1보다 작다면 비정상임	성격 적응적인 특징과 관련됨 정서적 부적응을 시사 세상에 대한 자신의 적응적 태도에 대한 중요성 암시 지각의 성숙과 정서적 적응을 평가하는 데 중요한 지표 공간 사용이 지나치게 넓은 경우 : 적대적, 행동화 경향, 자기주장적 특성 공간 사용이 지나치게 좁은 경우 : 수동성, 위축된 행동 특성, 조현병 경향, 억압된 적대감, 피학적 경향 편집증적 성향 : 공간 사용이 넓고, 도형의 크기가 작음

평가	반영	내용
중첩 (Collision)	한 도형을 다른 도형과 겹쳐서 그리거나 거의 겹쳐진 형태로 그리는 것 한 도형의 점선이나 원이 근접한 도형의 열린 공간으로 들어가기는 하지만 실제로 접해 있거나 겹쳐 있지 않은 경우 중첩 경향으로 간주하고 채점	
종이 위치의 회전 (Shift in Paper)	용지를 제시한 수직 위치로부터 용지를 회전시켜 수평 위치로 회전시킬 때 채점	종이의 위치를 바꾸는 것은 수동적인 반대 행동 경향을 시사 억제된 공격성의 지표
폐쇄곤란 (Closure)	하나의 도형이나 2개의 도형이 맞닿는 부분을 제대로 그리는지 채점 도형 A : 원이나 다이아몬드를 완성하는 것 도형 2 : 원을 완성하는 것 도형 4 : 두 도형이 맞닿는 부분이나 열린 사각형에 교차해서 그리는 것 도형 7, 8 : 면이 접하는 부분이나 인접한 부분을 연결하는 것과 관련	적절한 대인관계 유지의 어려움 시사 정서적 부적응의 지표
교차곤란 (Crossing)	도형 6, 7 : 선이 교차하는 지점에서 다시 그리거나 스케치하거나 지우거나 압력이 강할때	심리적 차단의 지표 우유부단, 강박적 의심, 공포와 관련, 대인관계에서의 어려움이 행동으로 표출
곡선곤란 (Curvature)	도형 4, 5, 6 : 곡선의 명백한 변화	정서적 장애에 매우 민감 곡선의 증가 : 정서성의 증가, 행동의 과다 곡선의 감소 : 정서성의 감소, 위축 곡선의 불규칙 : 정서적인 불규칙, 공격적인 행동화 경향
각의 변화 (Angulation)	도형 2, 3, 4, 5, 6, 7 : 각이 증가하거나 감소 도형 2 : 수평줄을 기준으로 원래의 각도보다 15도 이상의 변화 도형 3 : 점들의 각 안쪽에서의 변화 도형 4 : 열린 사각형과 커브 간의 각의 변화 도형 6 : 두 곡선이 교차하는 지점에서 각의 변화 도형 7 : 두 도형이 교차하는 지점에서 각의 변화	감정적 자극을 다루는 데 어려움 각의 증가 : 둔화된 감정 각의 감소 : 예민해진 감정 각의 부정확 : 뇌손상, 정신지체
지각의 회전 (Rotation)	자극 카드와 용지가 정상적 · 표준적인 위치에 있음에도 도형을 회전시켜 그릴 때	심한 정신병리, 기질적 장애, 부주의나 반대적 행동 경향과 관련됨 경한 정도의 시계 방향 회전 : 우울 시계 반대 방향의 회전 : 반항적 경향

평가	반영	내용
퇴영 (Retrogression)	원 도형의 형태를 좀 더 유치한 형태의 도형으로 그리는 것	발달적 미숙과 관련됨 심리적 충격에 대한 만성적이고 심한 방어의 하나, 자아통합의 실패 반영 성격의 와해와 만성적 갈등에 대한 부적절한 방어(조현병 환자)
단순화 (Simplification)	주어진 도형의 형태를 단순한 형태로 그리거나 그리기 쉬운 형태로 그림	주의집중의 곤란, 문제해결에 요구되는 에너지 수준의 감소 노력의 부족, 반대적 행동 경향, 꾀병과 관련됨 기질적 장애, 심리적 무력감 반영
단편화 (Fragmentation)	원래 자극 도형의 형태가 파괴된 것 도형을 완성하지 못하고 형태를 나누어진 부분처럼 그림	지각 운동 기능의 심한 장애, 추상적 사고력 저하와 관련됨 심한 정신병리 집단, 뇌손상 환자에서 나타남
중복 곤란 (Overlapping)	도형 A, 4 : 명백하게 겹치게 그림 도형 7 : 겹쳐진 부분을 겹치게 그리지 못하거나 겹치는 부분을 지나치게 단순화, 왜곡	뇌손상과 가장 관련이 높고 민감
정교화, 개칠하기 (Elaboration)	눈에 두드러지게 원래 도형의 형태를 바꾸어 기르는 것	초조한 경우 과도한 불안이나 충동 통제의 어려움과 관련됨 자아통합에서의 심한 어려움 시사
보속성 (Perseveration)	전 도형의 그림을 다른 카드가 제시됨에도 계속 그리는 것 주어진 도형의 개수 이상으로 계속 그리는 것	심리적 무력감, 고집화 경향 현실검증력의 저하, 기질적 손상 환자군에서 빈번
도형의 재묘사 (Redrawing)	첫 번째 그린 도형을 완전히 지우지 않은 채로 놔두거나 줄을 그어 지운 뒤 다시 그리는 경우	사전계획력의 부족 과도하게 자기비판적인 태도 반영 불안의 정도를 나타냄 기질적 환자 : 도형의 지각과 그리는 데 무능력감, 도형 3과 7에서 많이 나타남(두정엽-측두엽의 손상이 의심됨)

질적 해석

최근에는 BGT의 각 도형은 피검자의 특별한 내적 혹은 외적 경험의 영역을 상징화하는 잠재성을 가지고 있기 때문에(Perticone, 1988) BGT의 각 도형이 함축하고 있는 상징적 의미를 파악해야 한다는 연구가 많이 진행되고 있다. 우리나라에서는 정종진(2001, 2003)을 중심으로 투사적 성질을 최대한 살펴 피검자의 심리역동성과 인성기능을 분석하고 임상적 해석을 위해서는 오류(일탈, 왜곡, 증후) 그 자체가 피검자에 대해서 무엇을 시사하는지를 알아보기 위해 BGT 도형의 상징적 의미를 알아보는 연구들이 진행되고 있다. BGT의 질적 해석은 〈표 7.18〉과 같다.

● 표 7.18 질적 해석

BGT 도형	해석
도형 A	• 경험된 어머니와의 관계 • 이성 · 일반적 대인관계 • 접촉지점의 처리가 이슈(가중묘사 시 관계긴장 투사) • 원은 어머니상 시사(비대 시 지배적 어머니/위축 시 복종적 어머니) • 늘려지거나 축소된 사각형 : 자기억제, 변형해야 하는 관계 • 사각형에서 원 접촉부위의 위축 및 바깥쪽의 확장 : 초기 저항이 있으나 잘 통합된 접촉 • 원과 떨어진 사각형 : 접촉 문제 시사 • 원과 침투된 사각형 : 적대감, 성적 문제 시사 • 원 속에 함입된 사각형(각의 가려짐) : 구강 의존적 • 사각형의 가중묘사 : 타인과 관계에서 경계적
도형 1	• 한 개인과 대인상황 기능 • 상승 : 행동화 • 하강 : 대인상황에서 불행한 경험 • 평행 후 상승 : 초기 적응적이나 시간이 경과할수록 미성숙, 충동적인 경향
도형 2	• 집단과의 상호작용 • 상승은 행동화, 하강은 우울 • 원 대신 대시로 표현 : 충동성, 행동화 경향 • 수평차원이 줄어듦 : 집단참여를 회피하는 경향
도형 3	• 자아욕구(고집, 동기, 자기표현) • 점 대신 원 : 초점, 표현이 미성숙함 • 점 대신 대시 : 욕구가 충동적 형태로 표현 • Z문자 : 강한 충동성의 지표 • 뾰족할수록 욕구를 적대적으로 표현 • 무딜수록 자기표현 억제

BGT 도형	해석
도형 4	• 어머니와의 관계/일반적 이성관계 • 각 도형의 가중묘사 : 어머니/검사자에 대한 긴장 • 곡선 가중묘사 : 피검자 요인으로 긴장 • 쌍방가중묘사 : 쌍방으로 인한 반항, 적대감 • 두 도형의 분리 : 거리감, 긴장감, 접촉곤란 • 분리된 도형을 선으로 연결 : 외관상으로라도 관계 시도 • 쌍방침투 : 한쪽/쌍방의 적대감 • 각 도형의 전복 : 자궁의 전복(모에 대한 거부감) • 곡선의 수평화, 늘어짐 : 어머니와 관련된 정서가 슬픔 • 각을 사각형으로 폐쇄 : 관계곤란, 절망감
도형 5	• 가족 경험 • 점 대신 원 : 가정환경 반응 미성숙 • 점 대신 대시 : 충동억제 곤란 • 방향의 사선화 : 적대감 • 방향의 수평화 : 우울감
도형 6	• 일시적 기분
도형 7	• 아버지/남성인물과의 관계 • 평행 : 정서관계 거의 없음, 표면적 친화욕구 • 겹침 : 과도침투, 심한 불화
도형 8	• 자아/현상자아 지각 • 작은 사각형 : 열등감 • 작고 위쪽으로 치우친 사각형 : 판타지, 상상 • 작고 아래쪽으로 치우친 사각형 : 부적절한 행동으로 부적절감을 느낌 • 크고 육각형 바깥으로 나온 사각형 : 세상이 답답, 타인에게 통제받기를 원함 • 가중 묘사된 사각형 : 세상에 대한 긴장, 적대감 • 상승된 도형묘사 : 대인갈등의 행동화 • 선의 깨짐 : 약화된 자아통합

아동 · 청소년 심리검사

베일리 영유아 발달검사 2판(K-BSID-II)

K-BSID-II 소개

베일리 영유아 발달검사(BSID-II)는 1969년 Bayley에 의해 유아의 발달적 위치를 평가하고 정상발달로부터 이탈 여부 및 이타 정도를 파악하기 위해 개발되었다. 베일리 영아발달 척도의 개발의 기본 전제 중 하나는 생애 초기는 성장이 빠르게 진행되고 발달 면에서 다른 시기와는 다르므로 이 단계에 적합한 특수한 절차와 방법이 고안되어야 한다는 것이었다. 즉 영아가 흥미를 갖고 참여할 수 있는 자극을 사용함으로써 관련 행동과 다양한 변인을 수집하고자 하는 것이었다.

BSID-II(1993)는 검사자가 아동에게 도구나 언어적 지시를 사용해 지시한 후 수행 수준을 평가하는데, 일부 항목은 보호자의 보조가 필요하다. 또한 아동행동관찰, 아동행동 및 검사수행에 대한 보호자 평가 등도 포함된다.

검사의 구성

BSID-II 검사의 구성 내용은 〈표 8.1〉과 같다.

● **표 8.1 BSID-II 검사의 구성 및 세부 내용**

구성	세부 내용
인지척도 MDI (178문항)	기억력, 습관화, 문제해결력, 초기 수 개념, 일반화, 분류화, 발성, 언어 및 사회적 기술 진단 항목 수 개념과 수 세기, 언어발달(문법규칙이해, 표현/수용언어) 개인/사회성 발달 : 검사기간 동안의 검사자에 대한 아동의 반응
운동척도 PDI (112문항)	몸의 이동(구르기, 기기, 앉기, 서기, 걷기, 달리기, 뛰기 등)과 같은 대근육운동 능력, 잡기, 필기구 사용, 손동작 모방과 같은 소근육 운동 포함 패턴과 반응, 미세운동조절, 역동적 움직임, 순응적 움직임, 시각-운동 협응 발달 진단 항목 운동의 질, 감각통합, 지각-운동통합
행동평가척도 BRS(30문항)	아동의 미묘한 질적 차이와 미래의 기능을 가장 잘 예측해 주는 항목 아동의 주의/각성, 과제 지향성, 정서 조절 요인과 운동 수준 등 평가

BSID-II의 행동평가척도는 임상적으로 베일리 척도의 첫 번째 판보다 더 유용하다. 4개 요인(각성/주의집중, 지향/몰입, 정서조절, 운동의 수준)으로 산출되었다. 베일리 척도와 그 개정판의 지능척도는 중간 정도의 상관($r=.62$)이 있으며, 개정판의 지능척도가 베일리 척도보다 평균 12점 정도가 낮다. 운동척도에서는 중간 정도의 상관이 있고($r=.63$), 개정판의 운동척도가 베일리 척도의 평균보다 7점 정도 낮다. 이 척도에서 인지척도와 운동척도 간의 상관은 어린 연령에서 더 높다. 따라서 어릴 경우 운동기능장애가 있는 아동은 인지척도와 운동척도 둘 다 점수가 낮을 수 있으며, 조기의 발달지체를 발견하는 데 유의미한 예측력이 있다. 유아들에게는 대체적으로 인지기능과 운동기능 간에 정적 관계가 있었고 우리나라 유아들은 미국 유아에 비해 지적기능 중 그림책에 관련된 행동, 대상영속성 개념이 빠르며, 조작행동과 언어에서 늦게 발달하는 경향이 나타났다.

점수의 해석

임상적으로 볼 때 운동기능장애나 비정상적인 운동기능은 향상되기도 하지만 정상범위를 이탈한 인지기능은 비슷한 상태로 유지되거나 더 악화된다. 지능척도와 운동척도의 평균은 100이고 50이 최하점수이다.

MDI와 PDI 점수의 해석은 〈표 8.2〉와 같다.

● 표 8.2 MDI와 PDI 점수의 해석

점수	서술적 분류
115점 이상	가속 수행(accelerated performance)
85~114점	정상 범주(within normal limits)
70~84점	약간 지연(mildly delayed performance)
69점 이하	심각한 지연(significantly delayed performance)

BSID는 발달이상 여부를 선별하는 검사로서 유용하지만 의사소통장애, 지적장애, 자폐장애 등 특정 영역의 장애를 진단할 목적에서 사용하지 않도록 주의해야 한다.

베일리 영유아 발달검사 3판(K-BSID-III)

Bayley-III 임상적 활용과 해석(방희정 등, 2016)에 따르면 2012년 7월에 보건복지부의 지원을 받은 Bayley-III 한국판 표준화 프로젝트를 시작하면서 번역이 병행되었고, 한국형 베일리 영유아 발달검사 제3판(K-BSID-III)이 출간되었다고 한다. 다음은 이에 근거한 것이다.

K-BSID-III 소개

인지척도와 운동척도로만 구성된 이전 판과는 달리 발달의 하위 영역을 5개로 세분화하여 인지, 언어(수용언어, 표현언어), 운동(대근육운동, 소근육운동), 사회정서, 적응행동 각각에 대한 발달지수를 제공함으로써 통합적으로 영유아의 발달을 측정할 수 있게 되었다. 무엇보다 기존의 발달검사들로는 쉽게 선별하기 어려운 발달 문제인 '발달영역 간 불균형'이나 '발달 영역 내 불균형' 문제를 조기에 발견하고 개입할 수 있게 된 점은 K-BSID-III의 커다란 장점이다.

검사의 구성

베일리 영유아 발달검사 3판의 구성 및 세부 내용은 〈표 8.3〉과 같다.

● 표 8.3 BSID-Ⅲ 검사의 구성 및 세부 내용

구성	세부 내용
인지척도 (91문항)	언어를 최소화하는 방법으로 인지발달을 측정 아동의 감각운동발달, 사물탐색 및 조작, 사물관계짓기, 개념형성, 기억
언어척도 (97문항)	언어의 주요 측면인 수용언어기술과 표현언어기술을 측정 수용언어 49문항/표현언어 48문항
운동척도 (138문항)	전 연령범위에 걸쳐서 측정범위를 확장 움직임의 질에 대한 초점을 증가시키는 등 운동발달과 관련된 다양한 내용을 제공하고자 새로운 문항 추가 소근육운동 척도 66문항 : 아동이 눈, 손가락, 손을 사용하여 주위환경에 얼마나 잘 참여하는지를 측정 대근육운동 척도 72문항 : 아동이 자신의 몸을 얼마나 잘 움직이고 통제할 수 있는지를 측정
사회정서척도 (35문항)	영아, 걸음마기, 학령전기 아동의 정상적인 사회 및 정서발달 이정표를 측정 질문지 형식으로 아동의 양육자가 작성
적응행동척도 (241문항)	일상생활에서 요구되는 기술을 독립적으로 수행하는 것을 측정 질문지 형식으로 아동의 부모 또는 주 양육자가 작성

인지척도에서 영아는 새로운 물건에 대한 흥미, 친숙하고 낯선 대상에 대한 주의, 문제해결 등을 측정하는 과제를 수행하고, 학령전기 아동은 가상놀이, 블록쌓기, 색맞추기, 수세기, 복잡한 패턴 해결하기 등을 측정하는 과제를 수행한다.

언어척도에서는 수용언어척도와 표현언어척도로 측정한다. 수용언어척도는 언어적 행동 뿐 아니라 수용어휘(예 : 사물이나 그림 인식하기), 형태소 발달(예 : 대명사 및 위치부사어), 및 문법형태소 발달(예 : 복수, 시제, 소유격) 등을 측정한다. 표현언어척도의 문항은 전 언어적 의사소통(예 : 사물, 그림, 관련속성 명명하기-색깔과 크기), 형태론적 통사 발달(예: 두 단어 문장 말하기, 복수어 사용하기, 시제 사용하기) 등을 측정한다.

운동척도는 소근육운동척도와 대근육운동척도로 나누어 측정한다. 소근육 운동기술에는 눈 움직임의 조절, 쥐기(예 : 잡기, 블록 쌓기), 지각운동통합(예 : 단순 구조 만들기), 운동계획 및 속도(예 : 선 사이로 긋기), 시각적 추적(예 : 사물 따라 가기), 팔뻗기(예 : 탁자 위에 있는 블록 가져오기), 기능적인 손 기술(예 : 가위로 종이 자르기), 그리고 촉각정보에 반응하기(예 : 촉각으로 모양 알아보기) 등이 포함된다. 대근육운동기술은 영아는 목 가누기, 걸음마기 유아는 걷는 동작, 일어서기, 걷기, 계단 오르기, 뛰기 등을 측정한다. 또한 사지와 몸통의 움직임, 고정된 자세(예 : 앉아 있기, 서 있기), 역동적 움직임(예 : 이동성 및 협응), 균형, 그리고 운동계획 등을 측정한다.

사회정서척도는 자기조절 및 세상에 대한 관심, 요구를 전달하고 다른 사람을 관여시키고 관계맺기, 정서를 사용하여 목적 달성하기, 정서적 신호를 사용하여 문제 해결하기 등을 측정한다.

적응행동척도는 의사소통(아동의 말, 언어, 비언어적 기술), 지역사회 이용(옥외활동에 대한 아동의 흥미, 지역사회의 다양한 시설의 위치를 파악하는 능력), 건강과 안전(아동이 얼마나 조심하는지, 신체적 위험을 피하는 능력), 여가활동(놀이유형과 규칙을 따르는 능력), 자조기술(먹기, 대소변 가리기, 목욕하기 등), 자기주도(자기통제, 지시 따르기, 선택하기 등), 학령전 학업기능(글자 알아보기, 수 세기, 간단한 도형 그리기), 가정생활(가정일 돕고 개인물건 챙기는 것), 사회성(예의에 맞게 행동하기, 다른사람 돕기, 정서 상태 파악하기 등 다른 사람들과 잘 지내는 것), 운동성(아동의 기술 및 환경 조작하기)의 열 가지 기술을 토대로 전반적 적응발달을 측정한다.

이 검사에서의 세부척도들은 심리재활 영역 중 발달재활 영역에서 구체적 치료목표로 활용하여 발달이 늦은 아이들에게 도움이 될 수 있다.

시각-운동통합 발달검사(VMI)

검사 소개

시각-운동통합 발달검사(Developmental Test of visual-Motor Integration, VMI)는 장애를 초기에 발견하고 학습과 행동의 장애를 예방하기 위해 스크린 검사로서 활용하도록 고안되었다. 현존하는 기하학 도형과 새로운 기하학 도형 및 검사를 통해 실험을 실시한 후 24개의 도형에 의한 현재의 VMI 계열이 확립되었다. 검사의 장점은 첫째, 24개 기하학 도형은 문자형태보다 여러 아동에게 모두 익숙한 도형으로 구성되어 있고, 발달계열 및 과제의 난이도에 따라 배열되어 있으며, 폭넓은 연령층 아동의 진보를 선별할 수 있다. 둘째, 이 검사의 초기의 도형은 어린 아동이나 중도 장애 아동에게도 성공을 경험하게 하는 반면, 보다 복잡한 도형은 청소년에게도 도전심을 심어 준다. 또 언어적 반응이 전혀 필요 없이 청각장애 아동이나 언어장애 아동에게 사용할 수 있으며, 여러 가지 심리진단검사를 실시하기 위한 초기 준비검사로 사용하기에 좋다. 셋째, 이 검사는 실시를 위한 지시가 분명하고 숙달할 것인가를 교사가 예상할 수 있게 한다. 넷째, 이 검사의 검사요강은 시각-운동 통합의 과정을 기술하고 시각-운동통합의 활동계열을 밝히는 데 특히 도움이 된다.

한편, 시각-운동통합 발달검사의 단점으로는 첫째, 다른 유형의 검사와 마찬가지로 아동의 지각장애가 시지각 과정에만 있는지, 운동반응에만 있는지, 아니면 양자 모두에 있는지를 밝히기는 매우 어렵다는 것이다. 이 검사에서 낮은 점수는 두 과정을 구분하기 위한 추가의 검사가 필요함을 시사해 준다. 즉 아동이 재생한 도형이 자극도형과 일치하지 않음을 알게 되어 심리적으로 매우 좌절하게 된다면, 그 아동은 지각은 정확하지만 운동반응에 어려움을 가진 경우이다. 재생한 것과 자극이 다르다는 것을 알지 못하는 아동은 시지각이 손상되어 있다는 것을 시사한다. 둘째, 이 검사는 공간 조직기능을 측정하지 못한다. 아동은 9개의 도형을 한 장의 백지에 모사하는 데 어려움을 호소할 수 있다. 셋째, 채점절차의 일관성이 다소 부족하다. 어떤 문항에는 꽤 정확성을 요하고, 다른 문항의 채점은 매우 주관적이다. 이 채점체계에서는 원점수가 16점으로, 해당 연령이 8세 7개월인 아동이 원점수를 17점 받으면(도형을 하나 더 정확히 모사하면) 연령점수가 9세 11개월이 되어 16개월이나 차이가 난다.

검사 대상

시각-운동통합 발달검사는 집단을 대상으로 사용할 수도 있지만, 개인용으로 사용하는 것이 보다 보편적으로 사용한다.

실시 방법

검사자는 아동들이 모사 할 24개의 기하도형을 제시하고 있다. 기하도형은 굵은 검정색으로 인쇄되어 있고 각 페이지마다 3개씩 배열되어 있으며, 각 도형의 아래에는 아동이 모사할 공간이 마련되어 있다. 기하도형은 가장 단순한 것에서 가장 복잡한 것으로 난이도에 따라 배열되어 있다. 또 각 도형은 경험의 차이에 크게 좌우되지 않고 아동의 흥미를 유지하며 실시할 수 있는 도형으로 구성되어 있다.

VMI 실시의 바른 순서는 검사자가 시연을 일체 행하지 않고 아동에게 모사하도록 지시해야 한다. 아동이 처음 3개의 도형을 바르게 대답할 수 없을 경우에만 검사자가 페이지를 넘겨서 처음 3개의 도형을 검사자가 묘사하는 것을 모방하도록 한다. 아동은 도형을 모사할 때 이미 그린 것을 지우거나 검사지를 돌려서 그릴 수는 없으며 시간제한은 없다. 개별검사는 4세 이하의 아동에 적절하며, 4세 이상인 경우에는 소집단으로 실시할 수 있다.

1. 집단검사 실시 방법

① 한 사람씩 지우개가 없는 B의 연필을 준다.
② 검사용지를 나눠 준다. "시작하라고 할 때까지 기다리세요. 용지를 열라고 말할 때까지 검사용지를 열어서는 안 됩니다." 하고 말한다.
③ 검사용지를 나누어 준 후 "많은 행위가 있지만 순번에 하나씩 꼭 그대로 같게 그려 넣으세요. 하나의 행에 하나만을 그려 넣으세요."라고 말한다.
④ "이름을 쓰는 쪽이 얼굴 앞으로 오도록 하세요." 하고 말한다.
⑤ 페이지의 상단에 미리 성명 등을 기입하고 있지 않은 경우는 내담자에게 기입하도록 시킨다.
⑥ "자, 이렇게 종이를 넘기고 시작하세요."라고 말하면서 시범을 보인다.
⑦ 검사를 하는 동안 계속 검사용지 책자와 내담자 자세가 책상 한 가운데 위치하고 책상과 직각을 이루고 있는 것이 중요하다. 시범을 보이면서, "여러분, 검사용지를 바르게 놓았습니까? 전부 끝날 때까지 검사용지는 책상 위에 이렇게 놓아두어야 합니다. 그리고 이렇게 앉으세요."라고 말한다.
⑧ 자신이 생각한 하나 혹은 그 이상의 도형을 사용해야 한다. "다음 페이지 위에 있는 것을 흉내 내서 그리세요. 하나하나의 형을 아래의 사각 안에 그리세요."라고

말한다.

⑨ "흉내 내는 것이 어려운 도형이 있을지도 모르지만 전부 그리도록 하세요. 고무지우개를 사용하지 않고 될 수 있는 한 잘 그려 주세요."라고 말한다.

2. 개별검사 실시 방법

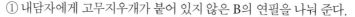

① 내담자에게 고무지우개가 붙어 있지 않은 B의 연필을 나눠 준다.

② 내담자 앞에 표지를 뒤집어서 검사용지를 둔다. 처음부터 어려운 도형을 보이지 않도록 주의한다. 검사를 실시하는 동안 계속해서 검사용지와 내담자의 자세가 책상 한가운데 위치하고 책상과 직각이 되도록 한다. 용지나 내담자의 신체 위치가 다르면 과제가 대단히 간단하게 되는 것이 있다.

③ "지금부터 몇 개의 도형이 나오는데 그것을 순서에 따라 흉내 내어 그리세요. 하나의 도형은 하나밖에 그릴 수 없습니다."라고 말한다.

④ 검사용지 책자의 첫 페이지를 열고 곧 도형을 가리킨다. "이렇게 그릴 수 있습니까?"라고 말한다.

⑤ 내담자에게 대답을 시키고 다음 도형을 아래 공간을 가리킨다. "여기에 바르게 그리세요."라고 말한다.

⑥ 필요한 경우는 내담자를 격려한다. 그러나 손가락이나 연필로 자극도형을 따라 그려서는 안 된다. 그것은 그러한 운동이 어떤 실마리를 주기 때문이다. 도형을 명칭이나 설명적인 용어로 부르는 것은 피한다.

⑦ 필요하면 하나하나의 도형에 대해서 계속 격려한다. 그러나 내담자가 과제를 이해한 듯하면 곧 "앞으로 남은 것을 하세요."라고 말한다.

⑧ 검사용지의 관찰기록은 눈에 띄지 않도록 하고 공공연히 시간을 계산하거나 그 외의 강압감을 주지 않도록 한다.

⑨ 내담자가 과제를 이해하지 못한다든지 처음 3개의 도형에 실패한다면 페이지를 돌려 최초의 페이지의 뒷면에 연필로 수직선을 몇 회 그린다. 그리고 그와 같은 선을 내담자에게도 그리도록 한다.

⑩ 그것을 충분히 한 후 내담자가 수직선을 긋거나 긋지 않아도 다음 수평선과 원에 대해서 이 순서를 되풀이한다. 만약 내담자가 1개 혹은 1개 이상의 도형을 모방하

는 것이 성공하면 동형의 직접적인 모사를 다시 행하게 한다.
⑪ 3개 도형을 연속해서 실패하면 검사를 중지한다. 그러나 내담자가 더 어려운 도형을 어떻게 그리는가를 보는 것은 종종 아주 유의하기 때문에 계속해도 좋다.

채점 및 해석

이 검사는 각 모사도형에 대한 채점기준을 제시하였는데, '연령기준'과 도형에 대한 성공과 실패의 여부에 대한 예를 제공하고 있다. 아동이 도형을 잘 그렸는지 못 그렸는지의 여부를 결정짓기 힘든 경우에는 채점기준의 예를 보고 아동의 도형을 평가할 수 있다.

원 점수는 상하수준(즉 3개의 도형을 연속실패 했을 때)에 도달하기 전에 정확하게 모사한 전체 도형 수로 구성된다. 예를 들면, 아동이 처음부터 10번째까지의 도형을 그렸으나 그다음에 3개의 도형에서 연속적으로 실패를 한 경우 그 아동의 VMI 점수는 10이 된다. 이 점수는 검사요강에 제시되어 있는 표를 사용하여 연령점수, 표준점수, 백분위로 환산한다. 재검사를 위한 대형검사나 동형검사는 없다.

표준점수

표준점수란 같은 연령대의 표준화집단의 원점수 분포를 평균 100, 표준편차 15로 환산한 분포에서 능력 수준을 보여 주는 점수이다. 예를 들어 표준점수가 100이라는 것은 같은 연령대의 사람들과 비교해 보았을 때 평균적인 수준의 능력을 가지고 있다는 것을 의미한다. 표준점수는 수준에 따라 낮음(low, 70 이하), 약간 낮음(moderately low, 71~85), 평균(adequate, 86~115), 약간 높은 (moderately high, 116~130), 높음(high, 131 이상)의 5개 범주가 사용된다.

백분위 점수

백분위 점수란 같은 연령대의 표준화 집단에서 대상자보다 낮은 점수를 얻은 사람의 비율을 의미한다. 예를 들어 10세인 대상자의 백분위가 84라는 것은 10세 집단의 100명 중 83명이 대상자보다 낮은 점수를 얻었다는 의미이다. 따라서 백분위 점수가 높을수록 대상자는 표준화 집단의 같은 연령대 사람들에 비해 점수가 높다는 것을 의미하고 백분위 점수가 낮을수록 표준화 집단의 같은 연령대 사람들에 비해 점수가 낮다는 것을 의미한다.

등가연령

등가연령은 대상자의 수행이 어떤 연령의 평균적인 수행과 같은 수준인가를 나타낸 값을 의미한다. 예를 들어 등가연령이 5세 10개월이라는 것은 그 대상자의 능력이 5세 10개월 된 아동들의 평균적인 수행 수준에 해당된다는 의미이다. 등가연령은 연령이 높을수록 더 높은 기능을 수행할 수 있다는 것을 의미하고, 연령이 낮을수록 수행할 수 있는 능력이 제한적이라는 것을 의미한다.

도형 구성 내용

기하도형의 구성 내용은 〈표 8.4〉에, 유아를 기준으로 한 VMI 기준은 〈표 8.5〉에 설명되어 있다.

● 표 8.4 기하도형 구성 내용

도형	내용
도형 1	수직선 : 유아나 내성적인 아동으로부터 반응을 이끌어 내는 데 효과적 채점기준 : 대략 수직적인 것 연령기준 : 모방(1세 9개월), 모사(2세 10개월)
도형 2	수평선 : 3세 이하의 유아는 모사하고 있는 동안에 수직선을 그리는 게 일반적임. 수평선을 그리는 것이 수직선을 그리는 것보다 어렵다는 것을 증명하는 것임 채점기준 : 대략 수평선인 것 연령기준 : 모방(2세 6개월), 모사(3세)
도형 3	원 : 6세 이하의 아동은 원을 자신의 몸 가까운 곳에서 그리기 시작해서 점차 멀리 그리며 이것은 자신이 세계의 중심이라는 전형적인 유아의 지각과 일치 채점기준 : 대략 원형인 선인 것 연령기준 : 모방(2세9개월), 모사(3세)
도형 4	십자형 : 수직선을 연속적인 수평선으로 교차시키는 능력에 의한 것 채점기준 : 2개의 선이 충분히 교차하고 있는 것, 2개의 선이 연속해 있는 것 연령기준 : 모방(2세 10개월~3세), 모사(4세 1개월)
도형 5	우사선 : 사선의 실행에는 수직과 수평 방향의 운동이 동시에 협조되어야 함 채점기준 : 확실한 직선, 선이 적어도 2분의 1은 110~116도 사이에 있는 것, 방향에 갑작스러운 변화가 없는 것 연령기준 : 4세 4개월

도형	내용
도형 6	정방향 : 변 사이의 공간관계의 지각이 이 도형 달성에 밀접하게 관계가 있음 채점기준 : 4개의 변이 명료한 것(각은 각도가 없어도 좋음) 연령기준 : 모사(4세), 모방(4세 6개월)
도형 7	왼쪽사선 : 오른쪽 사선이 왼쪽 사선보다 조기에 재생될 수 있음 (왼손잡이와 오른손잡이와의 차이에 따라서 다름) 연령기준 : 4세 7개월 채점기준 : 선이 적어도 2분의 1이 70도 사이에 있는 것(우사선과 같음)
도형 8	경사십자(×) : '×자' 모방을 시키고 싶을 때는 아동이 완성할 때까지 기다려야 함 채점기준 : 2개의 선이 연속해서 교차하는 것, 선의 각도 20~70도와 110~160도 연령기준 : 4세 11개월
도형 9	삼각형 : 성방형 때와 같이 원과 비슷한 형으로 되어 버리지만 중요한 형임 채점기준 : 3개의 변이 아주 명료한 경우, 1개의 각이 다른 각보다 높은 곳에 그려져 있는 경우 연령기준 : 5세 3개월
도형 10	열린 정방형과 원 : 시각-운동의 곤란을 확대시킨다고 생각되는 도형 채점기준 : 도형은 거의 떨어져서는 안 됨. 원 또는 열린 정방형에 큰 비뚤어짐이 있어서는 안 됨. 원과 2개 각을 가진 정방형의 크기는 상당히 비슷하지 않으면 안 됨. 정방형의 각을 지나서 원을 2 등분하는 직선은 정방형의 안을 지나지 않으면 안 됨 연령기준 : 5세 6개월
도형 11	3직선의 교차 : 다른 교차도형의 어느 것보다 중간 지점에서 분할되기 쉬움 채점기준 : 3개의 직선이 연속해서 교차하고 정확한 것, 1개의 선이 수평선이고 2개의 선이 사선 인 것 연령기준 : 5세 9개월
도형 12	화살표 : 이 도형의 재생의 질은 7세 이상에서는 실질적인 변화가 없음 채점기준 : 선단이 역전되는지 떨어져 있는 것, 선단이 날카롭게 되어 있는 것, 방향 혼란의 징후 가 없는 것, 막대 길이가 거의 같은 것 연령기준 : 5세 9개월
도형 13	2차원의 고리 : 8세를 지나면 본질적인 변화는 인정할 수 없음 채점기준 : 3개의 고리가 겹쳐 있고 7개의 공간이 것(중심 공간 삼각형 표시), 1개의 원이 다른 것 보다도 확실히 밑에 있는 것 연령기준 : 6세 8개월
도형 14	6개 원에 의한 삼각형 : 원모양의 변은 확실히 미성숙한 것이 특징임 채점기준 : 6개의 원, 두변이 직선인 것, 간격이 비슷한 것, 저변이 수평인 것 연령기준 : 7세 5개월
도형 15	원과 경사 정방향 : 시각-운동장애를 확대해서 보여 주는 도형 채점기준 : 4개의 각을 가진 도형과 원, 대각선이 수직, 수평방향에서 10도 이내 정방형이 원과 닫힌 각으로 접한 것, 2개 도형사이에 겹침이나 간격이 적은 것, 원의 중앙부에 정방향의 각이 접 해 있는 것, 원과 정방향의 크기가 상대적인 것

도형	내용
도형 16	수직 마름모꼴 : 주요한 기준은 이상, 하부 45도의 각도를 상대적으로 바르게 나타나는 것 연령기준 : 8세 1개월
도형 17	경사진 삼각형 붙여 그리기 : 도형의 올바른 재생과 내측의 삼각형 각도를 90도로 재생하는 것은 8세 이전에 관찰됨. 그러나 이 2개의 요소는 8세 7개월 이전에는 아주 드물게 통합됨 연령기준 : 8세 11개월
도형 18	8개의 점에 의한 원 : 8~13세에 걸쳐 점으로 깨끗한 모양의 원을 그림 크고 검고 둥근 점은 일반적으로 5~8세 사이에 보임 연령기준 : 9세 6개월
도형 19	베르하이머의 6각형 : 이 도형의 공간적 구성은 6세쯤이면 가능해짐 채점기준 : 모든 변이 명시되어 있는 것, 확실하게 방향의 잘못이 없는 것, 포개짐이 명확히 나타나 있는 것 연령기준 : 10세 2개월
도형 20	수평의 마름모꼴 : 기준은 수직의 마름모꼴과 수평의 마름모꼴과 같은 모양 채점기준 : 4개의 각이 양호한 것, 예각이 2개, 60도 이하인 것, 수평축이 170~190도 사이인 것, 각이 서로 마주 보는 것, 각을 갖는 형이 아닌 것 연령기준 : 10세 11개월
도형 21	3차원 원의 짜임새 겹쳐 그리기 채점기준 : 완전한 이중의 원이 3개 있는 것, 겹침이 바른 것, 적어도 하나에 확실한 입체적인 겹침이 있는 것 연령기준 : 11세 2개월
도형 22	입방체 : 방향의 역전이 이 도형의 재생에서는 잘 보임 채점기준 : 부분의 수가 바른 것, 방향이 바른 것, 혼란이 보이지 않는 것 연령기준 : 12세 8개월
도형 23	앞이 좁은 상자 : 내측의 도형을 바르게 배치하려 할 때 외측의 도형은 다시 정방형이 되는 경향이 있음 채점기준 : 외측의 도형이 평형사변형인 것, 내측의 도형이 수평의 정방향인 것, 내측의 도형이 확실히 우하쪽에 위치하는 것, 혼란이나 왜곡이 없는 것 연령기준 : 13세 2개월
도형 24	입체적인 별 : 동일의 삼각형에 있어서 위와 아래의 겹친 양쪽이 바르게 되고 있는가 어떤가 하는가에 특별히 주의가 요구되지 않으면 안 됨 연령기준 : 13세 8개월

● 표 8.5 VMI의 기준(유아의 기준)

연령	행동
생후 28주	십자형, 원, 사각형 및 삼각형의 변별
8개월	검사자가 마구 쓰기를 봄

연령	행동
12개월	표시를 하려고 하는 것처럼 연필을 쥠
1세 1개월	예시에 반응해서 표시함
1세 4개월	자유로이 갈겨씀
1세 9개월	수직선의 모방
2세 6개월	수평선의 모방
2세 9개월	원의 모방
2세 10개월	수직선의 모사
3세	수평선의 모사
3세 3개월	원의 모사
3세 6개월	사교선의 모방

* 모방이라는 말은 검사자가 그리는 방법을 예시한 후에 아동이 도형을 재생할 경우에 사용되고, 모사라는 것은 예시 없이 아동이 도형을 재생하는 경우에 사용된다.

영 · 유아 언어발달 검사(SELSI)

검사 소개

영 · 유아 언어발달 검사(Sequenced Language Scale for Infants, SELSI)는 언어장애의 조기 선별을 목적으로 3세 이전 영 · 유아의 수용언어 및 표현언어 능력을 정확하게 평가하기 위하여 자녀의 행동에 익숙한 보호자가 자녀의 행동을 관찰하면서 실시한다. 즉 대상 영 · 유아를 가장 잘 아는 보호자를 활용하여 말-언어-의사소통 기술에 발달지체나 장애가 있는지 조기에 선별하고 그에 따른 적절한 대처를 하는 근거를 마련하는 데 그 목적이 있다. 검사의 결과를 통하여 언어발달의 지체 여부를 판별할 수 있으며, 특히 유아의 수용언어 및 표현언어 발달 간의 차이를 알 수 있다.

검사는 생후 4~35개월 사이의 정상발달 아동뿐 아니라 언어발달지체나 장애를 나타낼 가능성이 있는 유아 및 아동의 언어능력을 평가하는 데 사용할 수 있다. 특히 생활연령이 검사상의 정상 발달연령보다 많은 언어장애 아동의 언어능력에 대한 대략적인 언어발달 정도를 알 수 있게 해 주는 지표로 사용될 수 있으므로, 단순 언어장애, 정신지체, 자폐, 뇌성마비, 청각장애 및 구개파열 등으로 인하여 언어발달에 결함을 나타낼 가능성이 있는 아동의 언어능력을 평가하는 데 활용할 수 있다.

검사의 특징

검사의 문항은 초기 유아의 인지개념 및 의미론적 언어능력, 음운능력, 구문론적 언어능력, 그리고 화용적인 언어능력을 두루 평가할 수 있도록 적절히 배치되었으며 언어발달지체로 판정될 경우에는 각각의 영역별 평가에 의해 대상아동이 보이는 언어발달의 정도를 다각적으로 평가할 수 있으므로 언어장애의 조기 선별기능뿐 아니라 문제를 보이는 영역에 대한 구체적인 정보를 제공해 주는 기능도 포함하고 있다.

이 검사는 일반인용과 전문가용 두 가지로 제작되었다. 우선 일반인용은 영·유아의 언어 문제 유무를 판별하기 위한 선별검사용으로 수용언어, 표현언어, 전반언어의 발달 정도가 정상인지, 전문가에게 평가를 의뢰해야 할지를 제시해 준다. 전문가용은 언어장애의 선별뿐 아니라 그 결과를 통하여 수용언어 및 표현언어의 발달연령, 백분위 수, 영역별 편차 등을 분석할 수 있도록 하였다.

검사는 검사의 실시가 용이하고 수용언어능력과 표현언어능력 중 어느 능력이 더 지체되었는지 파악할 수 있게 해 준다. 그리고 수용언어 및 표현언어의 영역 즉 의미·인지 능력, 음운능력, 구문능력, 화용능력 중 어느 영역에서 더 지체되었는지도 분석하게 해 준다. 또한 우리나라 아동의 기준에 맞추어 수용언어발달 연령을 산출할 수 있다는 장점이 있다. 그러나 이 검사는 영·유아의 수용언어나 표현언어의 발달지체를 선별하는 검사로서 이 검사결과만으로 아동의 언어능력을 평가하는 것은 바람직하지 않다.

검사 방법

검사 시 유의사항

1. 주 양육자의 직접적인 관찰과 판단에 근거하여 각 문항에 답을 써 넣는다. 반드시 유

아와 많은 시간 동안(적어도 주 4일 이상) 함께 생활하며 유아의 발달과정을 상세히 알고 있는 주 양육자의 판단에 따라 정확히 평가하는 것이 중요하다.

2. 유아의 주 양육자에게 검사지를 주고 해당 연령대의 검사시작 문항을 찾아서 각 문항을 스스로 읽고 답하게 한다. 이때 검사 마지막 문항을 찾는 방법을 미리 설명해 준다.

3. 각 문항들은 해당 연령대의 유아에게 정상발달의 과정으로서 나타나는 발달과제를 중심으로 구성되어 있다. 따라서 특정 문항의 행동을 어릴 때는 보였지만 현재는 안 보이는 경우에는 발달과제를 이미 습득하고 있는 것으로 간주하여 채점한다.

4. 각 문항들은 발달과제의 습득 유무를 판별하는 것이므로, 유아가 자주 나타내지 않는 반응이라 하더라도 해당 항목의 능력이 있다고 판단되면, 긍정반응으로 평가한다.

5. 4번의 설명에도 불구하고, 검사문항에서 정확성이나 '자주', '항상' 등의 빈도를 강조하고 있는 경우에는 보다 엄격히 평가해야 한다(예 : 수용 1번 '목소리가 들려오는 쪽을 정확하게 바라본다.').

6. 각 문항에서 예문으로 제시하는 행동은 아니더라도 그 문항 내용과 부합되는 행동이 관찰되면 긍정반응으로 평가한다.

문항별 검사 실시 방법

일반적인 선별검사일 경우에는 응답자가 스스로 문항을 읽고 '예' 또는 '아니요'에 답을 해야 한다. 만일 문항 내용을 잘 이해하지 못할 경우에는 보충 예문을 자세히 검토하고 숙지한 뒤 응답한다. 이는 1번 문항부터 56번 문항까지 동일한 방법으로 실시한다.

검사 실시 절차

1. 검사 실시 지침서읽기

2. 아동의 생활연령(CA) 계산하기

3. 검사의 시작 : 검사는 수용언어영역부터 시작한다. 문항은 아동의 생활연령에 해당하는 연령단계에서 두 단계 낮은(어린) 연령단계의 첫 번째 문항부터 시작한다. 예를 들면 16개월 아동은 〈16~17개월〉

● **표 8.6 생활연령에 따른 시작문항**

개월 수(연령)	시작 문항번호
4~5	1
6~7	1
8~9	1
10~11	5

연령단계보다 두 단계 낮은 〈12~13개월〉의 첫 문항인 9번 문항부터 시작한다.

4. 기초선(baseline) 찾기 : '예'라는 응답이 연속해서 여덟 번 나오는 것을 기준으로 한다. 시작문항부터 계속해서 여덟 번의 '예'가 나오지 않을 경우 시작문항이 속한 단계로부터 한 단계 낮은 단계의 문항으로 내려가 검사한다. 기초선이 확립되면 그 이전 문항들은 모두 맞출 수 있다고 확신하고 검사를 실시하지 않는다.

5. 최고한계선(ceiling) 찾기 : '아니요'가 연속 여덟 번 나오면 검사를 중지하고 그 연령단계를 최고 한계선으로 한다. 최고

● 표 8.6 생활연령에 따른 시작문항(계속)

개월 수(연령)	시작 문항번호
12~13	9
14~15	13
16~17	17
18~19	21
20~21	25
22~23	29
24~26	33
27~29	37
30~32	41
33~35	45
36~38	43

한계선이란 아동이 그 이상의 높은 문항들은 모두 수행할 수 없을 것이라고 확신할 수 있는 수준을 의미한다.

6. 같은 방법으로 표현언어 영역의 각 문항에 대해 검사하여 평가기록지에 표기한다.

7. '예'는 1점을, '아니요'는 0점을 준다. 기초선으로부터 최고한계선까지 검사가 모두 끝나면 총점을 계산한다.

결과의 해석

1차 선별 평가

1. 정상발달

수용언어 및 표현언어 점수가 해당 생활연령대의 평균점수로부터 −1표준편차 이상에 해당하는 경우를 말한다. 예를 들어 17개월 아동의 수용언어점수가 28, 표현언어점수는 25인 경우를 보면 수용언어점수는 16~17개월의 남녀 전체 평균점수 32.89이며 −1표준편차는 27.88이다. 이 아동의 점수 28은 평균과 −1표준편차 사이에 속하게 되어 수용언어발달 정

도는 정상이고 표현언어의 경우도 마찬가지로 평가한다. 수용언어점수와 표현언어점수를 합한 점수는 53으로 언어 전반에 걸친 발달 정도 역시 정상이다.

2. 약간지체

수용언어 및 표현언어 점수 또는 언어전반점수가 해당 생활연령대의 평균점수로부터 −1표준편차와 −2표준편차 사이에 해당하는 경우이다. 예를 들어 수용언어점수 28인 아동이 여아일 경우 해당 연령대 수용언어 −1표준편차는 29.22이므로, 여아의 기준에서는 '약간지체'라 할 수 있으나, 남아의 경우에는 −1표준편차 점수가 26.51이므로 '정상'이라는 판정을 할 수 있다. 이 예시에서 여아의 경우 '약간지체' 또는 보다 세심한 평가에 대한 고려가 필요하다는 '유의요망'(3개월 후에 다시 평가 실시해 보고 그래도 낮지 않으면 전문가에게 의뢰)으로 판정한다.

3. 언어발달지체

수용언어 및 표현언어 점수 또는 언어전반점수가 해당 생활연령대의 평균점수로부터 −2표준편차 이하에 해당하는 경우이다. 예를 들어 20개월 된 여자 아동의 수용언어점수가 33일 경우 전체점수에서는 −2표준편차(32.06)보다 높은 점수이므로 '약간지체'로 판정되나 여아의 −2표준편차 규준점수인 33.91에는 못 미치는 점수이므로 '언어발달지체'로 판정된다. 그러므로 남녀의 전체점수보다는 대상 아동의 성별에 따라 산출된 규준점수에 의거하여 평가하는 것이 바람직하다(전문가에 의한 2차 언어 평가 의뢰).

2차 전문 평가

'약간지체' 및 '언어발달지체'로 1차 판정이 된 경우에는 수용언어 및 표현언어의 획득점수에 따른 등가연령을 산출한다.

3차 영역별 평가

검사결과가 정상발달인 경우에는 굳이 세부영역 점수로 2차 평가를 할 필요가 없으나 '약간지체' 또는 '언어발달지체'로 판정이 된 경우에는 각 영역별 점수를 참고할 필요가 있다. 영역별 규준점수는 문제영역이 어떤 언어영역에서 가장 크게 나타나는지를 알아보기 위해 유용하게 사용할 수 있다. 수용언어의 등가연령은 〈표 8.7〉에, 표현언어의 등가연령은 〈표

8.8〉에 나타나 있다.

● 표 8.7 수용언어 등가연령

수용언어획득점수	남자등가월령	여자등가월령	수용언어획득점수	남자등가월령	여자등가월령
0	1개월	0개월	28	15개월	15개월
1	1개월	1개월	29	16개월	16개월
2	2개월	1개월	30	16개월	16개월
3	2개월	2개월	31	17개월	17개월
4	3개월	2개월	32	17개월	17개월
5	3개월	3개월	33	18개월	18개월
6	4개월	3개월	34	19개월	18개월
7	4개월	4개월	35	19개월	19개월
8	5개월	4개월	36	20개월	19개월
9	5개월	5개월	37	20개월	20개월
10	6개월	5개월	38	21개월	20개월
11	6개월	6개월	39	21개월	21개월
12	7개월	7개월	40	22개월	21개월
13	7개월	7개월	41	22개월	22개월
14	8개월	8개월	42	23개월	22개월
15	9개월	8개월	43	23개월	23개월
16	9개월	9개월	44	24개월	24개월
17	10개월	9개월	45	24개월	24개월
18	10개월	10개월	46	25개월	25개월
19	11개월	10개월	47	25개월	25개월
20	11개월	11개월	48	26개월	26개월
21	12개월	11개월	49	26개월	26개월
22	12개월	12개월	50	27개월	27개월
23	13개월	12개월	51	27개월	27개월
24	13개월	13개월	52	28개월	28개월
25	14개월	13개월	53	29개월	28개월
26	14개월	14개월	54	29개월	29개월
27	15개월	14개월			

표현언어획득점수	남자등가월령	여자등가월령	표현언어획득점수	남자등가월령	여자등가월령
0	1개월	1개월	28	16개월	16개월
1	2개월	1개월	29	17개월	16개월
2	2개월	2개월	30	17개월	17개월
3	3개월	2개월	31	18개월	17개월
4	3개월	3개월	32	18개월	18개월
5	4개월	4개월	33	19개월	18개월
6	4개월	4개월	34	19개월	19개월
7	5개월	5개월	35	20개월	19개월
8	5개월	5개월	36	21개월	20개월
9	6개월	6개월	37	21개월	20개월
10	7개월	6개월	38	22개월	21개월
11	7개월	7개월	39	22개월	21개월
12	8개월	7개월	40	23개월	22개월
13	8개월	8개월	41	23개월	22개월
14	9개월	8개월	42	24개월	23개월
15	9개월	9개월	43	24개월	23개월
16	10개월	9개월	44	25개월	24개월
17	10개월	10개월	45	25개월	25개월
18	11개월	10개월	46	26개월	25개월
19	11개월	11개월	47	26개월	26개월
20	12개월	11개월	48	27개월	26개월
21	12개월	12개월	49	28개월	27개월
22	13개월	12개월	50	28개월	27개월
23	14개월	13개월	51	29개월	28개월
24	14개월	14개월	52	29개월	28개월
25	15개월	14개월	53	30개월	29개월
26	15개월	15개월	54	30개월	29개월
27	16개월	15개월			

사회성숙도 검사

검사의 구성과 내용

사회성숙도 검사(Social Maturity Scale, SMS)는 사회성이 적응행동에 미치는 영향이 크다는 것을 인식하고 적응행동을 측정하기 위해 개발되었다. 이 검사는 개인의 성장 또는 변화를 측정하고 혹은 치료나 교육을 위한 기초 자료나 교육 후 향상을 측정하고 정신지체 여부나 그 정도를 판별하는 데 이용한다. 이 검사는 피검자에 관한 정확한 정보를 얻기 위해 피검자를 잘 아는 부모면접을 통해 실시한다. 피면접자의 대답이 믿기 어려운 경우에는 피검자를 직접 만나서 그의 행동을 관찰해 보고 판단하는 것이 좋다. 검사 시에는 피검자의 연령, 교육 정도, 일반 능력, 장애 등을 비롯한 기타 신상 자료와 부모의 직업 및 교육 정도를 먼저 알아보는 것이 좋다. 검사 대상의 연령 범위는 0세에서 만 30세이다. 여섯 가지 영역의 117개 문항으로 난이도 순서로 배열되어 있으며, 내용은 〈표 8.9〉와 같다.

● 표 8.9 SMS 측정 영역과 내용

영역	내용
자조 (Self Help, SH)	일반적 자조능력(SHG), 식사자조능력(SHE), 옷 입고 벗기 및 청결 자조능력(SHD)으로 세분되어 있다. 이러한 항목들은 주로 일상생활을 하는 데 필요한 측면을 기술하는 것으로 다른 영역의 발달을 예측할 수 있는 문항이다.
이동 (Locomotion, L)	단순한 운동능력뿐 아니라 그와 관련된 사회적 의미를 갖는 문항으로 이루어져 있다.
작업 (Occupation, O)	단순한 놀이에서부터 고도의 전문성을 요하는 작업에 이르는 다양한 능력을 알아보는 문항으로 이루어져 있다.
의사소통 (Communication, C)	동작, 음성, 문자 등을 매체로 한 수용과 표현에 관한 문항으로 이루어져 있다.
자기관리 (Self Direction, SD)	책임 있고 분별 있는 행동에 관한 것으로 독립성과 책임감을 알아보는 문항으로 이루어져 있다.
사회화 (Socialization, S)	사회화 활동, 사회적 책임, 현실적 사고 등에 대한 문항으로 이루어져 있다.

검사의 실시 방법 및 유의점

1. 수검자를 잘 아는 부모와의 면접을 통해 실시한다. 부모가 없는 경우에는 형이나 누나 또는 수사자를 잘 아는 친척이나 후견인에게 실시할 수 있다.

2. 정보 수집 후 다른 정보 제공자에게 묻거나 피검사의 행동을 직접 관찰하거나 그의 성취를 참작하여 몇 개의 문항을 검토해 봄으로써 수집된 정보의 정확성 여부를 알아보아야 한다.

3. 질문을 할 때는 1번부터 시작하지 않고 피검사의 연령, 능력 등 일반정보를 참작하여 예상되는 최고점수보다 훨씬 아래 문항부터 시작한다.

4. 3개 문항이 계속해서 +F 또는 +로 표시되지 않으면 높은 번호 쪽으로 진행하던 질문을 중단하고 3개 문항이 계속해서 +F로 표시될 때까지 낮은 번호 쪽으로 내려가며 질문하고 높은 문항 쪽으로 3개 문항이 계속해서 − 일 때는 검사를 끝낸다. 단 지적장애일 경우에는 5문항까지 한다.

5. 질문은 문항 배열순서에 따라 기계적으로 하기보다는 일정 범위 내의 문항을 유목별로 실시하는 것이 판단하기 좋으며 유목별 문항은 순서를 바꾸어도 좋다.

검사결과의 채점

채점

각 문항은 문항 판단기준에 의해 〈표 8.10〉과 같이 채점한다.

● 표 8.10 SMS 문항별 배점기준

	문항 판단기준	배점
+	부당한 강요나 인위적인 유인이 없이도 각 문항이 지시하는 본질적인 행동을 습관적으로 수행할 경우, 현재는 습관적으로 하고 있으나 하려고만 하면 쉽게 수행할 수 있는 경우	1점
+F	검사 시에 특별한 제약으로 각 항목이 지시하는 행동을 성공적으로 수행하지 못하였지만 평상시에는 성공적으로 수행하였을 경우	1점
+NO	지금까지는 기회의 부족으로 각 항목이 지시하는 행동을 수행하지 못하였지만 기회가 부여된다면 성공적으로 수행 또는 습득할 수 있는 경우	1점 0.5점 0점

	문항 판단기준	배점
±	각 항목이 지시하는 행동을 가끔 하기는 하나 그 행동이 불안정할 경우, 즉 과도적 상태에 있을 경우	0.5점
−	각 항목이 지시하는 행동을 전혀 수행하지 못할 경우, 부당한 강요나 유인이 있을 때만 수행이 가능한 경우, 과거에는 성공적으로 수행하였으나 현재는 노쇠나 비교적 항구적인 정신적 또는 신체적 장애로 수행하지 못할 경우	0점

총점

기본점, 가산점, 총점은 각 문항의 채점이 끝난 다음에 그것들을 합산하여 기입하며, 총점은 기본점과 가산점을 합한 점수이다. 기본점은 연속하여 +F가 3개 이상인 경우의 마지막 문항번호를 기재한다.

사회연령(SA)

사회연령은 총점을 이용해 사회연령 환산표 이용하여 구하면 된다. 사회연령 환산표에는 총점과 총점에 해당하는 SA가 적혀 있으므로 SA를 구하려면 총점의 숫자를 사회연령 환산표의 총점란에서 찾아낸 다음 그 오른편에 있는 SA난의 숫자를 찾아내면 된다.

사회지수(SQ)

사회지수(SQ)는 사회연령(SA)를 생활연령(CA)으로 나눈 다음 이를 100으로 곱하면 된다 (단, MA=정신연령).

$$SQ = \frac{SA}{CA} \times 100 \qquad\qquad MA = \frac{IQ}{100} \times CA$$

● 표 8.11 생년월일 개월 환산표(백분위 점수에 사용)

월	1	2	3	4	5	6	7	8	9	10	11	12
환산점	1	2	3	3	4	5	6	7	8	8	9	10

*10세 10개월은 10.8로 계산함

검사결과의 활용

이 검사는 개인의 성장 또는 변화를 측정하고 개인차를 측정하는 도구로 사용할 수 있고, 치료나 훈련 후의 향상을 측정하는 도구로서도 사용할 수 있다. 지능검사나 사회성숙도 검사를 기준으로 한 지적장애 분류는 각 척도에 따라 다소 차이가 있으나, 국내 지적장애 등급판정기준에서는 두 척도 지수를 동일하게 적용하고 있다(표 8.12~13 참조).

● 표 8.12 지적장애 분류

분류	심리척도기준 지적장애분류		지적장애 판정기준	
	IQ	SQ	장애등급	IQ와 SQ
경도 지적장애(EMR)	50~69	55~74	3급	50~70
중등도 지적장애(TMR)	35~49	25~54	2급	35~49
중도 이하 지적장애(CMR)	34 이하	24 이하	1급	34 이하

● 표 8.13 지적장애의 분류

분류	기준
정신지체인 3급	IQ 50 이상 70 이하인 자로, 교육을 통한 사회 및 직업재활이 가능한 사람
정신지체인 2급	IQ 35 이상 49 이하인 자로, 일상생활의 단순한 행동을 훈련시킬 수 있고, 어느 정도의 감독과 도움을 받으면 복잡하지 아니하고 특수기술을 요하지 아니하는 직업을 가질 수 있는 사람
정신지체인 1급	IQ 34 이하인 자로, 일상생활과 사회생활의 적응이 뚜렷하게 곤란하여 일생 동안 타인의 보호가 필요한 사람

검사의 장단점

장점

1. 검사문항을 행동 영역별로 검토함으로써 검사받은 아동의 영역별 행동 수준을 측정할 수 있다.
2. 수량화된 점수를 통해 종합된 적응행동 수준을 평가할 수 있어서 프로그램의 계획 및 효과의 측정을 용이하게 해 준다.

단점

1. 면담에 의해 결과가 제시되므로 보호자의 판단에 따라 과대 또는 과소 평가될 수 있다.
2. 나이가 많은 정신지체아는 생활연령이 높아 사회성 지수가 낮게 나올 수 있다.
3. 각 영역별 적응행동 수준에 관한 규준이 없기 때문에 영역별 수준을 비교할 수 없다.
4. 검사가 영·유아기 아동의 행동에 관해서는 자세히 나와 있으나 나이가 들어갈수록 문항이 자세히 분류되어 있지 않다.

한국판 아동·청소년 행동평가 척도(K-CBCL)

검사 소개

한국판 아동·청소년 행동평가 척도(Korean-Child Behavior Checklist, K-CBCL)는 부모가 4~17세의 자녀들을 대상으로 다양한 적응 및 부적응 행동, 정서적 문제에 대해 평가하는 것으로 Achenbach(1991)가 개발한 것을 국내에서는 오경자 등(1997)이 표준화하였다. K-CBCL은 미국판 CBCL/4-18을 토대로 하여 크게 사회능력 척도와 문제행동증후군 척도로 구성되어 있다.

검사의 특징

부모 혹은 아동과 함께 생활하는 어른이 아동의 문제행동과 사회적 능력을 표준화된 형태로 기록하는 행동평가 도구는 다음과 같은 특징을 갖는다.

첫째, 다수의 임상집단의 자료를 요인분석하여 경험적 방법으로 구성된 임상척도를 사용하여 행동평가 자료를 요약하도록 되어 있다. 둘째, 광범위한 정상집단의 자료를 체계적으로 수집, 분석하여 규준을 작성함으로써 이를 실제로 적용하여 아동을 평가하는 데 중요한 지침을 마련해 주고 있다. 셋째, 정서·행동 문제뿐만 아니라 아동의 적응능력의 평가도 병행하고 있다. 넷째, 경험에 기초한 다축적 평가를 전제로 하고 있다. 즉 부모에 의한 정보뿐만 아니라 다양한 상황 및 장면에서 다른 관련 요인들이 아동을 평가한 자료도 함께 사용할 것을 전제로 하고 있다.

척도의 구성

K-CBCL은 크게 문제행동척도와 적응척도로 분류된다.

문제행동척도는 '말다툼을 자주 한다.', '자기물건을 부순다.' 등의 119개의 문제행동에 관한 항목으로 구성되어 있는데, 각 항목은 0점(전혀 없다), 1점(가끔 보이거나 정도가 심하지 않은 경우), 2점(자주 있거나 심한경우)의 3점 척도로 평가하게 되어 있다. 문제행동척도는 해당 문제행동 항목들의 합으로 계산된다.

문항 2 알레르기와 문항 4 천식의 경우 보고되는 빈도가 매우 낮아 임상군과 정상군의 변별력이 매우 떨어지므로 총문제행동 점수 계산에서는 제외시킨다. 이에 따라 총문제행동 점수에 해당하는 문항은 모두 117개로 가능한 점수범위는 1에서 234점까지이다. 문제행동 증후군척도에는 위축척도, 신체증상척도, 비행척도, 공격성척도와 내재화문제척도, 외현화문제척도 등 모두 10개의 문제행동증후군척도와 4~11세에만 적용되는 특수척도인 성문제척도, 우리나라 특유의 정서불안정척도 그리고 총문제행동척도 등 모두 13개의 척도로 구성되어 있다.

적응척도는 친구나 또래와 어울리는 정도, 부모와의 관계 등의 사회성을 평가하는 사회성(social Scale)척도, 교과목수행 정도, 학업수행상의 문제여부 등을 평가하는 학업수행척도(School Scale)의 2개 척도와 총사회능력 점수 등 모두 3개로 이루어져 있다. 미국판 CBCL/4-18에 포함되어 있는 Activities(사회활동 척도)는 우리나라 실정에 맞지 않는 문항들이 많고 변별타당도가 매우 낮아 제외하였으며, 2개 척도의 나머지 내용 및 문항 수도 조절하였다.

K-CBCL의 전체 구성은 〈표 8.14〉와 같다.

● 표 8.14 K-CBCL의 전체 구성

전체 척도	하위척도	문항수	비고
사회능력척도	사회성	6	사회능력 척도는 6세부터 적용
	학업수행	7(6)	학업수행 척도는 초등학교 이상에만 적용
	총사회능력	13(12)	
문제행동증후군척도	위축	9	
	신체증상	9	
	불안/우울	14	
	사회적 미성숙	8	
	사고의 문제	7	
	주의집중 문제	11	
	비행	13	
	공격성	20	
	내재화문제	31*	위축, 신체증상, 불안/우울 척도의 합
	외현화문제	33	비행, 공격성 척도의 합
	총문제행동	117	문항2, 4를 제외한 전체 문항의 합
	성문제	6	4~11세만 적용
	정서불안정	10	6~11세만 적용. 한국판에만 추가한 특수척도

*초등학생은 영어 제외하여 6으로 표기
*문항 103은 위축과 불안/우울 척도에 모두 포함되므로 한 번은 빼게 됨

프로파일 해석

K-CBCL 척도의 내용은 〈표 8.15〉에 설명되어 있다.

● 표 8.15 K-CBCL 척도 내용

척도				내용
문제행동척도	문제행동증후군척도	내재화	불안/우울	정서적으로 우울하고 지나치게 걱정이 많거나 불안해하는 것과 관련된 13개 문항
			위축/우울	위축되고 소극적인 태도, 주변에 흥미를 보이지 않는 것과 관련된 8개 문항
			신체증상	의학적 증거 없이 다양한 신체 증상을 호소하는 것과 관련된 11개 문항
		내재화 총점		불안/우울 + 위축/우울 + 신체 증상
		외현화	규칙위반	규칙을 지키지 못하거나 사회적 규범에 어긋한 행동을 하는 것과 관련된 17개 문항
			공격행동	언어적 · 신체적으로 파괴적이고 공격적 행동이나 반항행동과 관련된 18개 문항
		외현화 총점		규칙위반 + 공격행동

척도			내용
문제행동척도	문제행동증후군척도	사회적 미성숙	발달상 문제와 사회적 미성숙, 비사교적 측면 등 사회적 발달과 관련된 11개 문항
		사고문제	지나치게 반복적 행동, 비현실적 · 기이한 사고 및 행동과 관련된 15개 문항
		주의집중력문제	주의력 부족이나 과다한 행동양상, 계획수립의 곤란과 관련된 10개 문항
		기타문제	위의 여덟 가지에 해당되지 않지만 유의미한 빈도로 나타나는 문제행동과 관련된 17개 문항
		총문제행동점수	내재화 총점 + 외현화 총점 + 사회적 미성숙 + 사고문제 + 주의집중문제 + 기타
	DSM척도	정서문제	정서문제와 관련된 13개 문항
		불안문제	불안 증상과 유사행동, 구체적 상황에서의 불안과 관련된 6개 문항
		신체화문제	심리적 불안정, 긴장 시의 신체적 불편이나 통증과 관련된 7개 문항
		ADHD	비일관적 행동, 주의집중문제, 즉각적 욕구충족과 관련된 7개 문항
		반항행동문제	폭력성, 비협조적 행동 등과 관련된 5개 문항
		품행문제	반복적인 사회적으로 용납되지 않는 행동과 관련된 17개 문항
	특수척도	강박증상	특정사고나 행동을 만족적으로 하는 것과 관련된 8개 문항
		PTSD문제	심각한 외상적 사건에 직면 후 나타나는 문제행동과 관련된 14개 문항
		인지속도부진	정신 및 신체적으로 수동적이고 활동저하와 관련된 4개 문항
적응척도		사회성척도 (6세부터 사용)	속해 있는 모임이나 단체의 수, 참가활동의 정도, 친구 수, 친구와 어울리는 정도, 형제자매나 또래 및 부모 등 사회적 관계의 질
		학업수행척도 (초등학생 이상만 해당)	국어, 수학, 사회, 과학, 영어의 5개 과목별 학업수행 정도, 특수학급 소속경험 여부, 휴학 여부 등
		적응척도총점	사회성척도 + 학업수행척도

출처 : 우성기(2011). ADHD 아동의 인지, 행동 및 성격 특성. 대구대학교 대학원 석사학위청구논문.

내재화 문제, 외현화 문제, 총문제행동 점수

백분위 점수 90, T점수 63 이상이면 임상범위에 해당하는 것으로 판단한다. 그러나 본 행동평가척도는 대규모집단에 대해서는 문제가 있는 아동을 선별하는 도구로 사용될 수 있고, 임상 장면에서는 각 하위척도들에 대한 프로파일 분석을 통해 어떤 특정 증상이 유의하게 높은지를 판단하는 데에도 사용될 수 있으므로, 사용 목적에 따라 판단기준을 융통성 있게 조절할 수 있다.

문제행동증후군 척도

백분위 점수 98, T점수 70을 기준으로 그 아래에 해당하는 점수들은 정상범위에 해당하는 것으로 볼 수 있고, 그 이상의 점수들은 각 척도들에 대해 임상적으로 유의한 수준으로 점수가 상승되어 있다고 해석할 수 있다.

사회능력 척도

총사회능력 점수는 33T(5%tile)를 하위척도인 사회성 척도와 학업수행 척도는 이보다 더 엄격한 기준인 30T(2%tile)를 기준으로 그 이상의 점수는 정상범위로, 그 이하의 점수에 대해서는 문제를 갖는 것으로 해석할 수 있다.

한국판 청소년 자기행동평가 척도(K-YSR)

한국판 청소년 자기행동평가 척도(Korean-Youth Self Report, K-YSR)는 Achenbach(1991)가 개발한 것으로 청소년이 자신의 적응 및 정서, 행동에 대해 평가하는 도구로 국내에서는 하은혜 등(1998)이 표준화하였다. K-YSR은 크게 사회능력척도와 문제행동증후군척도로 구성되어 있다. 내용은 '가만히 앉아 있기가 힘들다.', '외롭다고 느낀다.' 등으로 진술된 119개의 문항으로 이루어져 있다. 점수는 '전혀 없다'는 0점, '가끔 보인다'는 1점, '매우 심하다'는 2점으로, 총 3점 척도로 평가하게 되어 있다. 문제행동증후군척도에는 위축척도, 신체증상척도, 불안/우울척도, 사회적 문제척도, 사고의 문제척도, 주의집중 문제척도, 비행척도, 공격성척도와 내재화문제척도, 외현화문제척도 등 모두 10개의 문제행동증후군척도와 총문제행동척도 등 모두 11개의 척도로 구성되어 있다.

한국 아동 인성 평정 척도(KPRC)

검사 소개

한국 아동 인성 평정 척도(Korean Personality Rating Scale for Children, KPRC)는 국내 소아 정신병원에서 아동 환자와 환자의 보호자를 대상으로 수집한 임상 자료와 DSM-IV, 미국의 아동인성검사(Personality Inventory for children, PIC), 아동·청소년 행동평가 척도(CBCL), 사회성숙도 검사, 국제질병분류 10판(ICD-10)에서 아동 및 청소년 정신장애와 관련된 내용, 아동평가와 관련된 문헌 및 저자들의 임상 경험을 바탕으로 하여 아동의 심리적 장애나 정신과적 문제를 선별 진단하기 위해 개발된 한국 아동 인성 검사(Korean Personality Inventory for children, KPI-C)를 김지혜 등(2005)이 부분적으로 수정하여 개발한 검사이다. KPRC는 3개의 타당도 척도-18(T-R척도, L척도, F척도)와 자아탄력성척도(ERS) 및 10개의 임상척도로 구성되어 있다. 임상척도는 언어발달(Verbal development, VDL), 동작발달(Physical development, PDL), 불안(Anxiety, ANX), 우울(Depression, DEP), 신체화(Somatization, SOM), 비행(Delinquency, DLQ), 과잉행동(Hyperactivity, HPR), 가족관계(Family relationship, FAM), 사회관계(Social Relationship, SOC), 정신증(Psychosis, PSY)으로 구성되어 있고, 문항 수는 총 177개이다. 각 문항은 1~4점까지의 4점 척도로 평정하게 되어 있다.

KPRC 부모용

김지혜 등(인쇄중)이 개정한 한국 아동 인성 평정 척도 부모용(KPRC, ParentForm)을 사용하였다. KPRC는 허구(L)척도, 빈도(F)척도 등 2개의 타당도 척도와 자아탄성척도(ERS) 및 11개의 임상척도로 구성되어 있고 문항 수는 총 177문항이다. 임상척도들은 발달적인 면을 측정하는 언어발달(VDL), 동작발달(PDL)척도, 정서적인 면을 측정하는 불안(ANX), 우울(DEP), 신체화(SOM)척도, 행동문제와 관련된 비행(DLQ), 과잉행동(HPR)척도, 정신병적인 면을 평가하기 위한 정신증(PSY)척도 및 가족관계(FAM)와 사회관계(SOC)척도 등의 관계척도로 구성되어 있다. 원판에서는 '그렇다/아니다'의 2점 평정척도였으나 개정판에서는 문항 수가 줄어드는 데 따른 척도 원점수의 범위가 줄어드는 것을 방지하고, 실제 사용하는 과정에서 '그렇다/아니다'로 결정하기가 어렵다는 보호자들의 보고가 많고, 이분법적으로 평정하게 되면 각 문항의 내용에 약간만 해당되는 경우에는 '아니다'로 반응하는 경향이 많다고 판단되어 '전혀 그렇지 않다(0)', '약간 그렇다(1)', '대체로 그렇다(2)', '매우 그렇다(3)'의 4점 평정척도로 수정되었다.

KPRC 아동보고용

홍상황과 황순택(2004)은 부모평정용 문항을 아동보고형(ChildrenReportForm, CRF)으로 수정하고 타당화하여 한국아동인성검사 개정판 아동보고형(KPI-C-R,CRF 1)을 사용하였다. 아동보고형의 척도 구성은 부모평정용과 기본적으로 동일하지만, 부모평정용 문항에서 아동보고형 문항으로 수정할 때 자아탄성척도와 임상척도에서 문항 간 상관계수와 교정된 문항-총점 상관이 낮고 내적합치도를 저하시키는 11문항, 동일한 의미로 수정된 2문항, 부모평정용의 빈도척도에서만 채점되다가 아동보고형의 빈도척도 구성에서 제외된 2문항 등, KPRC가 출판되기 전에 아동보고용 연구가 이루어져서 K-PIC-R, CRF라고 명명되었으나, 실제로 아동보고용을 구성할 때 근거를 둔 문항은 K-PIC의 개정판인 KPRC와 동일하다. K-PIC-R, CRF와 KPRC, CRF는 같은 의미이며, 15문항을 제외하여 총문항 수는 164문항이다.

타당도 척도

타당도 척도의 내용은 〈표 8.16〉에, 타당도 척도의 해석은 〈표 8.17〉에 설명되어 있다.

● **표 8.16 타당도 척도 내용**

척도명		약어	세부 내용
타당도 척도	검사-재검사 척도	T-R	무응답 혹은 '그렇다/아니다' 모두에 응답한 경우
	L척도	L	수검자가 각 문항에 대해 얼마나 주의를 기울여 일관성 있게 응답했는가를 알아보기 위해 만들어졌다. 이 척도의 상승은 수검자가 부주의하고 일관성 없이 응답했을 가능성을 시사한다.
	F척도	F	문제행동을 부정하고 아주 바람직한 아동으로 기술하려는 보호자의 방어적인 태도를 측정하기 위해 만들어졌다. 문제가 없거나 실제보다 문제가 덜 있는 것으로 보이고자 의도적인 시도를 할 때 상승한다. L척도는 특히 비행이나 반사회적인 행동, 혹은 대인관계 영역에서의 문제의 부재나 부정을 반영한다. 정신과 표본에서 L척도가 유의하게 상승한 아동은 종종 내성적이고 주장적이지 않은 것으로 기술된다. 정서적 · 행동적 장애를 시사하는 프로파일에서 L척도가 60T 이상 상승하는 경우가 있는데, 이것은 아동에 대한 응답자의 양가감정을 반영하는 것으로 치료의 조급한 종결 가능성이 있다.
	F척도(F)		의도적이거나 비의도적인 증상의 과장이나 무선반응과 같은 일탈된 반응 자세를 가려내기 위해 만들어진 척도이다.

● 표 8.17 타당도 척도 해석

척도명		해석
타당도 척도	자아탄력성 척도(ERS)	높은 점수 : 응답의 일관성이 부족할 때, 비슷한 내용의 질문에 다르게 응답하는 경우가 많으면 이러한 결과가 나옴 낮은 점수 : 전체적으로 응답의 일관성이 높았음을 의미. 해석의 신빈성이 높음
	L척도	높은 점수 : 아동에 대한 응답자(부모, 보호자)의 신뢰와 사랑이 깊은 나머지 아동에 대해 실제에 비해 지나치게 긍정적으로만 보고 부족한 점이나 고쳐야 할 점을 보지 못하고 놓치고 있는 것이 아닌지 검토 필요 낮은 점수 : 응답자가 아동의 실제 행동을 있는 그대로 솔직하게 나타내었음을 의미
	F척도	높은 점수 : 생활습관과 태도, 생각과 말, 감정과 행동, 또래관계, 가족 및 주변 환경 등의 영역 중에서 우려할 만한 문제가 있을 가능성 있음. 응답자가 심각하게 걱정하고 있음 낮은 점수 : 일상적인 행동과 생활, 적응상 우려할 만한 어려움이 없음을 의미

자아탄력성 척도

자아탄력성 척도의 내용은 〈표 8.18〉에, 자아탄력성 척도의 해석은 〈표 8.19〉에 설명되어 있다.

● 표 8.18 자아탄력성 척도 내용

척도명	약어	세부 내용
자아탄력성 척도	ERS	여러 가지 심리적인 문제에 대한 아동의 대처능력이나 적응 잠재력을 측정하기 위해 만들어졌다. 자아탄력성이란 내적·외적 스트레스에 융통성 있고 적절하게 대처하는 개인의 전반적인 능력을 의미하며, 여러 가지 정신병리의 발현에 대한 중요한 역지표이고 또한 정신병리의 발현 시 환경적 요인의 심각성과 아울러 치료에 대한 능동적인 참여 및 좋은 예후를 시사하는 지표이다.

● 표 8.19 자아탄력성 척도 해석

척도명	해석
자아탄력성 척도	높은 점수 : 내적 및 외적 스트레스에 유연하게, 적절하게 대처할 수 있음을 말함. 문제행동과 부적응이 이미 존재하는 경우에도 그 상태로부터 벗어나는 데 필요한 심리적 자원을 갖추고 있음 낮은 점수 : 스트레스 대처에 필요한 심리적 자원이 부족함을 의미. 가족 및 주변 사람들로부터의 보다 적극적인 관심과 이해, 지지와 격려가 도움이 됨

임상척도

임상척도의 내용은 〈표 8.20〉에, 임상척도의 해석은 〈표 8.21〉에 설명되어 있다.

● 표 8.20 임상척도 내용

	척도명	약어	세부 내용
임 상 척 도	언어발달척도	VDL (Verbal development)	언어적 능력에서 발달의 지체나 기능상의 손상을 측정하기 위해 고안되었다. 전반적인 지적 수준에 대한 평가 및 언어이해, 읽기, 쓰기, 기본적인 연상능력, 시간 개념 등 언어발달과 관련된 문항으로 구성되어 있다.
	운동발달척도	PDL (Physical development)	정신운동기능이나 동작성 능력에서 발달의 지체나 기능상의 손상을 측정하기 위해 고안되었다. 전반적인 지적 수준에 대한 평가 및 운동능력의 발달, 정교한 정신 운동성 협응, 위생관리, 일상적인 위험에의 대처능력 등을 측정하는 문항으로 구성되어 있다.
	불안척도	ANX (Anxiety)	자연현상이나 동물, 대인관계 혹은 사회관계에서의 두려움이나 불안, 긴장을 측정하기 위하여 만들어졌다. 자연현상이나 동물에 대한 공포, 대인불안, 당황, 초조, 우유부단, 걱정, 자율신경계의 각성 등 공포나 불안 혹은 이와 관련된 증상들을 측정하는 문항으로 구성되어 있다.
	우울척도	DEP (Depression)	우울한 기분, 자신감 결여, 활동성의 저하, 가정불화, 흥미의 감소, 사회적 철수 등 아동기의 우울과 관련된 문항으로 구성되어 있다.
	신체화척도	SOM (Somatization)	전반적인 건강 정도와 다양한 신체증상을 측정하는 문항으로 구성되어 있다. 신체증상이 실제로 있는가에 관계없이 통증과 고통을 호소함을 시사하며, 신체증상들은 책임감을 피하기 위해 사용하거나 불편한 상황으로부터 도피하기 위해 사용하는 것일 수도 있다.
	비행척도	DLQ Delinquency	아동의 비행 성향을 측정하고 품행장애가 있는 아동을 가려내기 위하여 만들어졌다. 반항과 불복종, 공격성과 적대감, 거짓말, 도벽 등 비행이나 품행상의 문제를 측정하는 문항으로 구성되어 있다.
	과잉행동척도	HPR (Hyperactivity)	주의력결핍 과잉행동장애(ADHD)의 특징을 보이는 아동을 가려내기 위해서 만들어졌다. 주의산만, 과잉행동, 충동성과 함께 이에 수반되는 학습이나 대인관계의 어려움, 우울 등을 측정하는 문항으로 이루어져 있다.
	가족관계척도	FAM (Family relationship)	가족 내의 역동이 아동의 부적응이나 정신병리에 영향을 미치는 정도를 평가하기 위해 만들어졌다. 가정불화와 가정 내의 긴장, 부모와 자녀의 관계, 부부관계의 위기, 자녀에 대한 무관심 등을 측정하는 문항으로 구성되어 있다.
	사회관계척도	SOC (Social Relationship)	또래관계나 어른들과의 관계 등 아동의 사회관계에서 어려움을 측정하기 위하여 만들어졌다. 또래관계에서의 소외, 리더십과 자신감의 부재, 대인관계의 불안, 수줍음, 제한된 인내력과 포용력을 측정하는 문항으로 구성되어 있다.
	정신증척도	PSY (Psychosis)	정신병적인 증상이 있는 아동을 가려내기 위해 만들어졌다. 상동적인 행동, 부적절하고 특이한 언행, 망상과 환각, 비현실감 등 언어, 사고, 행동의 특이함이나 현실 접촉의 어려움을 측정하는 문항으로 구성되어 있다.

척도명		세부 내용
지적발달	언어발달척도	높은 점수 : 언어발달이 또래에 비해 뒤처지고 있을 가능성, 언어 외에도 행동 및 사회성 발달, 그리고 인지기능의 발달에는 문제점이 없는지 검토해 볼 필요가 있음 낮은 점수 : 아동의 언어발달 및 인지적 발달이 연령에 맞게 잘 이루어지고 있음
	운동발달척도	높은 점수 : 또래에 비해 운동발달이 뒤처져 있을 가능성이 있음. 손과 발을 포함한 신체 기관을 활발하게 사용하는 다양한 신체활동이 도움이 됨 낮은 점수 : 신체발달과 운동기능의 발달이 연령에 맞게 잘 이루어지고 있음
정서	불안척도	높은 점수 : 불안 수준이 높을 가능성이 있음. 아이가 불안해하는 상황에서 부모나 교사의 기준으로 아이에게 행동을 강요하는 것은 도움이 되지 않음. 분리불안, 등교거부, 함구증, 회피행동 등을 보일 수 있음 낮은 점수 : 불안, 걱정, 두려움 등의 수준이 낮음을 의미
	우울척도	높은 점수 : 우울증과 관련된 증상이 있음을 시사. 우울한 아동 · 청소년들은 짜증이 많아지고 부정적이며 반항적인 태도를 보이기 쉽고 학교를 가지 않으려 하거나 게임에만 몰두하거나 품행 문제를 보이는 경우도 있음 낮은 점수 : 우울 성향이 낮음을 시사 매우 낮은 점수 : 때로는 지나친 자신감과 조심성과 신중성이 부족한 면을 의미할 수도 있음
	신체화척도	높은 점수 : 심리사회적 스트레스가 심하고, 그에 대한 부담이 신체적인 호소로 표현되고 있는 것일 수 있음. 현재의 심리적인 환경과 상황을 검토하고 스트레스가 심한 경우 합리적인 해결 방법을 찾을 수 있도록 함 낮은 점수 : 신체적 증상이 없음을 의미
행동	비행척도	높은 점수 : 비순응성, 충동성, 공격성, 학교나 가정에서의 규칙 위반, 무책임한 행동 등의 문제를 시사 낮은 점수 : 유순하고 순종적이고 소극적인 성향이 있을 가능성을 시사
	과잉행동척도	높은 점수 : 주의력결핍 또는 과잉행동의 가능성을 시사. 이런 문제로 인해 학습능률이 떨어지고 또래로부터 소외되고 의기소침해지고 자존감이 손상되기도 함 낮은 점수 : 주의력, 충동성 및 과잉행동 문제가 없음을 시사
대인관계	가족관계척도	높은 점수 : 가족 구성원들 간에 긴장, 반목과 갈등, 비난의 수준이 높음을 의미. 이러한 분위기가 지속되는 경우 자녀의 성격, 정서와 행동, 적응에 심각한 부정적 영향을 미치게 됨 낮은 점수 : 가족 구성원들 간의 관계가 화목하고 지지적이며, 반목과 갈등이 적음을 시사
	사회관계척도	높은 점수 : 사람들과 관계를 맺는 데 어려움과 이로 인한 스트레스가 심할 가능성을 말해 줌. 대인관계의 어려움은 관계를 맺는 기술의 부족 때문일 수도 있고 인지, 정서, 성격, 행동, 환경 등 다른 영역에서의 문제로 인한 부수적인 결과일 수도 있음 낮은 점수 : 또래나 어른들과의 관계가 좋다는 것을 의미
현실접촉	정신증척도	높은 점수 : 특이하고 부적절한 행동, 비현실적인 생각, 환각과 망상, 대인관계의 고립 또는 회피, 전반적인 부적응 등의 가능성을 시사. 전형적인 경우는 정신병적 장애와 자폐스펙트럼장애 집단이며, 그밖에 지적발달장애, 심한 정서장애, 심한 적응장애 등의 집단에서도 점수가 상승할 수 있음 낮은 점수 : 혼란되고 부적절한 사고와 행동 문제가 없을 가능성을 시사

아동용 우울평가척도(CDI)

검사 소개

Kovas(1983)이 개발한 아동용 우울평가척도(Children's Depression Inventory, CDI)는 아동의 우울증을 평가할 때 가장 빈번하게 사용되는 도구이다. 이 척도는 아동의 우울 정도를 측정하기 위하여 개발된 척도로서, Beck(1967)의 성인용 우울척도를 아동의 연령에 맞게 변형시킨 것이다. 이것은 7~17세 아동과 청소년들에게 실시할 수 있으며, 총 27문항으로 되어 있다. 각 문항에 대해 지난 2주일 동안의 자신의 기분 상태를 스스로 평가하는 자기 우울 평정 척도이다. 채점은 자신의 기분상태를 각 문항에서 기술하는 3개 문장 중 하나에 표시하도록 하여 정도의 심각성에 따라 0, 1, 2로 채점하도록 되어 있다. 따라서 총점은 0~54점 사이에 분포하고 점수가 높을수록 우울의 정도가 심하고 다양한 우울증상을 보이는 것으로 평가된다.

설문작성에 소요되는 시간은 약 10분 정도이며, 집단 또는 개인으로 실시가 가능하다. 설문지의 예시는 〈그림 8.1〉에 나타나 있다.

문항의 구성

우울의 하위 영역은 우울정서, 흥미상실, 행동문제, 자기비하, 생리증상의 다섯 가지로 나누어지는데, 하위척도별 문항은 〈표 8.22〉와 같다.

● 표 8.22 아동용 우울평가척도의 하위척도별 문항 구성

우울 증상	해당문항	문항번호
우울정서	우울한 기분, 외로움	1, 8, 10,20 ,24
흥미상실	일상에서의 흥미나 즐거움 상실	2,4 ,12,21,22 ,23,25
행동문제	공격적 행동, 대인관계 장애	3, 9 ,11,13,15 ,26,27
자기비하	무가치감이나 부정적인 자아상	5,6,7,14
생리증상	불면, 식욕감퇴, 피로감	16,17,18,19

• 22~25점 : 약간의 우울 상태   • 26~28점 : 상당한 우울 상태   • 29점 이상 : 매우 심한 우울 상태
• 역채점 문항 : 2, 5, 7, 8, 10, 11, 13, 15, 18, 21, 24, 25

● 그림 8.1 CDI 검사지

CDI
KOVACS` CHILDREN`S DEPRESSION INVENTORY

name _____

이 검사는 소아를 대상으로 우울을 평가하는 척도입니다.
각 문항마다 여러분의 느낌과 생각에 대한 것이 적혀 있습니다. 그중에서
지난 2주 동안의 나를 가장 잘 나타내 주는 문장을 하나 골라 주십시오.
이것은 정답을 고르는 것이 아닙니다. 단지 자신에게 가장 잘 해당된다고
생각하는 것을 하나 골라주시면 됩니다. 왼쪽 괄호에 표시하여 주십시오.

1. ( ) 나는 가끔 슬프다.
   ( ) 나는 자주 슬프다.
   ( ) 나는 항상 슬프다.

2. ( ) 나에겐 모든 일이 제대로 되어 갈 것이다.
   ( ) 나는 일이 제대로 되어 갈지 확신할 수 없다.
   ( ) 나에게 제대로 되어 가는 일이란 없다.

3. ( ) 나는 대체로 무슨 일이든지 웬만큼 한다.
   ( ) 나는 잘못하는 일이 많다.
   ( ) 나는 모든 일을 잘못한다.

   ( ) 나를 진심으로 좋아하는 사람이 있을지 확실하지 않다.
   ( ) 나를 진심으로 좋아하는 사람은 아무도 없다.

26. ( ) 나는 나에게 시킨 일을 대체로 한다.
    ( ) 나는 나에게 시킨 일을 대체로 하지 않는다.
    ( ) 나는 나에게 시킨 일을 절대로 하지 않는다.

27. ( ) 나는 사람들과 사이좋게 잘 지낸다.
    ( ) 나는 사람들과 잘 싸운다.
    ( ) 나는 사람들과 언제나 싸운다.   ---- 끝 ----

심리평가 보고서

보고서의 작성

심리검사의 보고서는 의뢰 내용을 검사한 후에 사정(assessment)결과를 통합하여 작성한다. 보고서 작성 시 유의할 점은 다음과 같다. 첫째, 보고서는 평가결과에 근거하여 객관성과 정확성에 중점을 두고, 간결하고 명확하게 기록해야 한다. 둘째, 실시한 각각의 검사결과들을 분석하고 종합하여 평가해야 한다. 셋째, 검사결과뿐 아니라 행동관찰, 다른 검사결과와의 관련성, 검사 동안 아동의 행동과 관련된 중요한 기질과 성격 등을 종합하여 아동의 개별성에 대한 정보를 줄 수 있어야 한다. 넷째, 보고서에는 검사의 실시상황, 관찰과 상호작용의 결과 등의 임상적 인상이 제시될 수도 있다. 다섯째, 관찰된 내용들이 왜곡되어 기억되거나 잊히지 않도록 보고서는 가능한 한 빨리 작성되어야 한다.

보고서 작성의 목적

1. 의뢰사유와 관련된 정보를 제공한다.
2. 임상적인 가설검증과 수행 프로그램에 대한 근거를 제공한다.
3. 치료 계획뿐만 아니라 면접, 심리측정, 관찰과 같은 여러 가지 정보를 준다.
4. 아동의 상태에 관한 기록을 남긴다.

보고서의 내용

평가 보고서는 일반적으로 개인정보, 의뢰사유, 배경정보, 행동관찰, 평가결과와 임상적 인상, 권고사항, 요약, 서명 등이 포함되어야 한다.

개인 정보

보고서의 첫 부분은 개인에 관한 사실에 대해 기록한다. 아동의 이름, 성별, 생년월일, 의뢰된 기관, 검사기관, 검사날짜, 다른 검사의 결과들을 기록한다.

의뢰사유

의뢰된 아동의 문제점을 기록한다. 의뢰사유는 아동에게 어떤 검사가 적절한지를 결정하는 데 도움이 된다. 의뢰사유로는 다음의 내용을 정리한다.

- 의뢰된 이유
- 필요한 평가자료
- 의뢰된 특별한 문제, 행동, 증상의 요약
- 누가 의뢰하였는가

배경자료

아동에 관한 정보는 다양한 사람들을 통해 얻을 수 있다. 부모(양육자), 배우자, 교사 등과의 상담에서 아동에 대한 정보의 수집이다. 아동의 발달력, 교육력, 가족의 역동성, 부모의 양육 태도, 아동의 건강 문제, 사회성, 이전에 받은 검사의 결과(예 : 추후지도 유무, 지도의 효과 등), 아동의 행동에 관한 부모나 교사의 태도 등이다.

행동관찰

수검자의 관찰된 행동을 통해 수검자의 모습을 좀 더 명확히 드러내기 위해 작성하는 것이다. 보고서를 쓰는 데 당면하는 문제 가운데 하나는 평가하는 동안에 관찰된 내용을 의사소통하는 것이며, 평가와 면접 동안에, 또는 가정이나 학교에서 관찰되는 아동의 행동을 기술하는 것이다. 행동관찰 영역에서 기술되는 수검자의 행동은 '검사 전 대기실에서 보인 행동', '검사 중 수검자가 보인 행동과 반응 태도', '검사 후 면담에서 보인 행동'으로 나눌 수 있다. 그중 검사 동안 수검자가 보인 행동과 반응 태도가 제일 중요하다.

행동관찰 기록은 아동 행동의 중요한 특성에 관해 이해하는 데 도움이 된다. 행동관찰 내용에 표준화된 방식은 수검자의 신체적 현상, 수검자의 외양, 검사자에 대한 반응, 검사자극을 다루는 행동 방식, 일반적인 행동, 실패 시의 태도, 성공시의 태도, 검사 중 감정을 표출, 격려에 대한 반응, 활동 수준, 자신감, 검사에 임하는 태도, 시-운동 협응력, 특별한 습관 등을 활용해 수검자의 이미지가 최대한 떠오를 수 있도록 기술하는 것이다. 예를 들면 키와 몸무게가 얼마이며, 어떤 옷을 입고 왔는지, 액세서리는 어떤 것을 착용했는지 위생 상태는 어떠한지, 검사자와 눈 맞춤이 적절한지, 표정이 굳어 있지는 않은지, 손 떨림이나 초조함, 불안을 드러내는 특징적인 행동은 없는지 등을 세밀하게 묘사하는 것이 행동관찰이다.

평가결과와 임상적 인상

평가결과와 임상 장면에서의 느낌은 의뢰 자료와 평가정보를 통합하고 전체적인 아동의 특성을 나타내 준다. 검사 신뢰도, 타당도, 평가결과, 정확도, 임상적·진단적 의미 등 기술한다.

1. 평가결과

자료들을 종합하여 제시한다. 그 내용은 아동의 생활연령(CA), 정신연령(MA), 발달연령, 검사결과에 영향을 미친 요인, 사용한 검사 종류, IQ나 EQ, 백분위 등급, 강점과 약점의 기술, 정신병리에 대한 암시, 검사결과들 간의 상호 관련성, 평가결과의 암시, 진단상의 효과 등이다.

2. 임상적 인상

임상 장면에서의 인상을 통해 아동의 검사점수, 태도, 기질, 대인관계 등을 고려하여 아동에 대한 가설을 세우며, 검사 간 비교, 영역 간의 비교를 기초로 평가결과를 정리할 수 있다.

제언

제언은 아동의 전반적인 수준, 강점과 약점, 치료를 위한 조치에 기초를 두고, 알기 쉽고 명확하게 기술되어야 한다. 제언의 내용에는 검사결과와 일반화 가능성, 이전 검사결과와의 비교, 의뢰자의 호소 내용, 의학적 검사의 결과, 가능하다면 아동의 문제의식, 문제를 해결하기 위해 사용할 수 있는 치료 프로그램, 치료에서 가족의 역할, 필요한 다른 영역의 평가(언제, 누구에게 의뢰할 것인지) 등이 포함되어야 한다. 이는 심리평가에서 가장 중요한 부분이다.

요약

검사결과를 적절히 통합하여 반복적인 내용이나 불필요한 내용이 없도록 1~2개의 간단한 문장으로 정확하고 명확하며 간결하게 요약해야 한다. 요약에 포함되는 내용은 의뢰사유, 배경자료, 행동관찰, 평가결과, 평가결과의 타당성, 아동의 강점과 약점, 아동의 전체적인 특성을 복합적으로 설명한다. 요약은 포함시킬 수도 있고 경우에 따라서 생략할 수도 있다.

서명

보고서를 작성한 사람의 서명이 들어가야 한다.

● 그림 9.1 심리평가 보고서 예시

1. 인적사항

이름, 성별, 생년월일(만　　세), 학력

2. 실시된 평가 도구명(아동/부모 나누어 기재)

널리 사용되지 않는 평가도구의 경우는 평가도구에 대한 소개와 함께 검사의 신뢰도와 타당도에 대한 언급이 필요하다.

3. 평가의뢰 사유(주호소문제)

4. 평가 시 행동관찰

외모, 행동, 검사태도 등

5. 평가결과에 대한 기술

1. 인지기능 : 감각, 지각, 주의, 지능(언어성 지능, 동작성 지능, 전체지능), 학습능력, 기억, 사고기능, 개념형성능력, 논리적 사고력, 추리력, 문제해결능력, 언어이해력, 언어표현력, 판단력, 분석능력, 종합능력, 공간지각능력, 정신운동속도 등

• 지적 능력의 장애가 있는 경우 그 정도를 기술해야 한다.

• 지능검사는 소검사 점수를 보고서에 기술해야 한다(표로 만들어서 기재).

2. 정서 상태 : 정서표현력, 감정조절기능, 충동통제력(성격 특성 : 성격의 감정과 약점, 가치관, 도덕발달 수준, 자아기능)

6. 결과요약 및 제언

▶ 심리검사 내용 요약

▶ 제언

적절한 치료의 추천, 추가적인 평가가 필요한 경우에 구체적으로 제시, 치료의 예후 등에 대한 기술

7. 평가날짜, 보고서 작성 연월일, 평가자의 소속기관, 평가자

심리검사 실시 자격

검사를 실시하는 검사자는 일정 기준 이상의 전문성을 유지해야 한다. 자신이 실시한 검사 결과에 대해 책임을 져야 하며, 자신이 적절하게 검사를 실시한다는 것을 보증하기 위해 노력할 필요가 있다. 또한 자신의 능력과 기술의 한계를 알고 있어야 한다. 훈련과 경험을 통하여 자격을 갖춘 기술만을 사용하여 서비스를 제공해야 한다. 그리고 검사 시행과 해석에 있어서 나이, 인종, 문화, 장애, 민족, 성, 종교, 성적 기호, 그리고 사회경제적 지위의 영향을 고려하고, 다른 관련 요인들과 통합 비교하여 검사 결과를 해석해야 한다. 마지막으로 내담자에게 상담이나 심리검사의 목적과 용도, 기법, 한계점, 위험성, 이점, 자신의 강점과 제한점, 상담료 등을 명확히 알려야 한다.

평가 윤리

심리검사의 타당도와 신뢰도에 관해 수집된 자료를 가능한 한 충분히 평가한 후 검사를 선택해야 한다. 검사자는 심리검사에 임하는 피검자의 정서 상태를 잘 이해하고 어떤 목적으로 이 검사를 실시하는 것인지, 그리고 검사를 실시함으로써 어떤 도움을 받을 수 있는지에 대하여 피검자에게 충분하게 설명해야 한다. 검사자는 중립적이고 과학적인 태도로 검사를 실시해야 하고, 검사 실시 절차에 익숙해야 한다. 검사 사용자는 검사요강에 제시된 표준화 방식으로 검사를 실시해야 한다.

평가 시 고려해야 할 윤리

1. 평가과정 중에 평가자가 힘을 부적절하게 사용하는 것을 막아 권익을 보호해 주어야 한다.
2. 평가 의뢰 여부를 결정하는 것에서부터 평가 수행 방법, 결과, 처방 등 평가결과에서도 권익보호를 염두에 두어야 한다.
3. 평가를 정당화시키기 위해서는 여기서 막아 주지 않으면 더 악화될 우려가 있는 심각한 문제들을 보이고 있다는 것을 확신해야 한다.

4. 지역사회에 만연한 윤리나 결과들과 관련하여 효과가 있다 하더라도 사용할 수 없는 평가도 있다.

5. 세부적인 형식적 평가과정을 통해 얻은 대부분의 정보는 개인의 사생활 보호차원과 비밀유지 차원에서 보호되어야 한다.

생육사 파악

현재의 신체적 상황과 특성, 정신적 건강 상태, 일상생활 능력, 심리사회적 기능, 경제상황, 가족을 비롯한 이웃과 친구에 관한 정보, 세대구성, 내담자의 자조능력이나 대응능력, 주거상황 등의 정보를 얻게 된다. 이 과정에서 의뢰된 내담자로부터 어떤 욕구가 있는지, 서비스 이용 동기에 대한 구체화 과정은 어떤지 파악하게 된다.

생육사에는 임신 및 유아기의 환경, 건강에 영향을 미친 환경, 정서에 영향을 미친 환경, 사회성 발달에 영향을 미친 환경, 생활습관에 영향을 미친 환경, 교육에 영향을 미친 환경, 가정의 일반적 상태, 가족관계, 그 외의 특수한 환경조건 등이 들어가야 한다. 〈그림 9.2〉에 생육사 파악을 위한 설문지의 예시가 있다.

● **그림 9.2 생육사 파악을 위한 설문지 예시**

이름		생년월일		성별	

1. 가족사항

이름	관계	성별	나이	직업	학력	동거여부

2. 가족의 병력(病歷)에 대해 기술해 주십시오.

3. 아이의 출산에 관하여

　(1) 아이의 임신 이전의 어머니의 건강 상태는 어떠했습니까?

　(2) 낳기를 원했는지요?

(3) 피임을 했는지요?

4. 처음 의사의 진단은 언제였습니까? (개월 때)

5. 임신 중 어머니의 병력이 있었습니까? (전염병이나 출혈중세, 각기, 경련, 고통, 열병, 우울증, 사고, 낙상, 구토 등)

   (1) 임신 3개월간   (2) 임신 6개월간

6. 임신 중에 특별음식을 먹었습니까?

   (1) 임신 중 복용한 약

   (2) 임신 중 X-ray 검사 여부

7. 임신 중 생활은 어땠습니까? (직장 노동 등)

8. 아이는 예정일보다 얼마나 일찍 혹은 늦게 출산했습니까?

   (1) 어머니의 연령(세)

   (2) 아버지의 연령(세)

   (3) 병원에서 낳았습니까? 집에서 낳았습니까?

9. 진통시간 _____일 _____시간   순산 _____   난산_____

10. (분만 형태) 정상분만 _____ 거꾸로 분만 _____ 제왕절개 _____

11. 출생 시의 아기의 몸무게 _____kg 신장 _____cm

12. 아기의 건강 상태는 어떠했습니까?

   (1) 출산 직후 아기의 호흡 상태

   (2) 출산 직후 신체적 이상(몽고반점, 상처, 마비, 지나치게 울음)

13. 임신 때, 해산 때, 해산 후 산모의 건강은 어떠했습니까? (출혈, 체온의 이상, 경련, 신경과민, 공포 등)

   (1) 임신 때   (2) 해산 때   (3) 해산 후

14. 처음 아기를 보았을 때의 아기의 상태(황달, 피부에 멍이 들음, 울음소리가 너무 크거나 작음, 경련, 출혈, 젖을 잘 먹지 못함)는 어떠했습니까?

15. 아기의 영양관계는 어떠했습니까?

   (1) 모유 기간

   (2) 우유

   (3) 모유와 우유 혼유

   (4) 보조식(영양식)   언제부터

16. 만일 모유로 키웠다면 어머니는 젖이 모자라거나, 젖먹일 때 아프거나, 젖꼭지가 헐 거나, 안으로 들어가 있지 않았습니까?

17. 젖먹일 때 아기의 반응은 어떠했습니까? (아주 극성스러웠다, 힘이 없었다, 힘없이 빨았다)

18. 아이에게 젖을 먹일 때 어머니의 느낌은 어떠했습니까?

19. 아기의 배탈 정도는 어떠했습니까?

　(1) 대단히 자주(　) 　(2) 자주(　) 　(3) 가끔(　) 　(4) 거의 없었다(　)

20. 아기의 평소 기분, 태도는 어떠했습니까? (행복하다, 웃는다, 미소 짓는다, 편안히 누워 있다, 칭얼거린다, 고통이 있는 것 같다, 별 반응이 없다)

21. 다음의 행동을 시작한 시기는 언제입니까?

　(1) 혼자 머리를 가눈 때 　　　　　　　　＿＿＿＿＿＿세 ＿＿＿＿＿＿＿개월

　(2) 혼자 몸을 뒤집은 때 　　　　　　　　＿＿＿＿＿＿세 ＿＿＿＿＿＿＿개월

　(3) 기기 시작한 때 　　　　　　　　　　＿＿＿＿＿＿세 ＿＿＿＿＿＿＿개월

　(4) 물건을 잡으려고 손을 뻗은 때 　　　　＿＿＿＿＿＿세 ＿＿＿＿＿＿＿개월

　(5) 혼자 앉기 시작한 때 　　　　　　　　＿＿＿＿＿＿세 ＿＿＿＿＿＿＿개월

　(6) 첫 이가 난 때 　　　　　　　　　　　＿＿＿＿＿＿세 ＿＿＿＿＿＿＿개월

　(7) 혼자 일어서기 시작한때 　　　　　　　＿＿＿＿＿＿세 ＿＿＿＿＿＿＿개월

　(8) 첫 걸음마를 시작한 때 　　　　　　　＿＿＿＿＿＿세 ＿＿＿＿＿＿＿개월

　(9) 한두 마디 말을 시작한 때 　　　　　　＿＿＿＿＿＿세 ＿＿＿＿＿＿＿개월

　(10) 짧은 문장으로 말을 시작한 때 　　　　＿＿＿＿＿＿세 ＿＿＿＿＿＿＿개월

　(11) 간단한 지시를 따르기 시작한 때 　　　＿＿＿＿＿＿세 ＿＿＿＿＿＿＿개월

　(12) 혼자 수저로 먹을 수 있었을 때 　　　＿＿＿＿＿＿세 ＿＿＿＿＿＿＿개월

　(13) 혼자 옷을 입기 시작한 때 　　　　　　＿＿＿＿＿＿세 ＿＿＿＿＿＿＿개월

　(14) 대변을 가리기 시작한 때 　　　　　　＿＿＿＿＿＿세 ＿＿＿＿＿＿＿개월

　(15) 소변을 가리기 시작한 때 　　　　　　＿＿＿＿＿＿세 ＿＿＿＿＿＿＿개월

　(16) 대소변 가리기 훈련에 대한 아기의 반응

22. 아이의 남다른 행동이 있었습니까?

23. 아이는 형제들 누이들 부모님이나 다른 사람과 어떻게 지냈습니까?

24. 이상한 행동(신경질적인 발광, 수면장애, 오줌싸개, 수음, 손가락 빨기, 손톱 깨물 기, 악몽, 잠꼬대, 어둠이나 동물에 대한 공포 등) 또는 지나친 공상이나 엉뚱한 질문 을 한 적이 있습니까?

(1) 자주 했는지요?

(2) 어떠한 경우에서 했습니까?

25. 위와 같은 이상한 행동에 대해서 부모님의 반응은 어떠했습니까?

26. 이상한 행동을 처리하기 위해서 부모들이 사용한 방법은 무엇입니까?

27. 부모 간에 그런 처리 방법에 대해 서로의 의견은 어떠했습니까?

① 일치했다( ) ② 약간의 견해차가 있었다( ) ③ 반대했다( )

28. 처음 학교에 다니기 시작한 때의 큰 변화는 무엇이었습니까?

(1) 좋게 발전된 점은?

(2) 친구와의 관계는?

(3) 읽기 쓰기 등의 학업상의 곤란 유무

(4) 학교를 결석한 때는? ① 언제   ② 왜

(5) 이때 부모의 반응은?

29. (부모에 대한 태도) 누구를 더 좋아했습니까?

① 아버지( ) ② 어머니( )   그 이유는?

30. 아이가 놀랜 경험이 있습니까?

(1) 언제?

(2) 어떻게?

(3) 그 뒤 아이의 태도는?

31. 가족 중에 이 아이가 난 후 몹시 따르던 사람(친척, 친구, 학교선생, 가정교사 등)이 사망한 일이 있었습니까?

(1) 누가?

(2) 언제?

(3) 그때 이 아이의 반응은?

32. 동생을 낳았을 때의 아이의 반응은 어떠했습니까?

33. 형제나 자매 중 누구 하나를 특별히 좋아하거나 싫어하는 상대는 없었습니까? 있다면 어떤 경우였습니까?

34. 좋아하거나 싫어하는 것의 표현 방법은 무엇입니까?

(1) 좋아하는 것 :

(2) 싫어하는 것 :

35. 남녀간의 신체적 차이의 호기심이 있었습니까?

(1) 몇 살 때입니까?

(2) 아이는 무슨 이야기를 했습니까?

(3) 아이는 누구에 대해 물어봤습니까?

(4) 이때 부모의 반응은 어떠했습니까?

    ① 이해를 시키려고 노력했다(   ) ② 당황했다(   ) ③ 모른 척 했다(   )

    ④ 꾸짖었다(   ) ⑤ 기타(   )

36. 아이가 전에 병을 앓거나 수술을 받은 적이 있습니까?

(1) 몇 살 때?   (2) 얼마 동안?

(3) 어떤 치료를 했습니까?

(4) 후유증은 없었습니까?

(5) 어느 병원에 입원했었습니까?

(6) 앓거나 수술을 받은 뒤에 무서움을 타거나 신경질적 발작을 하거나 부끄러워하
지는 않았습니까?

37. 아이에게 무슨 사고 같은 것은 없었습니까?

(1) 몇 살 때?   (2) 의식을 잃었었습니까?

(3) 어떤 치료나 처치를 받았습니까?

(4) 후유증은 없었는지? (무서움, 수면장애, 언어장애, 신경과민 등)

(5) 이런 후유증은 어떻게 조절했습니까?

38. 이 아이는 경련이나 발작 같은 것이 있은 적은 없습니까?

(1) 언제 처음으로 그랬습니까?

(2) 지금도 그렇습니까?   몇 번 정도? (일주일, 한 달)

(3) 복용한 약은?   약의 효과는?

39. 이 아이의 건강은 일반적으로 어떠합니까?

평상시 아이가 보통으로 아플 때 부모의 반응은 어떻습니까?

① 아주 잘해 준다(   ) ② 잘해 준다(   ) ③ 보통 때와 같다(   )

④ 대범하다(   ) ⑤ 무관심하다(   ) ⑥ 기타(   )

40. 아이의 지능검사를 위해 검사를 받은 적이 있습니까?

(1) 그 검사의 결과는 어떻습니까?

(2) 어디서 검사를 받으셨습니까?

41. 아이에게 신체적인 곤란은 없습니까? 있다면 어떤 곤란입니까?

42. 아이는 무엇을 하며 놀기를 좋아합니까?

43. 놀이의 대상은? (가장 많이 같이 노는 대상부터 순위대로 쓰세요.)

① 아버지( ) ② 어머니( ) ③ 형제들( ) ④ 학교친구( ) ⑤ 동네친구( )

(1) 아버지는 아이와 같이 놀이를 좋아합니까?

　　주로 어떤 놀이를 합니까?

(2) 어머니는 아이와 같이 놀이를 좋아합니까?

　　주로 어떤 놀이를 합니까?

44. 아이의 휴일 날 가족들과 함께 야외로 놀러간 경험은 있습니까?

① 자주( ) ② 가끔( ) ③ 어쩌다 한 번( ) ④ 거의 없다( )

45. 아이와 함께 외출한 때는? (친척방문, 시장 등 가벼운 외출 포함)

① 자주( ) ② 가끔( ) ③ 어쩌다 한 번( ) ④ 거의 없다( )

아이는 누구와 함께 외출합니까?

① 주로 아버지( ) ② 주로 어머니( ) ③ 혹은 조부모님( )

46. 아이에게 용돈은 어떻게 주었습니까?

① 달라는 대로( ) ② 정기적으로( ) ③ 가끔( ) ④ 매일( )

⑤ 풍족하게( ) ⑥ 알맞게( ) ⑦ 거의 안 준다( )

47. 친구관계는 어떻습니까?

(1) 몇 명 정도?　　　　(2) 사귀는 기간은?

(3) 친구들의 나이는 아이의 나이보다 위입니까? (　　　) 아래입니까? (　　　)

(4) 친구들은 자주 놀러 옵니까?

(5) 친구들과 싸우는 때는 있습니까?

(6) 주로 무슨 일로 싸웁니까?

(7) 아이가 친구 때문에 걱정한 일을 보았습니까?

48. 아이가 즐거운 일이 생겼을 때는 누구랑 의논하는지요? (어떤 방법으로)

아이가 불만이 있을 때는 누구에게 이야기를 하는지요? (어떤 방법으로)

49. 부모는 아이가 어떠한 경우에 제일 슬퍼하거나, 기뻐했습니까?

(1) 가장 기쁜 경우는?

(2) 어떻게 표현했습니까?

(3) 가장 슬픈 경우는?

(4) 어떻게 표현했습니까?

50. 아이가 자라는 동안 성장에 지장을 주었다고 생각되는 점은 없습니까?

현재 이 아이에게 지장이 되고 있는 문제점이 있습니까?

가장 큰 문제점이라고 생각되는 것부터 차례로 적어 주세요.

(1)

(2)

(3)

51. 부모는 아이에게 애정을 충분히 주었다고 생각하십니까?

아니라면 그 이유는 무엇입니까?

52. 부모의 양육태도에 관하여

(1) 아이에게 무관심하지는 않았습니까? 만약 무관심했다면 그 이유는 무엇입니까?

(2) 지나친 간섭을 했다고 생각하십니까?

(3) 지나친 보호를 했다고 생각하십니까?

(4) 부모의 의견에만 따르도록 강요를 하지 않았습니까?

(5) 아이가 문제를 일으켰을 경우 부모의 태도는 어떠했습니까?

① 문제의 경위를 묻고 이해하려 했다(   )

② 몹시 엄하게 야단치고 다음부터는 그런 일이 다시 없도록 강요했다(   )

③ 옳고 그름에 관계없이 무조건 용서했다(   )

④ 기타(   )

53. 부모는 아이에게 어떻게 되어야 한다고 강요한 적이 있습니까?

있다면 언제였습니까?

주로 어떤 것을 강요했는지 순위를 적으세요.

① 착한 사람(   )   ② 용감한 사람(   )   ③ 공부 잘하는 사람(   )

④ 부지런한 사람(   )   ⑤ 정직한 사람(   )   ⑥ 나라를 사랑하는 사람(   )

⑦ 돈을 아낄 줄 아는 사람(   )   ⑧ 부모님 말씀 잘 듣는 사람(   )

⑨ 기타

54. 부모는 아이에게 장래 무엇이 되었으면 좋겠다는 희망을 이야기한 적이 있습니까?

(1) 언제였습니까?

(2) 무엇이었습니까?

(3) 그때 아이의 반응은 어떠했습니까?

55. 아이가 부모에게 장래회망을 말한 적이 있습니까?

(1) 무엇입니까?

(2) 언제였습니까?

(3) 어떻게 표현했습니까?

(4) 이때 부모의 반응은 어떠했습니까?

56. 아이 때문에 크게 고민한 일이 있습니까?

(1) 언제였습니까?

(2) 이유는 무엇입니까?

57. 평상시 아이 때문에 고민한다면 주로 어떤 문제입니까?

(비중이 큰 것 2개를 고르세요.)

① 건강 문제(　) ② 성격 문제(　) ③ 공부 문제(　) ④ 친구 문제(　)

⑤ 행동 문제(　) ⑥ 기타(　)

내용은 무엇입니까?

58. 아이의 문제로 부부간이나 가족 간의 불화는 없습니까?

(1) 자주 있습니까?

(2) 오래 지속됩니까?

(3) 이때 아이의 반응은 어떠했습니까?

59. 부부간의 갈등으로 아이에게 안 좋은 영향을 준 일이 있습니까?

(1) 언제입니까?

(2) 이유는 무엇입니까?

(3) 주로 아버지 때문입니까? 아니면 어머니 때문입니까?

60. 이제까지 부모가 생각한 아이의 장단점은 무엇입니까?

(1) 장점 :

(2) 단점 :

61. 이상의 질문에서 아이의 문제에 관해 빠진 것이 있다고 생각되시면 자세히 기록해 주세요.

가계도

가계도(genogram)는 3세대 이상에 걸친 가족성원에 관한 정보와 그들 간의 관계를 도표로 기록하는 작성 방법이다. 가계도에서는 가족에 관한 정보가 도식화되어 있기 때문에 복잡한 가족관계의 유형을 한눈에 볼 수 있다. 따라서 어떤 임상적 문제가 어떻게 가족 맥락과 관련되어 있으며, 그 문제와 상황이 시간이 경과되면서 어떻게 발전되어 가는가를 여러 가지 측면에서 추측해 볼 수 있게 된다. 그림으로 표현되는 그 자체가 과정이고 기록이며, 완성된 전체 가계도는 각 배우자들의 가족배경을 함께 포함한다. 이러한 가계도는 치료자와 가족성원들이 다세대 간의 맥락에서 가족의 정서적 과정이 약해지고 강해지는 것을 쉽게 파악할 수 있도록 하는 유용한 도구이다. 가계도는 가족의 구조를 나타내는 지도와 같은 것이므로 새로운 가족상을 부각시키기 위하여 새로운 정보를 첨가하는 것이 가능하다. 임상기록으로도 가계도는 효과적이다. 어떤 사례에 관하여 자세하게 알지 못하는 임상가라 하더라도 가족에 관한 정보를 한눈에 파악할 수 있어서 앞으로 무엇이 문제가 될 것인가를 예측할 수 있다. 의사의 진단기록이나 심리검사의 기록은 찾아서 읽기만 하는데도 시간이 걸리지만 가계도의 정보는 즉시 알아볼 수 있고, 면담을 할 때마다 가족에 관한 정보를 첨가하거나 수정할 수 있다. 또한 가계도는 임상가가 가족성원 각 개인과 가족 속에서 반복되어 나타나는 유형이나 사건들을 파악하는 데도 유용하다. 가족관계나 기능의 유형을 도식화함으로써 임상가가 내담자의 생활 중에서 어떤 사건이나 인간관계가 건전하거나 또는 불건전한 관계 유형과 어떻게 관련되는지를 체계적으로 생각할 수 있도록 돕는다. 가계도는 가족성원들이 자신들을 새로운 시점에서 볼 수 있도록 도와줌으로써 치료에서 가족과 합류하는 중요한 방법이 된다. 이것은 공간과 시간을 통해 가족 문제를 추적하도록 돕는 체계적 관점을 만들어 내어 가족의 정서적 문제를 재해석하기도 하고 약화하거나 정상화할 수 있게 한다. 또한 가계도 면접은 체계적인 질문을 하기에 용이하므로 임상가에게 좋은 정보를 제공함과 동시에 가족 자신도 체계적인 관점으로 문제를 볼 수 있게 한다.

　가계도는 세대 간의 가족 패턴, 특히 문제가 있는 혹은 역기능적 패턴에 주목한다. 가계도의 구성은 〈표 9.1〉과 같다.

가족 패턴	내용
가족의 구조	가정의 구성 : 비결손 핵가족, 한부모가족, 재혼가족, 3세대 동거가족, 핵가족 이외의 동거인이 있는 가족 등 어떠한 가족을 구성을 하고 있는지 살핀다. 형제의 나열 : 출생순위, 형제의 성별, 연령의 차, 형제 위치에 영향을 주는 그 밖의 요인 등을 기준으로 나열한다.
생활주기의 적합성	가족들이 생활이 주기에 적합하게 이루어지고 있는지, 만약 그렇지 않다면 어떤 배경을 가지고 있는지를 해석한다.
세대를 통하여 반복되는 유형	역할 유형, 관계 유형, 구조 유형들이 세대를 통해서 반복되고 있는지를 해석한다.
인생의 중대사와 가족역할	중대사가 우연히 일치하는지, 생활 변화나 수난에 의한 충격은 어떤 것이 있는지를 살핀다. 또한 어떤 기념일의 반응이나 사회, 경제, 정치의 영향을 받았는지도 해석한다.
삼각관계 유형	삼각관계의 유무를 살핀다. 부모와 자녀 간의 삼각관계, 부부의 삼각관계, 이혼이나 재혼을 한 가정의 삼각관계, 위탁아동, 입양아 가족의 삼각관계, 다세대에 걸친 삼각관계, 가족 이외의 삼각관계 등을 찾아볼 수 있다.
가족의 균형과 불균형	가족의 구조나 역할이 균형적인가 불균형한가? 또 기능 수준과 유형은 어떤가? 즉 어느 곳이 어떻게 기능하는가? 그리고 자원의 유무에 대한 균형과 불균형을 해석한다.

가계도의 기호

가계도는 〈그림 9.3〉과 같이 가족관계를 설명하기 위해 선으로 연결된 여러 기호를 사용한다. 선이 수평으로 이어져 있는 관계는 결혼을 가리키며, 수직으로 이어진 관계는 부모자식 관계를 가리킨다. 가계도는 3대 이상 혈연관계를 도표로 표시하고, 이혼과 재혼, 사망 등 큰 사건을 표시하고 문제 상황들을 기록할 수 있다. 개인적 가족사도 알 수 있지만 역사적 가계도를 확인하면서 그 사람에 대해 더 자세한 역동을 알 수 있다. 생년월일이나 사망일이 함께 표기되며 보통은 이름이 기호 아래 표시된다. 기호 안에는 그 사람의 현재 나이를 넣거나 유전병을 기호화해서 표시하기도 한다.

가계도의 이용

가계도가 가장 많이 사용되는 것은 가족사를 〈그림 9.4〉와 같이 상세히 기록하기 위한 것이다. 가족 간의 관계에 대한 자세한 정보를 수집하기 위해서 사용하고 있으며, 여러 세대에 걸쳐 일어나는 유전 현상을 이해하는 데 도움을 준다.

● 그림 9.3 가계도 예시

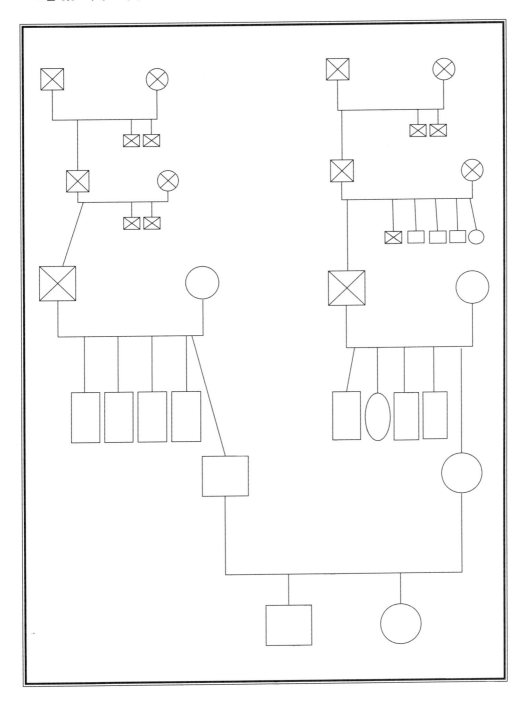

● 그림 9.4 가족 구조를 위한 상징물

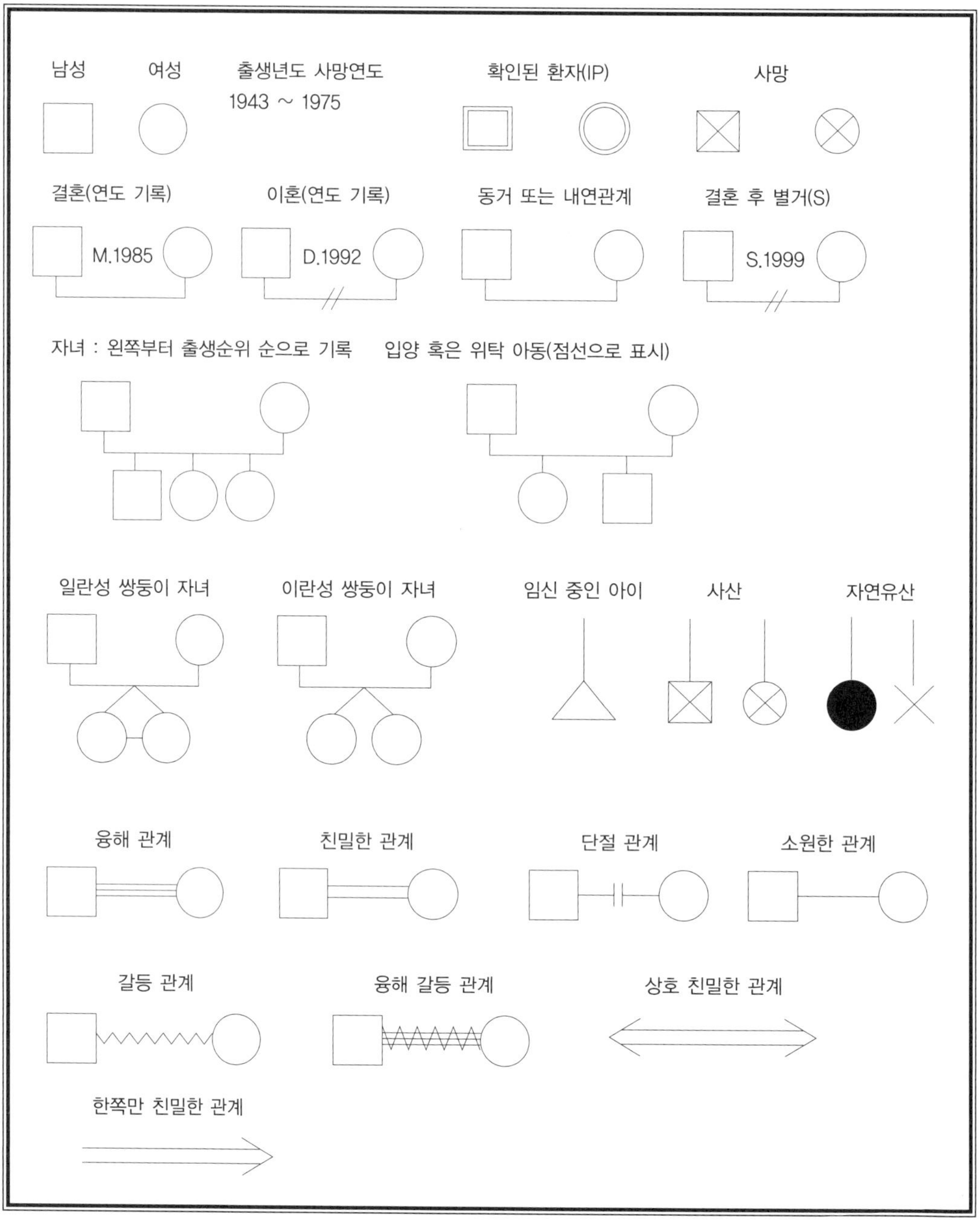

참고 : McGoldrick & Gerson, 1990

현장에서의 평가 활용

일반심리평가 보고서

심리평가 보고서(예시 1)

이 름 :	나 이 :
성 별 :	학 력 :
직 업 :	검사일 :

① 실시한 검사

실시한 검사의 종류를 기재하는 부분입니다. 실시한 검사를 나열하는 순서는 보통 검사를 의뢰한 기관에서 제공하는 형식과 기준을 따릅니다. 만약 기관에서 정해 준 순서가 없다면 자기보고식 검사를 먼저 쓰고, 대면 검사를 실시한 순서대로 써 줍니다.

검사의 이름은 약자(예 : MMPI-2)로 써도 좋고, 전체 이름을 쓰고 약자를 참고로 표기해도 괜찮습니다(예 : Minnesota Multiphasic Personality Inventory-2, MMPI-2).

② 의뢰사유

의뢰인이 심리검사를 의뢰한 이유를 구체적으로 써 줍니다. 의뢰인이 '왜 하필 지금 전문기관을 방문하기에 이르렀는지'를 면담을 통해 확인하고, 의뢰사유 부분에 심리검사를 의뢰하기까지의 과정을 가급적이면 사실을 바탕으로 내용을 서술합니다. 여기에는 문제가 시작된 시점과 경과 및 이전까지의 대응과 결과가 포함되며, 이러한 내용은 되도록 구체적/객관적으로 기술해야 합니다. 이와 함께 의뢰사유에는 검사를 받는 수검자가 심리검사에 응한 이유와 검사를 통해 알고 싶어 하는 내용이 기술되어야 합니다.

• 면담, 면담기록지

③ 행동관찰

의뢰사유와 관계가 있거나 다른 수검자들과 구분되는 특징적인 수검자의 외모/행동/태도를 기술합니다.

분량은 제한이 없지만 일반적인 경우 A4용지의 1/3 정도가 적당합니다.

• 면담에서부터 시작, 수검자의 특징적인 행동과 태도가 보일 때마다 기록

심리평가 보고서(예시 1)(계속)

④ 검사결과

인지와 지능
지능검사 또는 신경심리검사의 결과를 기술하는 부분입니다. 우선 구체적인 결과, 즉 수치를 기재하고, 해당 결과의 의미를 기술합니다.

    표와 그래프를 활용할 수 있습니다.

- 지능검사, BGT, SCT

지각과 사고
수검자의 지각과정의 특징 또는 왜곡이나 착각, 오류를 기술합니다. 그리고 수검자의 특징적인 사고 내용과 사고의 흐름 또는 논리적 오류 등을 써 줍니다.

- SCT, 지능검사, MMPI, 그림검사

정서, 성격, 대인관계
수검자가 주로 경험하는 감정의 종류, 감정 경험과 표현의 양상이 정서 부분에 해당합니다. 성격은 성격의 특성과 성격의 발달적인 면으로 구분해서 기술할 수 있습니다. 대인관계는 수검자의 대인관계 성향, 현재 대인관계 만족도 등을 구분해서 써 줄 수 있습니다. 정서와 성격, 대인관계는 각 영역을 구분해서 써도 되고, 유기적으로 엮어서 기술해도 됩니다.

- MMPI, TCI, SCT, 그림검사, TAT

⑤ 요약과 제언
의뢰사유에서 의뢰인과 수검자가 검사를 통해 알고자 했던 내용에 대해 답을 달아 주는 부분입니다. 만약 '성격이 궁금하다'가 의뢰사유라면 성격의 특징에 대해 검사 결과를 바탕으로 요약해서 기술해 줍니다.

    제언은 수검자에게 향후 필요한 조치에 대한 내용입니다. 검사결과를 근거로 수검자에게 맞는 조치를 가급적이면 구체적으로 써 줍니다.

보고서 제출일 2017. 00. 00
(보고서를 제출하는 날짜 년/월/일)
검사자 ○ ○ ○(정신보건 임상심리사 2급, 000호)
(검사자의 이름과 자격증 종류, 번호)
Supervisor △△△(임상심리전문가, 000호)
(슈퍼비전을 받은 보고서라면 슈퍼바이저의 이름과 자격,
필요한 경우 자격증 번호를 기재해 준다.)

심리평가 보고서(예시 2)

	이름/나이	
심리평가보고서 Psychological Evaluation Report	학력/성별	
	학교	
	생년월일	년 월 일
	검 사 일	년 월 일

실시검사	

1. 주 호소 문제 및 배경 정보

2. 행동관찰

3. 검사결과

1) 지능
2) 인지 및 사고
3) 성격 및 정서
4) 대인관계 및 행동 특성

4. 요약 및 제언

발달재활서비스 보고서(보건복지부 지침 참조)

서비스 제공(이용) 계획서(예시)

본 계획서는 사회복지서비스 대상 결정자가 월 이용액 내에서 서비스를 원활히 이용할 수 있도록 돕는 계획서입니다.

성명		생년월일	
사회복지서비스 관리번호	20. - -	대상구분	장애아동
월 이용액 (본인부담금)	(원) / 일 ((원))	발급일	

장애 아동 재활치료 서비스	주요 기능 상태 및 욕구	서비스 목표
치료	심리검사 결과 기록	장애 아동

사회 복지 서비스 필요 내용	
유의 사항	

사회복지서비스이용 계획 및 비용(조정 가능)			
서비스 종류	횟수 (월 4주 기준)	서비스비용 (서비스 가격 × 횟수)	본인부담금
치료	월 회	(원) × 회	(원)
합 계		(원)	(원)

서비스 제공 기록지(예시)

장애아동 재활치료 서비스 제공 기록지(월)

<table>
<tr><td colspan="2">제공기관명</td><td></td></tr>
<tr><td rowspan="2">이용자</td><td>성명</td><td></td></tr>
<tr><td>생년월일</td><td></td></tr>
<tr><td colspan="2">대표자</td><td></td></tr>
</table>

<table>
<tr><td>내용　　　　　월/일</td><td>/</td><td>/</td><td>/</td><td>/</td><td>/</td><td>/</td><td>/</td><td>/</td></tr>
<tr><td colspan="9">1. 치료서비스</td></tr>
<tr><td>언어치료</td><td>제공시간(/분)</td><td>40</td><td>40</td><td>40</td><td>40</td><td>40</td><td>40</td><td>40</td></tr>
<tr><td></td><td>담당 치료사</td><td></td><td></td><td></td><td></td><td></td><td></td><td></td></tr>
<tr><td>미술치료</td><td>제공시간(/분)</td><td></td><td></td><td></td><td></td><td></td><td></td><td></td></tr>
<tr><td></td><td>담당 치료사</td><td></td><td></td><td></td><td></td><td></td><td></td><td></td></tr>
<tr><td>음악치료</td><td>제공시간(/분)</td><td></td><td></td><td></td><td></td><td></td><td></td><td></td></tr>
<tr><td></td><td>담당 치료사</td><td></td><td></td><td></td><td></td><td></td><td></td><td></td></tr>
<tr><td>행동 · 놀이 · 심리운동치료</td><td>제공시간(/분)</td><td></td><td></td><td></td><td></td><td></td><td></td><td></td></tr>
<tr><td></td><td>담당 치료사</td><td></td><td></td><td></td><td></td><td></td><td></td><td></td></tr>
<tr><td>기타 치료 ( )</td><td>제공시간(/분)</td><td></td><td></td><td></td><td></td><td></td><td></td><td></td></tr>
<tr><td></td><td>담당 치료사</td><td></td><td></td><td></td><td></td><td></td><td></td><td></td></tr>
<tr><td colspan="9">2. 부가서비스</td></tr>
<tr><td colspan="2">부모상담 · 정보제공(/분)</td><td>10</td><td>10</td><td>10</td><td>10</td><td>10</td><td>10</td><td>10</td><td>10</td></tr>
<tr><td colspan="2">담당 치료사</td><td></td><td></td><td></td><td></td><td></td><td></td><td></td><td></td></tr>
<tr><td colspan="2">3. 총제공시간(/분)</td><td>50</td><td>50</td><td>50</td><td>50</td><td>50</td><td>50</td><td>50</td><td>50</td></tr>
<tr><td colspan="2">4. 총이용금액(/원)</td><td></td><td></td><td></td><td></td><td></td><td></td><td></td><td></td></tr>
<tr><td colspan="2">5. 이용자(확인)</td><td></td><td></td><td></td><td></td><td></td><td></td><td></td><td></td></tr>
</table>

☞ 세부서비스 종류별로 제공된 서비스 시간 및 치료 담당자 성명을 표기합니다.
☞ 상기 서비스 종류 외에 다른 종류의 재활치료를 제공할 경우 서비스명을 기재합니다.
☞ 이용자(확인)란은 이용자 또는 그 가족이 기록 내용을 확인하고 서명하시기 바랍니다.

※ 상태 및 결과 기록

일 자	이용자의 상태 및 치료 결과
	검사한 내용을 토대로 변화된 상태를 기록할 수 있다.

지역사회서비스 투자사업 보고서(지역사회서비스지원단 지침 참조)

초기 상담 기록지(예시)

초기 상담 기록지(지역사회서비스 투자사업)

관리번호		성명		상담일시	
생년월일		상담 장소	□ 가정방문 ■ 기관내방 □ 기타(　　)	전화번호	(집) (H.P)
주 소				보호자 연락처	
보호자	관계(　　)				
대상구분	□ 수급자　□ 한부모가정　□ 다문화가정 □　　　　　□　　　　　□ ※ 기타가구 기입 : 조손가구, 소년소녀가구, 장애인가구. 법정차상위 등		서비스가격	본인부담금 :　　　　원 정부지원금 :　　　　원 ※ 이용자 등급 확인 후 정부지원금, 본인부담금 기입	
상담내용	□ 행동관찰, 심리검사 내용이 포함되어야 함 □ 　　－ □ 기타 　　－				
상담결과 및 조치사항	□ □ □ □				
〈안내사항〉					
제공기관 :　　　　　　　　상담자 :　　　　　(서명)　　　　*반드시 정자 서명					

※ 본 양식은 예시로서 제공기관의 사정에 따라 임의 변경하여 사용할 수 있음

서비스 제공 계획서(예시)

서비스 제공 계획서

이름		생년월일	
주소		연락처	(집) ☎
			(휴) ☎
서비스명		제공 방법	
서비스목적	※ 기준정보 참고		

서비스내용	※ 기준정보 참고		

구분	서비스 내용	서비스 횟수
심리검사	어떠한 검사로 어떠한 결과가 나와서 이러한 서비스를 해야 한다를 기록한다.	

서비스제공	□ 서비스제공 : 월 회(주 1~2회)/회당 분 □ 제공 일정 : 매주 화요일(10시 00분에서 ~ 11시 10분까지)
서비스가격	□ 서비스가격 : - 정부지원금 : (바우처 지원) - 본인부담금 :

	□ 납부방법
	 - 본인부담금 : 이용자가 서비스 개시 전 제공기관에 사전납부 (납부방법 : ■ 계좌이체,
	   □ 카드결제, □ 현금)
	   ▶ 납부계좌 : 000-000-000000, OO은행 (예금주 : 0000제공기관)
	 - 정부지원금(바우처 지원)
	   ▶ 실시간 결제 서비스 : 서비스가 제공된 경우만 결제(미출석 시 바우처카드 결제불가,
	     단 보강실시하고 결제가능)
	   ▶ 일부 월별결제 허용 서비스 : 서비스 제공비율에 따라 결제(해당 월 서비스의 50%이
	     하 제공시 지원액의 50%결제, 50%초과 제공시 지원액의 100% 결제 가능)

계약기간	

〈서비스 제공계획〉

	□

제공기관명 :	제공인력 : (서명)	*반드시 정자 서명

※ 본 양식은 예시로서 제공기관의 사정에 따라 임의 변경하여 사용할 수 있음

서비스 제공 기록지(예시)

서비스 제공 기록지(월)

제공기관명 :

이용자 성명		생년월일			제공인력	
제공횟수 (월/일) (시작/종료)	제공 장소	서비스 내용			이용자 (서명)	제공인력 (서명)
		심리검사 시에 나타난 행동, 정서적 부분 개입 여부				
비 고(종합의견)					제공인력 (서명)	

※ 본 양식은 예시로서 제공기관의 사정에 따라 임의 변경하여 사용할 수 있음

서비스 종결 기록지(예시)

서비스 종결 기록지

서비스명					
이용자명		생년월일		성별	
서비스 이용 기간					
종결 사유					
서비스 내용					
성과	초기 상황(계획 및 목표)			종결 상황(목표달성 정도 및 진전사항)	
	검사상 어떤 결과로 인하여 계획과 목표를 결정			사후검사에서 목표달성 정도를 기록	
담당자 의견					
결과	☐ 서비스 연장 ☑ 서비스 종결 ☐ 서비스 연계(연계 서비스 :) (연계 기관 :)				
종결 후 계획					
기타					

종결일자 :   년   월   일

제공기관 :   담　당　자 :   (서명)

　　　　　　　　　　　　　　　　　　　　이용자(보호자) :   (서명)

교육청 치료지원 서비스 보고서(지역 교육지원청 특수교육지원센터 서식 참조)

특수교육대상자 진단·평가 의뢰서(예시)

<table>
<tr><td colspan="6" align="center">특수교육대상자 진단·평가 의뢰서</td></tr>
<tr><td>접수번호</td><td>-</td><td colspan="4"></td></tr>
<tr><td rowspan="3">대상자</td><td>성 명
(한자)</td><td colspan="2"></td><td>성 별</td><td>남·여</td></tr>
<tr><td>주 소</td><td colspan="4"></td></tr>
<tr><td>소 속</td><td colspan="4"></td></tr>
<tr><td rowspan="2">보호자</td><td>성 명</td><td colspan="2"></td><td>대상자와의
관계</td><td>대상자의 ( )</td></tr>
<tr><td>주 소</td><td colspan="2"></td><td>전화번호</td><td></td></tr>
<tr><td colspan="6">
「장애인 등에 대한 특수교육법」제14조제3항 및 같은 법 시행령 제9조제4항에 따라
위와 같이 신청합니다.

　　　　　　　　　　년　　월　　일

　　　　　　　　　　　　　　　　보호자　　　　⑪
　　　　　　　　　　　　　　　　학교장　　　　⑪

　　　00 시 00 교육지원청교육장　귀하
</td></tr>
</table>

···(절 취 선)···

특수교육대상자 진단·평가의뢰서(고등학교 과정 이하) 접수증

접수번호

<table>
<tr><td>소속</td><td>학생명</td><td>성별</td><td>비고</td></tr>
<tr><td></td><td></td><td></td><td></td></tr>
<tr><td colspan="4">
위와 같이 접수하였음을 증명함.
<table>
<tr><td>접수자</td><td>년　　월　　일
성명　　　서명</td></tr>
</table>
　　　　　　　　　　년　　월　　일

　　　　00 시 00 교육지원청교육장　[직인 생략]
</td></tr>
</table>

진단 · 평가 기초조사서(예시)

진단 · 평가 기초조사서

※ 본 조사는 장애인등에 대한 특수교육법에 의거한 진단 · 평가 기초자료 외에 사용하지 않음

학생명		성별		생년월일		
보호자명		전화번호		담임명		전화번호

※ 해당란에 담임교사와 학부모는 간단하게 적거나 O 표시해 주시기 바랍니다.

	구 분	내 용
보호자 작성	태아기	부 : 세 건강상태 : 양호 ( ), 보통 ( ), 허약 ( ) 모 : 세 건강상태 : 양호 ( ), 보통 ( ), 허약 ( )
	출생 시 특이사항	
	병원진단 결과	/ 장애등록 여부 / 장애유형 및 등급
	영유아기 (0 ~ 6 세)	목 가누기 : ( )개월 앉기 : ( )개월 기기 : ( )개월 서기 : ( )개월 걷기 : ( )개월
	시각적 문제	청각적 문제 / 신체적 문제
	현재 약물 복용	

대소변 처리	식사 태도	옷 입고 벗기	사회성(대인관계)
• 전혀 못 함 ( ) • 의사표현함 ( ) • 소변처리함 ( ) • 대변처리함 ( ) • 도와주면 가능 ( )	• 혼자 못 함 ( ) • 식사도구 사용 미숙함 ( ) • 흘리고 먹음 ( ) • 혼자 식사함 ( ) • 식사 후 뒷정리함 ( ) • 편식함 ( )	• 전혀 못 함 ( ) • 고무줄 바지 사용함 ( ) • 단추, 지퍼 등 사용함 ( ) • 상의를 입고 벗을 수 있음 ( ) • 양말을 신고 벗을 수 있음 ( ) • 운동화를 신고 벗을 수 있음 ( )	• 혼자 지냄 ( ) • 친구와 어울림 ( ) • 협동놀이 가능함 ( ) • 대화 가능함 ( )

담임교사 작성 — 인지학습 및 생활적응

		문자	수개념	언어	예능
	읽기	• 전혀 못 함( ) • 따라 읽기( ) • 보고 읽기( )	• 전혀 못 함 ( ) • 수 읽기 ( ) • 수 세기 ( ) • 한 자릿수 덧셈 · 뺄셈 ( ) • 두 자릿수 이상 덧셈 · 뺄셈 ( ) • 곱셈 ( ) • 나눗셈 ( )	• 전혀 못 함 ( ) • 엄마아빠 ( ) • 간단한 단어로 의사소통 ( ) • 문장으로 말하기 ( ) • 언어적 지시 이해함 ( ) • 그림, 사진, 몸짓으로 의사표현함 ( )	음악: • 전혀 못 함( ) • 율동모방 ( ) • 리듬알기 ( ) • 가사전달 ( )
	쓰기	• 전혀 못 함( ) • 덮어쓰기 ( ) • 보고쓰기 ( ) • 받아쓰기 ( )			미술: • 전혀 못 함( ) • 낙서하기 ( ) • 그림색칠 ( ) • 형태그림 ( )

	아주 잘함	잘함	보통	미흡함	아주 미흡함
문제해결					
정서표현					
질서의식					
사회성기술					
의사소통					
수업참여					
학습준비					
정리정돈					

행동 및 성격 특성

학부모 의견	상기 사실에 대해 확인합니다. 보호자 (인)
담임교사 의견	상기 사실에 대해 확인합니다. 담임 (인)

치료지원 일지(예시)

치료지원 일지(월)

제공기관명		
이용자	성명	
	생년월일	
관리자 서명		

내용 \ 제공일			/	/	/	/	/	/	/	/	/
1. 치료서비스											
영역별 기입	제공 시간	시작									
		종료									
	서비스 제공 인력										
2. 총제공시간(분)		행복 카드									
		추가 부담									
3. 총이용금액(원)											
4. 이용자(확인)											

※ 상태 및 결과 기록(별지 사용 가능)

제공일	이용자의 상태 및 치료결과
/	검사한 내용을 토대로 변화된 상태를 기록할 수 있다.
/	
/	
/	
/	
/	
/	

제공(이용) 계획서(예시)

○○행복카드 제공(이용) 계획서

성명		생년월일	
월 이용액		발급일	
치료 영역	주요 기능 상태 및 욕구		서비스 목표
	어떠한 검사로 어떠한 결과가 나와서 이러한 서비스를 해야 한다를 기록한다.		
사회복지 서비스 필요 내용 (보건복지부 사업)			
유의사항			
사회복지서비스 이용 계획 및 비용			
서비스종류	횟수 (월 4주 기준)	서비스비용 (회당 가격×횟수)	본인부담금
합계			

※ 문의 : ○○○○센터 담당자 : ○○○ (☎ 000-123-4567, E-mail :   )

참고문헌

강미진(2011). 아스퍼거장애 아동의 전두엽-관리기능. 대구대학교 일반대학원 석사학위논문.

강봉규(2000). 심리검사의 이론과 기법. 서울: 동문사.

강소정(2014). 알코올의존환자의 전두엽-관리기능과 기억기능의 결손. 대구대학교 석사학위논문.

강연욱, 진주희, 나덕렬, 이정희, 박제설(2000). 통제 단어 연상검사(Controlled Oral Word Association Test)의 노인 규준 연구. 한국심리학회지: 임상, 19, 385-392.

강연욱, 나덕렬(2003). 서울신경심리검사(SNSB). 인천: Human Brain Research & Consulting Co.

강연욱, 장승민, 나덕렬(2012). 서울신경심리검사 2판. 인천: Human Brain Research & Consulting Co.

고영복(2000) 사회학사전, 사회문화연구소.

곽금주(2002). 아동 심리평가와 검사. 서울: 학지사.

곽금주, 오상우, 김청택(2011). K-WISC-IV 전문가 지침서. 서울: 학지사.

구진선(2007). 인물화검사와 표준화성격검사와의 관계성 연구 : DAP와 PAI-A를 중심으로. 한양대학교 교육대학원. 석사학위청구논문.

김갑묵(2011). 뇌졸중 노인의 기억기능 결손. 대구대학교 석사학위논문.

김경원(2016). K-VMI(시각-운동 통합검사)를 활용한 지적장애 등급 판별. 충북대학교 대학원 석사학위논문.

김계현, 황매향, 선혜연, 김연빈(2012). 상담과 심리검사 2판. 서울: 학지사.

김규연(2008). 뇌졸중 환자의 관리기능 결손. 대구대학교 석사학위논문.

김동연, 공마리아, 최외선(2002). HTP와 KHTP심리진단법. 대구: 동아문화사.

김병철, 김성삼, 최영주(2014). 그림과 심리진단. 서울: 양서원.

김성철(2011). 우울장애에서 전두엽-관리기능의 차별적 결손. 대구대학교 일반대학원 석사학위논문.

김승국(1998). 사회성숙도검사 실시요강. 서울: 중앙적성출판사.

김영태, 김경희, 윤혜련, 김화수(2003). 영 · 유아 언어발달검사 SELSI(일반용). 파라다이스복지재단

장애아동연구소. 서울: 도서출판 특수교육.

김영환, 김지혜, 오상우, 임영란, 홍상황(2001). PAI 표준화 연구: 신뢰도와 타당도. 한국심리학회: 임상, 20, 311-329.

김영환, 김지혜, 오상우, 임영란, 홍상황(2001). 성격평가질문지 실시요강. 서울: 학지사.

김영환, 박은영, 홍상황, 강덕규(2001). PAI의 요인구조. 한국심리학회. 583-594.

김영환, 오상우, 홍상황, 박은영(2009). PAI의 임상적 해석. 서울: 학지사.

김용숙(2011). 지역사회에 거주하는 당뇨병 노인과 일반 노인의 인지기능 비교. 지역사회간호학회지 제22권, 제4호, 2011년 12월.

김중술, 임지영, 이정흠, 민병배, 문경주(2005). 다면적인성검사 II 매뉴얼. 서울: 마음사랑.

김중술, 한경희, 임지영, 민병배, 이정흠, 문경주(2005). 다면적인성검사-청소년매뉴얼. 서울: 마음 사랑.

김진구, 김홍근(2008). ADHD 아동의 전두엽-관리기능. 한국심리학회지: 임상. 27(1), 139-152.

김홍근(1999). Rey-Kim 기억검사: 해설서. 대구: 도서출판 신경심리.

김홍근(1999). Rey-Kim 기억검사의 이해. 한국심리학회 연차 학술발표 논문집, 1999(1), 131-133.

김홍근(2001). Kims 전두엽-관리기능 신경심리검사: 해설서. 대구: 도서출판 신경심리.

김홍근(2005). 아동용 Kims 전두엽-관리기능 신경심리검사: 해설서. 대구: 도서출판 신경심리.

김홍근(2013). Kims 전두엽-관리기능 신경심리검사-II: 해설서. 대구: 도서출판 신경심리.

김홍근(2014). Rey-Kim 기억검사-II 해설서. 대구: 도서출판 신경심리.

김홍근, 김용숙(2015). 한국인의 기억기능. 한국심리학회, 34(1), 125-144.

김홍근, 김용숙(2016). 한국 아동 기억기능의 성차. 한국심리학회, 35(1), 45-60.

김홍근, 김태유(2007). 노인용 인지검사 해설서. 대구: 도서출판 신경심리.

김홍근, 최영주, 이민영, 서석교(2009). 정신분열병에서 전두엽-관리기능의 차별적 결손: 3개 연구의 통합 분석. 한국심리학회지: 일반, 28. 319-342.

류현주(2011). 정상, 경도인지장애, 초기치매의 SNSB영역별 점수비교. 대구대학교 대학원 석사학위 논문.

문수백(2014). 한국판 KABC-II 전문가 지침서. 서울: (주)인싸이트.

문수백과 변창진(1997a). K-ABC 실시 채점요강. 서울: 학지사.

문수백과 변창진(1997b). K-ABC 해석요강. 서울: 학지사.

박경, 김혜은 (2017). 심리평가의 이해와 활용. 서울: 학지사.

박도란(2015). 한국판 시각-운동 통합 검사(K-VMI)의 신뢰도 및 타당도. 충북대학교 대학원 석사학위논문.

박아청(2001). 성격심리학의 이해. 서울: 교육과학사.

박영, 최순영(2002). 심리검사의 이론과 활용. 서울: 학지사.

박진자(2002). 청소년의 정서 및 행동 문제에 대한 K-CBCK과 K-YSR 실시 결과의 비교 연구. 조선대학교 교육대학원 석사학위논문.

박혜원, 이경옥, 안동현(2016). K-WPPSI-IV 실시지침서. 서울: 인싸이트.

서석교, 김홍근(2004). 정신분열병 환자의 전두엽-관리기능. 한국심리학회지, 23(2). 23-43.

송유나(2014). 우리나라 대학생을 대상으로 한 벤더 게스탈트 검사(BGT-2) 타당화 연구. 대진대학교 대학원 석사학위논문.

오상우, 오윤미(2003). PAI 타당성 척도의 진단적 기능. 한국심리학회 학술대회 자료집. 147-148.

우성기(2011). ADHD 아동의 인지, 행동 및 성격 특성. 대구대학교 대학원 석사학위논문.

이정희, 강연욱, 나덕렬(2000). Stroop 간섭 지료들의 효율성 비교: 정상 노인집단과 치매집단을 대상으로. 한국임상심리학회, 19, 807-818.

이준옥(1999). 교육심리검사의 원리. 서울: 원미사.

이철웅(2006). 교육상담과 생활지도 연구. 서울: 교육과학사.

이철웅(2008). 교육 및 생활지도 연구방법론. 서울: 교육과학사.

이하얀(2015). ADHD 아동의 문제행동 개선을 위한 자기교시 활용 미술치료 사례 연구. 대구대학교 석사학위논문.

이훈진, 문혜신, 박현진, 유성진, 김지영(2007). MMPI-2: 성격 및 정신병리평가. 서울: 시그마프레스.

전영숙, 김갑숙(2004). 여고생의 학교생활화 반응특성과 인성과의 관계-역동성 영역을 중심으로. 미술치료연구, 11(2), 169-184. 한국미술치료학회.

전진수, 김완석(2000). 직업상담을 위한 심리검사. 서울: 학지사.

정재훈, 김홍근(2014). 외상성 뇌손상 환자에서 관리기능의 차별적 결손. 특수교육재활과학연구. 53(3). 211-231.

정재훈, 김홍근(2015). 외상성 뇌손상 환자에서 기억기능의 결손: Rey-Kim 기억검사 II를 중심으로. 특수교육재활과학연구. 52(2), 385-403.

정종진(2007). BGT 심리진단법: 임상적, 교육적 활용. 서울: 학지사.

정혜정(2013). 고도와 중도비행청소년의 지능과 관리기능 결손. 대구대학교 일반대학원 박사학위논문.

조혜선(2009). MMPI-2 재구성 임상척도의 타당도. 충북대학교 석사학위논문.

진승희, 박민철, 오상우(2010). 한국판 성격평가질문지의 타당성 연구: 알코올 사용장애 환자집단을 중심으로. 원광의과학, 25(1), 77-83.

최외선, 이근매, 김갑숙, 최선남, 이미옥(2006). 마음을 나누는 미술치료. 서울: 학지사.

최정윤(2016). 심리검사의 이해 3판. 서울: 시그마프레스.

추은진, 김홍근(2009). 뇌졸중 노인에서 전두엽-관리기능의 차별적 결손. 한국심리학회지: 일반, 28, 29-48.

하은혜, 이수정, 오경자, 홍강의(1998). 문제행동에 대한 청소년 자신과 부모 평가간의 관계 : K-CBCL과 YSR의 하위요인 구조 비교. 소아·청소년 정신 의학, 9(1), 3-12.

홍상황(2014). 성격평가 질문지(PAI)의 해석과 활용. 전국대학교 학생생활상담센터협의회 연차대회. 57-76.

홍상황, 김영환(2002). PAI 임상척도의 진단변별기능. 한국심리학회. 609-630.

홍상황, 박은영(2012). 성격평가질문지(PAI) 반응왜곡지표의 효율성. 한국심리학회. 1023-1039.

홍상황, 한태희(2010). 한국판 성격평가질문지(PAI) 하위척도의 요인구조. 한국심리학회. 895-904.

황순택, 김지혜, 박광배, 최진영, 홍상황(2012a). K-WAIS-IV 기술 및 해석요강. 대구: 한국심리주식회사.

황순택, 김지혜, 박광배, 최진영, 홍상황(2012b). K-WAIS-IV 실시 및 채점요강. 대구: 한국심리주식회사.

Achenbach, T. M. (1991a). Integrative guide for the 1991 CBCL/4-18, YSR and TRF profiles. Burlington, VT: University of Vermont Department of Psychiatry.

Achenbach, T. M. (1991b). Manual for the Child Behavior Checklist/4-18 and 1991 profile. Burlington, VT: University of Vermont Department of Psychiatry.

Ben-Porath, Y.S., & Sherwood, N.E. (1993). The MMPI-2 content component scales. Minneapolis: University of Minnesota Press.

Benton, A. L. (1968). Differential behavioral effects in frontal lobe disease. Neuropsychologia, 6, 53-60.

Buck, J.N. (1948). The H-T-P. Journal of clinical child psychology 4, 151-159.

Butcher, J.N., Graham, J.R., Williams, C.L., & Ben-Porath, Y.S. (1990). Development and use of the MMPI-2 content scales. Minneapolis: University of Minnesota Press.

Butcher, J.N., Williams, C.L., Graham, J.R., Archer, R.P., Tellegen, A., Ben-Porath, Y.S., & Kaemmer, B. (1992). Minnesota Multiphasic Personality Inventory-Adolescent (MMPI-A):

Manual for administration, scoring, and interpretation. Minneapolis: University of Minnesota Press.

Dahlstrom, W.G., Welsh, G.S., & Dahlstrom, L.E.(1972). An MMPI handbook: vol. I. Clinical interpretation. Minneapolis: University of Minnesota Press.

Dahlstrom, W.G., Welsh, G.S., & Dahlstrom, L.E.(1975). An MMPI handbook: vol. II. Clinical interpretation. Minneapolis: University of Minnesota Press.

Keith, E. Beery. (1990). 시각-운동통합 발달검사 실시요강. 박화문, 구본권 옮김. 서울: 특수교육.

Knoff, H.,&Prout, H.T.(1988). Kinetic drawing system for family and school: A Handbook. California Western psychological services.

Lawrence G. Weiss, Thomas Oakland, Glen Aylward(2006). Bayley-III Clinical Use and Interpretation. 방희정, 남민, 이순행, 김호정, 이은지 역(2016). Bayley-III 임상적 활용과 해석. 서울: 시그마프레스.

Leslie C. Morey, Christopher J. Hopwood. (2012). PAI의 구조적 해석. 오상우, 박은영, 홍상황 역. 서울: 학지사.

Leslie C. Morey. (2014). PAI 평가의 핵심. 오상우, 홍상황, 박은영 역. 서울: 학지사.

Luria, A. R. (1966). Higher Cortical Function in man. New York, NY: Basic Books.

Morey, L.C. (1991). The Personality Assessment Inventory Manual. Odessa, Fl: Psychological Assessment Resources.

Norman Reichengerg. 성인과 아동을 위한 BGT의 정신역동적 해석. 최성진 역. 박영스토리.

Rey, A. (1941). L'examen psychologique dans les cas d'encéphalopathie traumatique. Archives de Psychologie, 28, 286-340.

Rey, A. (1964). L'examen clinique en psychologie. Paris: Press Universitaire de France.

Rhode, A.R. (1957) The Sentence Completion Method. New York: The Ronald Press 1957; Lah, M.I. (1989). Sentence Completion Tests. In C.S. Newmark (Ed.), Major psychological assessment instruments, Vol II (pp. 133-163). Boston: Allyn and Bacon.

Ruff, R. M., Light, R., & Evans, R. (1987). The Ruff Figural Fluency Test: A normative study with adults. Developmental Neuropsychology, 3, 37-51.

Smith, G., Rush, B. K.(2006). Normal aging and mild cognitive impairment. In Attix DK & Welsh-Bohmer KA (Ed.), Geriatric neuropsychology: assessment and intervention (pp. 27-55). New York: The Guilford Press.

Stroop, J. R. (1935). Studies of interference in serial verbal reactions. Journal of Experimental Psychology, 18, 643–662.

Tellegen, A., Ben-Porath, Y.S., McNulty, J.L., Arbisi, P.A., Graham, J.R., & Kaemmer, B. (2003). MMPI-2 Restructured Clinical (RC) scales: Development, validation, and interpretation. Minneapolis: University of Minnesota Press.

Wechsler, D. (1987). Wechsler Memory Scale-Revised. New York, NY: Psychological Corporation.

Widiger, T.A. (1997). Mental disorders as discrete clinical conditions: Dimensional versus categorical classification. In S. Turner and M. Hersen (Eds.), Adult psychopathology and diagnosis, 3rd edition (pp. 3–23). New York: Wiley.

Wiener, D.N. (1948). Subtle and obvious keys for the MMPI. Journal of Consulting Psychology, 12, 164–170.

Wiggins, J.S. (1969). Content dimensions in the MMPI. In J.N. Butcher (Ed.), MMPI: Research developments and clinical applications (pp. 127–180). New York: McGraw-Hill.

찾아보기

저자 소개

· ·

최영주

대구대 미술치료전공 석사
대구대 재활심리 이학박사
대구한의대학교 미술치료학과 교수
〈논문〉 정신분열병 환자의 사회적 기능재활: 인지기능
　　　　개인차가 미치는 효과

정혜정

대구대 심리치료전공 석사
대구대 재활심리학 박사
(주)마카다심리연구소 이사
〈논문〉 고도와 중도비행청소년의 지능과 관리기능 결손